U0477111

"２０１１计划""公民道德与社会风尚协同创新中心"成果
江苏高校哲学社会科学重点研究基地
东南大学"道德哲学与中国道德发展"研究所成果
国家"985"三期"哲学社会科学创新基地"研究成果

古典今读道德经及四书 —— 研讨会议，
承古典精华基金及圆玄学院汤伟奇主席鼎力资助，
弘扬文教，谨致谢忱。

古典今读（第一辑）
《道德经》

杜祖贻 姚新中 樊 浩 主编

中国社会科学出版社

图书在版编目(CIP)数据

古典今读. 第1辑, 道德经/杜祖贻, 姚新中, 樊浩主编. —北京: 中国社会科学出版社, 2015.12

(；1)

ISBN 978 - 7 - 5161 - 5872 - 2

Ⅰ.①古… Ⅱ.①杜…②姚…③樊… Ⅲ.①国学—青年读物②道家③《道德经》—青年读物 Ⅳ.①Z126 - 49②B223.1 - 49

中国版本图书馆 CIP 数据核字(2015)第 069568 号

出 版 人	赵剑英
责任编辑	冯 斌
特约编辑	丁玉灵
责任校对	王雪梅
责任印制	戴 宽

出 版	中国社会科学出版社
社 址	北京鼓楼西大街甲 158 号
邮 编	100720
网 址	http://www.csspw.cn
发 行 部	010 - 84083685
门 市 部	010 - 84029450
经 销	新华书店及其他书店
印刷装订	北京君升印刷有限公司
版 次	2015 年 12 月第 1 版
印 次	2015 年 12 月第 1 次印刷
开 本	710×1000 1/16
印 张	18
插 页	2
字 数	286 千字
定 价	56.00 元

凡购买中国社会科学出版社图书，如有质量问题请与本社营销中心联系调换
电话：010 - 84083683
版权所有　　侵权必究

总　序

　　东南大学的伦理学科起步于20世纪80年代前期，由著名哲学家、伦理学家萧焜焘教授、王育殊教授创立，90年代初开始组建一支由青年博士构成的年轻的学科梯队，至90年代中期，这个团队基本实现了博士化。在学界前辈和各界朋友的关爱与支持下，东南大学的伦理学科得到了较大的发展。自20世纪末以来，我本人和我们团队的同仁一直在思考和探索一个问题：我们这个团队应当和可能为中国伦理学事业的发展作出怎样的贡献？换言之，东南大学的伦理学科应当形成和建立什么样的特色？我们很明白，没有特色的学术，其贡献总是有限的。2005年，我们的伦理学科被批准为"985工程"国家哲学社会科学创新基地，这个历史性的跃进推动了我们对这个问题的思考。经过认真讨论并向学界前辈和同仁求教，我们将自己的学科特色和学术贡献点定位于三个方面：道德哲学；科技伦理；重大应用。

　　以道德哲学为第一建设方向的定位基于这样的认识：伦理学在一级学科上属于哲学，其研究及其成果必须具有充分的哲学基础和足够的哲学含量；当今中国伦理学和道德哲学的诸多理论和现实课题必须在道德哲学的层面探讨和解决。道德哲学研究立志并致力于道德哲学的一些重大乃至尖端性的理论课题的探讨。在这个被称为"后哲学"的时代，伦理学研究中这种对哲学的执著、眷念和回归，着实是一种"明知不可为而为之"之举，但我们坚信，它是我们这个时代稀缺的学术资源和学术努力。科技伦理的定位是依据我们这个团队的历史传统、东南大学的学科生态，以及对伦理道德发展的新前沿而作出的判断和谋划。东南大学最早的研究生培养方向就是"科学伦理学"，当年我本人就在这个方向下学习和研究；而东南大学以科学技术为主体、文管艺医综合发展的学科生态，也使我们这些90年代初成长起来的"新生代"再次认识到，选择科技伦理为学科生长点是明智之举。如果说道德哲学与科技伦理的定位与我们的学科传统有关，那么，重大应用的定位就是基于对伦理学的现实本性以及为中国伦理道德建设作出贡献的愿望和抱负而作出的选择。定位"重大应用"而不是一般的"应用伦理学"，昭明我们在这方面有所为也有所不为，只是试图在伦理学应用的某些重大方面和重大领域进行我们的努力。

基于以上定位，在"985工程"建设中，我们决定进行系列研究并在长期积累的基础上严肃而审慎地推出以"东大伦理"为标识的学术成果。"东大伦理"取名于两种考虑：这些系列成果的作者主要是东南大学伦理学团队的成员，有的系列也包括东南大学培养的伦理学博士生的优秀博士论文；更深刻的原因是，我们希望并努力使这些成果具有某种特色，以为中国伦理学事业的发展作出自己的贡献。"东大伦理"由五个系列构成：道德哲学研究系列；科技伦理研究系列；重大应用研究系列；与以上三个结构相关的译著系列；还有以丛刊形式出现并在20世纪90年代已经创刊的《伦理研究》专辑系列，该丛刊同样围绕三大定位组稿和出版。

"道德哲学系列"的基本结构是"两史一论"。即道德哲学基本理论；中国道德哲学；西方道德哲学。道德哲学理论的研究基础，不仅在概念上将"伦理"与"道德"相区分，而且从一定意义上将伦理学、道德哲学、道德形而上学相区分。这些区分某种意义上回归到德国古典哲学的传统，但它更深刻地与中国道德哲学传统相契合。在这个被宣布"哲学终结"的时代，深入而细致、精致而宏大的哲学研究反倒是必须而稀缺的，虽然那个"致广大、尽精微、综罗百代"的"朱熹气象"在中国几乎已经一去不返，但这并不代表我们今天的学术已经不再需要深刻、精致和宏大气魄。中国道德哲学史、西方道德哲学史研究的理念基础，是将道德哲学史当作"哲学的历史"，而不只是道德哲学"原始的历史"、"反省的历史"，它致力探索和发现中西方道德哲学传统中那些具有"永远的现实性"的精神内涵，并在哲学的层面进行中西方道德传统的对话与互释。专门史与通史，将是道德哲学史研究的两个基本纬度，马克思主义的历史辩证法是其灵魂与方法。

"科技伦理系列"的学术风格与"道德哲学系列"相接并一致，它同样包括两个研究结构。第一个研究结构是科技道德哲学研究，它不是一般的科技伦理学，而是从哲学的层面、用哲学的方法进行科技伦理的理论建构和学术研究，故名之"科技道德哲学"而不是"科技伦理学"；第二个研究结构是当代科技前沿的伦理问题研究，如基因伦理研究、网络伦理研究、生命伦理研究等等。第一个结构的学术任务是理论建构，第二个结构的学术任务是问题探讨，由此形成理论研究与现实研究之间的互补与互动。

"重大应用系列"以目前我作为首席专家的国家哲学社会科学重大招标课题和江苏省哲学社会科学重大委托课题为起步，以调查研究和对策研究为重点。目前我们正组织四个方面的大调查，即当今中国社会的伦理关系大调查；道德生活大调查；伦理—道德素质大调查；伦理—道德发展状况及其趋向大调查。我们的目标和任务，是努力了解和把握当今中国伦理道德的真实状况，在此基础上进行理论推进和理论创新，为中国伦理道德建设提出具有战略意义和创新意义的对策思路。这就是我们对"重大应用"的诠释和理解，今后我们将沿着这个方向走下去，并贡献出团队和个人的研究成果。

"译著系列"、《伦理研究》丛刊，将围绕以上三个结构展开。我们试图进行的努力是：这两个系列将以学术交流，包括团队成员对国外著名大学、著名学术机构、著名学者的访问，以及高层次的国际国内学术会议为基础，以"我们正在做的事情"为主题和主线，由此凝聚自己的资源和努力。

马克思曾经说过，历史只能提出自己能够完成的任务，因为任务的提出表明完成任务的条件已经具备或正在具备。也许，我们提出的是一个自己难以完成或不能完成的任务，因为我们完成任务的条件尤其是我本人和我们这支团队的学术资质方面的条件还远没有具备。我们期图通过漫漫兮求索乃至几代人的努力，建立起以道德哲学、科技伦理、重大应用为三元色的"东大伦理"的学术标识。这个计划所展示的，与其说是某些学术成果，不如说是我们这个团队的成员为中国伦理学事业贡献自己努力的抱负和愿望。我们无法预测结果，因为哲人罗素早就告诫，没有发生的事情是无法预料的，我们甚至没有足够的信心展望未来，我们唯一可以昭告和承诺的是：

我们正在努力！

我们将永远努力！

樊 浩

谨识于东南大学"舌在谷"

2007 年 2 月 11 日

目　录

序一　习古典文献瑰宝，建现代文化大国 …………… 杜祖贻(1)
序二　古典第三"解"："和解" ……………………………… 樊　浩(3)

名家论经——《老子》解读

◆ 经典纵横

老子与《道德经》
　　——读任继愈先生《老子绎读》 …………… 张岂之(3)
老庄之道论及其异同 ……………………………… 郭齐勇(14)
自然主义，抑或人文主义？
　　——道儒异同申论 ……………………………… 李翔海(29)
"道"之空乏与"上帝"之谬
　　——老子、康德道德哲学比较研究 ………… 侯亚丁(42)
被褐怀玉　自然无为
　　——浅论老子《道德经》中的理想人格思想 … 鲁从阳(56)

◆ 经典绎道

《老子》"道统有无"刍议
　　——《老子》"道论"的存在论分析 ………… 唐凯麟　陈仁仁(75)

面向存在之思
　　——《老子》哲学的内在意蕴 …………………… 杨国荣(91)
"'德'—'道'"理型与形而上学的中国形态 …………… 樊　浩(119)
大道的失废 ……………………………………………… 范志军(138)

◆ 经典探微

《道德经》"私"的释论 …………………………………… 许建良(157)
论《道德经》中自然的内涵 ……………………………… 杨家友(174)
《道德经》中的民本伦理智慧与启示 …………………… 李天莉(196)
论老子"尊道贵德"思想的政治伦理轴向 ……………… 乔利丽(207)
试论老子哲学的身体向度及其当代意义 ……………… 田兆耀(217)

◆ 经典异论

《道德经》的母性特质及其人道分析 …………………… 张爱红(231)
"治世"之在与"在世"之治：共同体生活的哲学路径考察
　　——从《道德经》追问政治哲学的基底 …………… 王　强(243)
《老子》"反"语言形式下的道德实践论 ………………… 王萍萍(257)

序 一
习古典文献瑰宝,建现代文化大国

杜祖贻

"古典今读名家论坛道德经论语合集"付梓之时,正是国家领导人宣布重建中华文化大国之日,这是何等使人高兴的事。本书的出版,也就是作者们对这个期待已久的号召的响应。

自从改革开放以来,百废待举,全国上下,协力同心,进步一日千里。东南大学樊和平教授、伦敦大学姚新中教授及香港中文大学杜祖贻教授,应声气求,认为中华民族的古典文艺历千古而常今,既是中国文化的本体,也是世界文明的台柱,于是合作筹备"古典今读名家论坛学术会议",提倡重新研习传统典籍的瑰宝,从而建立现代教育的根基:识古方可知今,继往始能开来,这是历史长流显示的道理。古典论坛的计划甫出,便得到各地学者的热烈响应和香港古典精华基金及圆玄学院的慷慨赞助,于是这个意义重大的学术年会遂告开始。

第一届会议于2009年12月在南京东南大学文学院举行。由院长樊和平教授主持。大会的主题是老子道德经的原典。来自海内外发表论文或纲要的学者共37人,参加研讨的年轻学员亦甚众。会议分节依次举行,计为经天纬地、经籍笺诂、经典纵横、经典释文、经传释词、经世致用及经义杂感等七项。

第二届会议于2010年10月在英国伦敦大学国王学院举行,由中国研究中心主任姚新中教授主持。大会的主题是孔子《论语》的原典。这次会议的国际成分较多,出席的学者专家来自内地、台、港以及英、德、荷、美各地的学府，提交的论文或纲要 31 种，计分论语总论、语文诠释、伦理道德、政治社会、宇宙宗教等课题。

两届会议的过程热烈而融洽。由于主题明确集中，交流切磋的环境特别理想。参加的学者都带来其本人的力作，对《道德经》和《论语》的内容、思想、方法与意义，颇多创新阐发；会后再经修订，辑成此集。

《道德经》所蕴藏的洞察与睿智，堪称中外贤哲的先导。"无、万物之始……"的宇宙观和"一生二，二生三，三生万物……"的生物观，与两千多年后今天的科学天文学和进化论若合符节；道家的自然主义对中国的文学医药艺术军事和科技深远的影响，固不待言。至于《论语》的人本哲学对中国的社会政治道德伦理心理和教育的整体融会，也是众所共知的。现将两届古典今读论坛所得的成绩出版流播，弘扬国粹，为中华文化的复兴与文化大国的重建共效绵力，这是作者和编辑们的共愿。

于此谨向香港圆玄学院和古典精华基金的赞助致谢。

2011 年 12 月于香港中文大学

序 二
古典第三"解":"和解"

樊 浩

如何解读古典？在当今中国已经成为学界和社会大众共同关注的问题。

无疑，古典是文本的一种，适用文本解读的理论与方法，但古典又是一种特殊的文本。一方面，古典之为古典，就在于它已经不是少数专家或知识精英的专利品，而是大众共飨的圣餐，不仅拥有广泛解读主体，而且可能因人、因时、因地获得不同的意义赋予；另一方面，古典解读之于一般文本的特殊性在于，因为是创生它的那个民族的话语符号与精神血脉，对它的任何误读与谬解都可能引发文化异化。科学"解释"的严格性和精神"理解"的广泛包容与不断的意义接纳，构成古典的自我坚持与生命绵延的两个不可或缺的构造。古典之为古典，不是因为它与生俱来的永垂不朽，而是接受与解读中与时俱进的生命赋予，无数的"今"构成古典之永恒生命与不易元色，在这个意义上，对于古典的任何解读，都是"今"读，也只能是"今"读，重要的是，必须在商谈对话中"今"读。现代解释学对传统解释学的重大推进，是在"含义"的"解释"之外提供了"第二解"，即"意义"的"理解"；当代多元文化背景下对古典这一特殊文本的解读，应该也必须进行现代解释学的新推进，探索"解释"与"理解"的"二解"，以及多元主体的"诸解"达致共和的"第三解"，即"和解"。发展了的伽达默尔的"精神科学"，是古典"第三解"的可能哲学形态。

一 "解释"与"理解"的"二解纠结"

诚如一般文本一样,古典解读总处于"解释"与"理解"的纠结之中。

1960年,伽达默尔出版《真理与方法》,提出文本解读或诠释学的一个具有标志意义的概念:"精神科学",试图颠覆科学主义与理性主义的现代性传统。他在导言的开卷便提出现代诠释学的一个基本立论:"理解本文和解释本文不仅是科学深为关切的事情,而且也显然属于人类的整个世界经验。"① 这部现代诠释学的代表作被认为展现了西方人文主义的现代复苏和走向21世纪的活力,它宣示:"真理不能用科学方法来界定,而必须表现在历史、艺术与哲学的主体活动中。"这本书的问世引发了关于文本或本文解读的巨大争论,并在争论中形成两大立场:一是对科学方法论和理性主义的坚持,以及对"精神科学"可能引发的主观主义和相对主义的预警;二是解构主义和后现代主义对思想对话和整体重建的坚持,以及对现代性和一元主义的批判。②

现代诠释学的诞生背景注定了它几乎会不可避免地陷入科学与人文的矛盾,这一矛盾的概念话语以及对文本解读的复杂影响,集中表现为"解释"与"理解"的"二解"纠结。

文本解读的纠结,展现为现代解释学的三组相对的概念。

"含义"与"意义"。美国解释学家赫施在《解释的有效性》中,提出了"含义"与"意味"即"意义"的区别问题,努力捍卫解释的客观主义精神。在他看来,"含义"是文本符号的本意,而"意义"则发生于解读者与文本的关系之中。"含义存在于作者用一系列符号所要表达的事物中……而意义则是指含义与某个人、某个系统、某个情境或某个完全任意的事物之间的关系。"③ 在他看来,文本的"含义"是确

---

① [德]汉斯·格奥尔格·伽达默尔:《真理与方法》,洪汉鼎译,上海译文出版社1999年版,第17页。
② 参见成中英主编《本体与诠释》,三联书店2000年版,第1页。
③ [美]赫施:《解释的有效性》,王才译,三联书店1991年版,第2页。

定的,而"意义"则处于变动不居的历史演进中。"作者对其文本所作的新理解虽然改变了文本的意义,但却并没有改变文本的含义。"①"只有含义本身是不变的,才会有客观性存在。"②

"解释"与"理解"。"理解"是现代解释学的核心概念之一。"理解"与"解释"、"释义"的区分,是解释学由传统的考据学发展为现代解释学的重要理论推进。"理解"把握的不是文本的"含义",而是"意义"。"理解""不仅仅意味着对作者意指含义的把握,而且也意味着对含义是如何与作者的世界或我们自身的世界相吻合的这个事实的把握"③。"理解"本质上是一种意义赋予,解释是一种认知,但对意义的把握同样属于真正的认识,伽达默尔认为,理解不仅先于解释,而且先于判断。正如狄尔泰所说:"一切理解都包含着释义。"④

"自我理解"与"偏见"。利科尔有一个著名论断:"文本是我们通过它来理解我们自己的中介。""理解就是在文本面前理解自我。它不是一个把我们有限的理解能力强加给文本的问题,而是一个把我们自己暴露在文本之上并从它那里得到一个放大了的自我。"⑤海德格尔和伽达默尔极力为"偏见"或"先见"的合法性辩护。他们认为,偏见是人在历史中的存在状态,历史中的人及其理性不可能摆脱偏见。海德格尔认为,任何理解的先决条件都由三方面的存在状态构成:"一是'先有'(Vorhabe)。人必须存在于一个文化中,历史与文化先占有了我们,而不是我们先占有了历史与文化。这种存在上的'先有'使我们有可能理解自己和文化;二是'先见'(Vorsicht)。'先见'是指我们思考任何问题所要利用的语言、观念及语言的方式;三是'先知'(Vorgriff)。'先知'是指我们在理解前已具有的观念、前提和假定

---

① [美]赫施:《解释的有效性》,王才译,三联书店1991年版,第3页。
② 转引自[美]D. C. 霍埃《批评的循环》,兰金仁译,辽宁人民出版社1987年版,第15页。
③ [美]赫施:《解释的有效性》,王才译,三联书店1991年版,第164页。
④ 转引自[美]D. C. 霍埃《批评的循环》,兰金仁译,辽宁人民出版社1987年版,第65页。
⑤ [法]保罗·利科尔:《解释学与人文科学》,河北人民出版社1987年版,第146、147页。

等。"① 他将"先有"、"先知"、"先见"统称为"偏见",认为它是历史赋予的,人无法进行选择,它们是历史与传统为个人提供的理解的存在背景,也是个人理解活动的起点。

现代解释学虽然学派众多,但以下四方面是对现代人的文本解读产生深刻影响的共通的理论元素。(1)对文本解读来说,最重要的不是字面"含义",而是隐藏于文字语言背后、作为文本实质的"意义"。它既是文本的精髓所在,也是文本对现实最为深刻的影响所在。(2)"意义"不能通过"解释"获得,只能借助"理解"获得。"解释"只能了解文本的"含义","理解"才能把握文本的"意义"。(3)"理解"不只是达到真理的一种方法,而且是主体的存在方式,对整个人类的"自我理解"来说,它是历史的存在方式。理解者和历史本身对文本解读具有前提性意义,因而最基本的理解是主体的自我理解,自我理解是主体对人生、对自己的历史、对自己生存于其中的文化的自我理解。(4)正因为如此,"偏见"或"先见",或者说"前理解"对于理解不仅是不可避免的,而且是必然的和合法的,因为主体不可能也不应当摆脱"偏见"或"先见"的影响。如果将以上基本要素加以整合,那么可能得出的结论是:解释学从根本上说就是"理解学"。

现代解释学对文本解读的深刻意义,不在于其理论本身,而在于它所进行的具有某种革命意义的转向,在于这一转向所体现的现代人、现代文明对文本解读的忠实和创新的双重诉求。很难有足够的证据说明伽达默尔所开辟的现代诠释学试图与科学主义、理性主义彻底告别,比较审慎地判断,也许是它试图矫正和超越解释的现代性,使之回归人文主义,建立文本解读的"精神科学"。对"含义"与"解释"的肯定,就是对解释的客观性,对科学性和理性主义的某种承认,其革命性在于,它凸显了解读的主体性和历史情境,在对"理解"的建构中,不仅赋予文本新的时代活力,也对解读过程中主体的创造性予以承认和鼓励。它对"含义"及其"解释",以及由此体现的科学主义的诉求有限承认,但将更大的热情和努力付诸主体与文本建构"理解"关系中的"意义"赋予和创造性的活力。但是,也正因为如此,不仅解释学,而

---

① 参见殷鼎《理解的命运》,三联书店1988年版,第254—255页。

且现代人的文本解读，似乎总是落入"含义"与"意义"的纠结。一方面，无论科学和理性的追求如何执着，人们无论如何无法证明文本"含义"的"解释"是否真的客观或达到真理，而且，由于任何文本都是在特定的历史情境中发生和建构的，不仅语言而且指谓都有其特殊的历史时空，因而即使把握了文本的"真义"，达到文本的解读的"真理"或所谓客观知识，也只是进行某种知识与理论的还原，在这种还原中，人们只是回到历史，而回到历史很可能只是流连于一个往昔的时空，而失去现时代的立足点，更难以开辟未来，这便是所谓的"泥古"。而更多的情况是，由于语言只是一种表达真理、呈现自我的符号，对于那些终极性的真理，语言往往无能为力，所谓"道可道，非常道；名可名，非常名。道不可道，名不可名"。而且，即便身处现实的语言环境，"含义"本身也并不总可把握，孔子在给学生授课时常说"吾欲无语"，学生对此不解，"夫子无语，小子何学焉？"于是，孔子总是以"天何言哉"启发。皇天无语，但油然作雨，沛然作风，对天的理解，只能在敬畏中体悟，而体悟便是"自我主体"的"意义""理解"。由此，对文本的解读，至少对人文社会科学的文本解读，科学与理性，不仅内在着之于终极真理的某种极限，而且本身就是一种局限甚至缺陷。然而，另一方面，如果没有对文本"含义"的"解释"，如果缺失解释的基本客观性，文本事实上就成了"任人打扮的小姑娘"，成为主体"理解"和"意义"赋予的触发器，于是，在相对主义与主观主义的臆测中，不仅文本失去了存在的真正意义，而且更重要的后果是，文本，尤其是经典文本所承载的历史创造和文明延续性都将遗失和断裂，必然的情形和要求是：每一代人、每一个人都另起炉灶，重新创造文明和历史。无疑，它不仅不可能，而且即便假设新一代人的创造性足够强大，主体也将是彻底失忆缺乏时间概念的"飘忽幽灵"。

要之，现代解释学抓住文本解读的核心问题，作出了创造性贡献，它发现并揭示，文本解读可能是一个二元方程，而不是传统解释学那样的一元方程。文本同时存在两个"解"：一是"解释"之"解"，一是"理解"之"解"。它留给我们的课题是：无论其理论如何精微和智慧，却总是难以摆脱并深深陷入"解释"和"理解"的"二解"纠结。

二 诸"解"共和："和解"

如何走出"二解"纠结？必须在"解释"和"理解"之上寻找新"解"。

一般说来，文本解读及其真理性问题，发生于第二种信息方式时代。马克·波斯特曾提出一种理论，认为人类文明发展的基础和标志，并不是马克思所说的生产方式，而是信息方式。迄今为止的人类文明经历了三种信息方式：口口交流的信息方式；以印刷术产生为标志的信息方式；当今的电子信息方式。第一种信息方式的特点是口口交流，在信息产生之初，交流的双方都在场，然后通过口口相传，信息得以扩展和交换。印刷术的产生标志着第二种信息方式的产生。在这种信息交换中，往往只是阅读者在场，而信息生产者则以特殊的方式即语言文本出场。这种固化了但又不对称的信息生产和信息交换方式，为文本的含义解释与意义理解留下广阔的空间，同时也为跨时空的信息交流提供可能，借此，现代人可以与两千多年前的孔子对话。第三种信息方式不仅改变了文本的存在形态，也根本改变了文本的性质，最明显的是，它使文本从一部分人或所谓知识分子的专利成为大众产品，甚至成为工业产品。孔子处于第一种信息方式与第二种信息方式的转换点上。他的最大也是后人不可超越的贡献，就是将第一种信息方式时代那些口口相传的文化，转化为文字记载或通过印刷相互交换的固化成果，从而在信息方式的革命性转换中承上启下，由此文本诞生了，文本解读的难题也随之出现。《诗经》、《春秋》等都是第二种信息方式的第一批革命性成就，它们是具有文明标志意义的文本。孔子自诩"述而不作"，但又说"温故知新"。直觉中似乎相互矛盾的这两个命题不仅传递了孔子面对他以前的那个人类孩提时代也是最为漫长的人类文明时代所锤炼的知识与学问的敬畏和谦恭，也以最为传统的话语中国式地表达了他所体悟的在自己亲自创造的文本中的解读矛盾。如果用现代解释学的话语表述，"述而不作"是"含义""解释"，"温故知新"则是"意义理解"。之于第一个方面，孔子"敏而好学"，"入太庙，每事问"，试图了解作为他那个时代最重要的历史文本和最大学问的"礼"的真义，孔子向老子问礼这个令后来儒家在道家面前被动的史实就是最典型的说明。但之于第二个方面，"温故知新"这一中国解释学的古老教训至少包含两个内在精微差异的意义结构。第一个结构的重心是"温故"，鼓励人们"传而时习之"，弄懂文本的含义；第二个结构的重心是"知新"，其逻辑是"知新必须温故"，或者说"温故为了知新"，但无论如何，以知新为取向的温故已经突破"含义"，诉诸"意义"追求甚至"意义"创造。不过，如果将"温故知新"作为中国传统解释学的古典命题，那么，在孔子那里，文本中的两个可能的"解"，即"解释"与"理解"是乐观而紧张地合为一体的。但是，即便对于"礼"，二"解"的统一是如此的大学问，以致孔子必须用一生的努力去追求，"十有五而志于学，三十而立，四十而不惑，五十而知天命，六十而耳顺，七十而从心所欲，不逾矩"。这个生命历程的解释学路径是：三十以前追求礼的含义，此后理解礼的意义，至七十才达到二"解"统一的自由境界。

如果假定解释和获得文本的含义和真义是可能的，那么一个努力便必不可少：进行文本话语的历史还原，即将文本还原到原初的历史、文化和话语情境中。于是，关于历史知识的确切的把握，文化传统的追溯与理解能力便成为解释可靠性的基本条件，而文本形成的特殊的话语背景，似乎又因话语的特定情境而赋予文本某种偶然性和不可公度性，进而使任何可能的解释都具有相对性。这一难题往往使诸多文本的解释成为聚讼对象。最典型的就是中国传统伦理中对妇女的态度。孔子曾说"唯女子与小人难养也"。此句几成孔子歧视妇女的铁证。但在考证中也发生很大分歧。一种解释是，此句是孔子见南后在南后狐假虎威的特定语境下的有感而发；另一种解释是，这里的"女子"特指"妾"而非泛指；而新的发现是，此句是对春秋时代女性生活放荡，常见异思迁弃夫私奔的不良风尚的批评。但无论如何，说孔子此句将包括母亲在内的天下所有妇女骂倒似乎难以成立。因此，在难以形成统一的解释而且很可能产生文本冤案的情况下，贯通性的"理解"便特别需要了。另一个公案是，宋代树贞节牌坊，宣扬"饿死事小，失节事大"，压制妇女人性。但有学者做过仔细考证，发现宋代贞节牌坊并不多，更重要的是，在宋代"悍妇""虐夫"的现象普遍，成语"河东狮吼"就出自宋代，最典型的就是文学家沈括长期受夫人虐待，常被夫人张氏揪胡须打得血肉模糊，当时对妇女的道德要求实际是对这一社会现象的纠偏，真正对妇女的禁锢是清代恶性发展的结果。无论这些考证是否属实，但它至少可以说明，在很多情况下，"含义"解释难以获得确切的知识或真理是事实，因为，历史还原、文化理解、话语情境同样具有相对性甚至主观性。

文本尤其是古典文本的解读，一般有两种可能的情况：一是同质文化的解读；一是异质文化的解读。学术史表明，即便同一文化内部严格意义上的解读，其真理性也不仅有其限度，而且有很大的局限。最典型的是两汉经学。两汉经学试图对先秦尤其是儒家经典进行严格的解读，然而它不仅遭遇古文经与今文经两大内部分歧，而且经学发展的结果是对思想和学术活力的严重禁锢。中国学术史上不乏解读古典的大师，王弼对《老子》的注疏，朱熹对《四书》的集注，不仅被奉为经典，而且成为学术典范甚至科举的标准答案。然而，不难发现，这些解释本身已经是一种再创造，其中最杰出的部分无不体现解释者本身的"前理解"。已有定论的是，朱熹的《四书集注》已经融会了道家与佛家的思想精粹，事实上已经是以《四书》为文本的再创造。或者说，不是严格意义上的"含义""解释"，而是"理解"的作品。

来自异质文化的解读更为特殊，因为它不仅包含解释主体迥然不同的"前理解"，而且遭遇人文社会科学理论移植的难题。本土化与国际化是人文社会科学的一个悖论。正如杜祖贻先生所言："根据过去的经验，移植和借用西学是已成的事实，借用所产生的效果不理想也是事实。于是怎样使源出西方的社会科学本土化便成为学者们所关切的问题。可是，这问题虽经多年的辩论，至今仍未越出学术观念的探讨和个人意见表达的范围。"[①] 事实上，即使在西方，也存在诸多学术传统，因而也形成解释与理解的同一性。美国学者威廉·韩思曾以西方哲学为例，指出它的两大分支。一是作为西方哲学主干的英语国家的传统；一是繁衍于欧洲大陆的大陆哲学传统，如德国、法国哲学。在欧美传统

[①] 杜祖贻主编：《西方社会科学理论的移植与应用》，香港中文大学出版社1993年版，第33页。

中，前者是"我们"，后者是"他们"。其不同特点是："他们经常使用刻意求新的语言，令许多英语哲学家感到极其费解、支吾晦涩，甚至不知所云，我们则试图使语言达到力所能及的高度明晰；他们更注重创造性，而我们更注重为论点提供明确的正当证据；最后，他们的传统明显地分成领袖和追随者，作为领袖的个人倾心于创造完整和富于革新性的思想体系，而我们的传统则力求设法提出各种各样相对独立的具体问题。"最令"我们"不服的是，大陆哲学家所代表的传统之实质价值与他们个人的名望之间名实难符。① 这些情况说明，无论我们认为在解释与理解、含义与意义，以及不同传统和同一传统内部的不同分支之间存在多么深刻的分歧，无论它们如何格格不入，多元并存不仅是事实，不仅具有合法性，而且具有合理性和必然性。

　　以上分析引出的结论是：文本的解读并非只有一个"解"，也并非只有现代解释学所说的"解释"和"理解"，而是多"解"。文本尤其是那些已经作为人类文明共同财富的古典文本，其"解"往往存在于两大基本关系中：一个是解读者与文本之间的对话关系；另一个也是特别重要的一个是解读者与解读者之间的主体的对话关系。后一种关系可以产生超出主体与文本对话关系总和的"解"，因为不同主体，尤其是不同文化背景的解读主体之间的对话必定产生出新的"理解"。因此，文本解读是一个商谈过程，既是主体与文本之间的商谈，也是诸解读主体之间的商谈。由于文本解读尤其是那些作为传统表征的古典文本的解读，根本目的是透过解读，建构共识，凝结和巩固社会的文化同一性，使传统成为可能，也使合法性成为可能，因而诸多解读之间的商谈便不仅具有过程意义，而且具有深刻的目的意义。一些重要的解读共识形成的过程，就是合法性建构的过程。所以，文本解读的求"解"，并不像现代解释学所说的那样，只是"理解"和"解释"的非此即彼，也不只有传统诠释学的"解释"和现代诠释学的"理解"的二解，而是诸"解"的多元共和。也许人们已经习惯于用民主的逻辑进行文本解读的判断，诉诸社会或学者的认同度，然而不仅民主作为一种政治形态是否

---

① ［美］威廉·韩思：《伦理学：美国治学法》，孟悦译，社会科学文献出版社 1994 年版。

可以移植于学术与文化生活应当质疑,且即使在政治生活中,民主是否是一种最好的形式,也值得反思。因为在民主之外,还有一种社会同一性的政治形式,这就是"共和"。相对于民主,共和不是数量的暴力,而是基于包容的相互承认。多"解"共和并不是相对主义,也不会由于解读的主观性导致文本的虚无,恰恰是文本生命力的多元展开,是多元主体在"温故知新"的文本解读中的对话、共识与创造。

诸解共和形成文本之解的第三种形态:"和解"。"和解"不是相对主义,不是调和折衷,而是超越"解释"与"理解"之上、具有最大包容性、基于相互承认的文本"第三解",或"解"的第三种形态。"致中和,天地位焉,万物育焉。"① 当然,作为一种解读形态,它以主体与文本之间的和解,以解读的多元主体之间的和解,以"解释"与"理解"之间的和解,也以作为"解释"与"理解"哲学基础科学主义与人文主义之间的和解为条件和基本内容。在这个意义上,作为第三解的"和解",既是一种当代文本解读形态,也应当成为一种当代学术气象和学术气派。

三 "和解"之"精神科学"

古典今读的难题在于,如何"出入文本",在"解释"与"理解"、本原性的"含义"与建构性的"意义"之间保持合理的平衡?

这一难题展开为三个课题:其一,如何尊重文本的客观性,追求对文本的准确把握?否则,如果"一千个人心中有一千个哈姆雷特",文本就成为"任人打扮的小姑娘",于是,训诂、字义疏证、文化还原等便是不可或缺的基本方法,此为"入文本"。其二,如何由"温故"而"知新",赋予文本时代"意义"和生生不息的生命活力,否则文本便只是文化"遗存",而不是活的传统,于是创造性的"理解"便成为必需,此为"出文本";其三,如何透过"解释"和"理解",达成文本诠释的基本共识或同一性,包括跨文化解读的同一性,从而使古典成为

---

① 《中庸》第一章。

文明合法性的建构性力量。三大课题的意义一言以蔽之：使古典成为传统。因为，传统之为传统，必须同时具备三个条件：历史上发生的、一以贯之的、在现实生活中发挥作用的。"人文本"尊重并还原古典的历史发生；"出文本"激活古典，使之成为交融于人的生命与生活的活传统；而解读共识与同一性的形成，其意义决不只是知识的获取，精髓是在温故知新、推陈出新中使古典"一以贯之"并生生不息。因此，古典便承载着比一般文本解读更多的文化与文明的使命。古典应当"古读"，但又必须也只能"今读"。也许，本于"古读"，归于"今读"，是古典解读的特殊规律。

伽达默尔试图建立"精神科学"，以探讨诠释学对于真理的"理解"问题。他认为，"精神科学"与"自然科学"的不同在于，它不是一般的智力活动，而要求一种"机敏感"，并与独特的心理条件连在一起。"精神科学的推论方式是一种无意识的判断。因此精神科学的归纳程序与独特的心理条件连在一起，它要求有一种机敏感，并且又需要其他一些精神能力，如丰富的记忆和对权威的承认，反之，自然道学家的自觉推论则完全依赖于他自身的智力使用。"[①] 精神科学中的所谓"科学"就在于它的"机敏"，这种机敏因抵制对现代科学概念的顺应而成为一个哲学难题。他曾反问："精神科学中合乎科学的东西，是否最终就在于这种机敏而不在于它的方法论呢？"[②] 由于对自然科学的抵制，"精神科学"成为一种真正的人道主义。"实际上，精神科学根本不会认为自己单纯从属于自然科学。精神科学在对德国古典文学精神遗产的继承中，更多的是发展了一种真正的人道主义。"[③] 伽达默尔的"精神科学"并不能简单地等同于人文科学。在德国古典哲学中，"精神"始终是与"自然"相对立的概念，在黑格尔哲学中，"精神"超越"自然"，成为人、历史与世界的主体与本质。

在"精神科学"中，同样存在"精神"与"科学"之间"乐观的紧张"，但这种"科学"完全不同于"自然科学"的理性，而是作为人

---

① [德]汉斯·格奥尔格·伽达默尔：《真理与方法》，洪汉鼎译，上海译文出版社1999年版，第5—6页。
② 同上书，第9页。
③ 同上书，第10页。

道主义表现的"机敏"。伽达默尔将这种"精神科学"的人道主义归结为四个主导的概念：（1）教化。"在教化概念里最明显地使人感觉到的，乃是一种极其深刻的哲学转变。""精神科学也是随着教化一起产生的，因为精神的存在是与教化观念本质上联系在一起的。"① （2）共通感。共通感即共同的感觉，即情感、判断和推理中的一致意见，作为一种人文主义传统，精神科学认为，凡与共通感相矛盾的东西就不能是正确的。（3）判断力。在德国古典哲学中，判断力的概念与共通感的概念紧密结合，它规定"健全的人类理智"或"共同的理智"。（4）趣味。伽达默尔认为，"趣味概念描述一种真正的人性理想"。它是一种社会现象，而不是个人偏好。"趣味概念无疑也包含认知方式。人们能对自己本身和个人偏爱保持距离，正是好的趣味的标志。因此按其最特有的本质来说，趣味丝毫不是个人的东西，而是第一级的社会现象。"趣味不同于并且扬弃时尚的偶然性。"趣味概念包含着：我们即使在时尚中也掌握尺度，不盲目跟随时尚的变化要求，而是使用我们自己的判断。"②教化、共通感、判断力、趣味，构成诠释学，也是文本解读的"精神科学"的四元素，既是其"精神"，也是其"科学"之所在。

无论人们对伽达默尔的解释学是否认同或在何种程度上认同，我们确实需要一种关于古典解读的"精神科学"。这种"精神科学"中的"科学"概念，与"自然科学"中的"科学"概念或狭义的科学不同，毋宁说它是回归康德以前的大科学或所谓广义科学的概念。如果将伽达默尔的四要素作为现代解释学的结构性元素，那么，古典解读所需要的"精神科学"便需要以下哲学前提。其一，关于"传统"的身份认同。古典与其他文本不同，它不仅本身就是传统的一部分，而且是传统最自觉的承载与标志，乃至本身就是传统的言说，兼具"传"与"统"的双重本性，因此，共通感、判断力，还有与之相对应的教化，以及"作为第一等级的社会性"的趣味就是"理解"古典的前提。显然，人

---

① ［德］汉斯·格奥尔格·伽达默尔：《真理与方法》，洪汉鼎译，上海译文出版社1999年版，第11、14页。

② 同上书，第44、46、48页。

们解读古典之前，已经对它心怀敬意，而不只是当作知识的对象，理由很简单，它是"我们"或"他们"的"传统"。其二，"精神对话"。古典解读本质上是一种精神对话，既是解读者与文本，或今与古之间的精神对话，也是诸解读者之间的精神对话，乃至是不同文明之间的精神对话。精神对话跨越"自然"的个别性，在"教化"的"哲学转变"中达到和建立共同感与"共同的理智"。其三，"文化理解"。"精神科学"解读古典的过程，本质上是文化理解的过程，是现代文化与传统文化、中国文化与外国文化，以及同一文化内部不同文化取向的主体之间在商谈对话中相互理解的过程。经过哲学改造，伽达默尔的"精神科学"可以成为以"和解"为核心概念的当代诠释学的当代形态，或者说，是"和解"的解释学形态。

"古典今读"是诠释学的"精神科学"的话语形态之一，其要义是在文化理解中"精神地"贯通古今。"古典今读"意味着在今天的历史情境和话语背景下解读和理解古典，使古典成为今天的"活"传统；也意味着多样性的意义赋予在回归根源传统的过程中"共通感"和"共同理智"的形成，进而是新的社会合法性的造就；它从根本上表达和表现的是对古典的尊敬——不只是一种态度，也是对文本客观性的追求。因此，古典今读是一种基于精神对话与文化理解的诠释学，它在根本上是一个多元多次方程，不仅因解释主体的不同"前理解"有众多的意义赋予，而且古典文本中的任何问题都可能多"解"，最后的结果往往是经过充分商谈对话的"和解"。在古典今读中，和解既是过程，也是目的，因为它在多解共和中不仅形成关于古典解读的共识，而且建构行为与文化的社会合法性，于是，不仅是古典的"传"与"统"，而且古典的现代意义便获得诠释和承认。在这个意义上，古典今读也是古与今，以及不同解读主体之间的相互承认。古典今读首先意味着基于对古典客观性充分尊重基础上的多元解读的包容，毕竟，"今读"已经昭示着对古典解读的"现理解"和"前理解"的承认，它构成古典诠释的"趣味"，当然，这种"趣味"并不是主观"心得"的某种时尚。但是，今天的古典解读不仅不应该像两汉经学那样玩古与泥古，也不可能像朱熹《四书集注》那样终结古典的解读，历史已经证明，任何解读的标准答案最后终结的是学术与思想的创造性活力。古典今读期待

"精神科学"的共通感和文化合法性,但展示和创造的恰恰是对话商谈的多解共和。

  2008年秋,我在与美国密歇根大学杜祖贻教授交流时,谈及目前国内"国学热"中的种种问题,以及20世纪末他所发起的关于社会科学移植问题讨论时,感到有必要也有责任进行关于古典解读的某种努力,于是确定以"古典今读"为主题(注:"古典今读"的概念系杜先生提出),推动古典的积极传播与合理理解。这一动议得到英国伦敦国王学院中国研究中心主任姚新中教授的支持。于是,三人商定以东南大学、美国密歇根大学、英国伦敦国王学院、香港中文大学(杜祖贻教授系该校讲座教授)四校学者合作的名义,共同发起"'古典今读'名家论坛"。计划的基本内容是:每年确定一本经典,在世界范围内邀请对于这一经典最有研究的学者参加会议,以多种形式对它进行研究和讨论。论坛以多学科、多文化交叉为目标,在广邀名家的同时,吸收一部分视角独特、思想敏锐的青年学者包括博士生、硕士生参加。研讨活动向学生全线开放。2009年12月,在东南大学举行了第一次活动,主题是"《道德经》名家论坛"。大会发言在图书馆可容600多人的报告厅举行,学生广泛参与,大会之后学者就感兴趣的问题个别交流。第二次论坛于2010年10月在英国伦敦国王学院举行,主题是"《论语》名家论坛",来自中国、美国、英国、比利时等国的诸多著名汉学家参加了会议。两次论坛,尤其是第二次论坛中关于解读方法的分歧乃至论争凸显,虽然因语言、时间等原因,交流难以充分和深入,但古与今、解释与理解的趣味迥异,表面无"果",实际以"和解"而成其"正果"。两次论坛,积累了一些经验,更重要的是,这种尝试已经展示了它的魅力与意义,相信在不断改善中今后将会取得更多的收获。为记载两次论坛学者的成果,我们将与会学者的论文,包括部分与会青年学者和研究生的论文集册出版,以感谢同人们的努力,也为今后的进一步研究提供文本。需要说明的是,第一次论坛中有数位学者到会作报告,因未及时提交论文,灼见在文集中未能体现,实为遗憾,敬请谅恕。

名家论经——《老子》解读

经典纵横

老子与《道德经》
——读任继愈先生《老子绎读》

张岂之[*]

(清华大学 历史系)

作者按：拙文是笔者在 2009 年 1 月 1 日上午为国家图书馆"文津讲坛"所作学术演讲的整理稿，未料任先生 7 月 11 日离开我们，悲痛之情，难以言表。东南大学举办关于老子思想的研讨，谨以此文作为对任先生的纪念，并请学人朋友们指正。

诸位书友们：

今天是 2009 年元旦，祝大家在新的一年里身体健康，在求学和事业上有新收获。

为了弘扬祖国的优秀文化，对一些重要的人文经典，从学术研究的

---

[*] 张岂之，江苏南通人，历史学家、思想史家、教育家。现任中国思想文化研究所所长，西北大学名誉校长，西北大学和清华大学教授、博士生导师，《华夏文化》季刊主编，教育部哲学社会科学委员会副主任，教育部历史学科教学指导委员会副主任，教育部文化素质教育指导委员会顾问，中华炎黄文化研究会副会长、中国历史学会副会长等。此外兼任中国社会科学院、南京大学等多家研究机构或院校研究员或教授、陕西省政府专家顾问委员会委员。长期从事中国思想史、哲学史和文化素质教育研究。协助侯外庐整理《中国思想通史》，主编或自著的著作有：《中国思想史》、《宋明理学史》(上、下)、《中国历史大辞典·思想史卷》、《中国儒学思想史》、《中国传统文化》、《中国近代伦理思想的变迁》、《中国近代史学学术史》、《陕西通史·思想史卷》、《中国历史》六卷本、《环境哲学前沿》、《顾炎武》、《儒学、理学、实学、新学》、《春鸟集》、《中华人文精神》、《中国历史十五讲》、《众妙之门》、《中国现代思想史论集》等。

角度加以论述、介绍，使更多的朋友能够有所收益，以加深对优秀传统文化的理解，这也许是国家图书馆文津学术讲座的主要职责之一吧。鉴于此，我今天和大家讨论一个题目：老子与《道德经》，副标题是：读任继愈先生的《老子绎读》。

一 《老子绎读》简介

任继愈先生是我国著名的人文学者、人文学术大家、国家图书馆原馆长。"文津讲坛"是他倡议设立的。他是我的老师，1946年至1950年我在北京大学哲学系学习，听过任先生的"隋唐佛学"课，当时我写的一些读书笔记，经过他的指导和审读。任先生今年已是93岁高龄的长者，他一直关心国家图书馆的学术讲座。今年他要我在元旦作学术发言，师命不可违。讲什么呢？我想介绍任先生在90岁高龄写作并出版的《老子绎读》一书。

《论语》和《老子》（亦名《道德经》或《道德经五千言》），是我国古代人文经典中最重要的两部著作。要把它们译成现代汉语，并力求准确讲出其中的要义，没有深厚的学术功底是做不到的。关于《论语》，学者杨伯峻先生的《论语译注》受到人们的好评。至于《道德经》，任继愈先生的《老子绎读》则是一部功力很深的阐释老子思想的著作。

任先生对《老子》书的研究，跨越了两个世纪。从20世纪50年代开始，他为了教学方便（给来自东欧保加利亚的留学生授课），开始将《老子》译成现代汉语，称为《老子今译》。后来有所修订，称之为《老子新译》，这两种译本都公开出版过。它们均根据魏人王弼的注本，即《老子》通行本。1973年在长沙马王堆发现了大量帛书。经修复后，通过整理和考订，其中有《老子》甲、乙本。这是西汉时期的《老子》。将帛书本与通行本《老子》互相对照比较，有助于深切了解《老子》。任先生对照通行本和马王堆帛书本作《老子全译》。

1993年10月，湖北荆门市沙洋区郭店一号楚墓出土了一批竹简，其中有《老子》甲、乙、丙本，这是战国时期的《老子》。研究郭店楚墓的简本《老子》，并与通行本《老子》对比研究，国内学者在这方面做了不少工作。

基于以上情况，任继愈先生以《老子》通行本为底本，并参照楚墓出土的竹简本，对《老子》进行第四次今译，名《老子绎读》，2006年12月由北京图书馆出版社出版，至今整整两年。对于书名，任先生有这样的说明："'绎'，有阐发、注解、引申的涵义，每一次关于《老子》的翻译都伴着我的理解和阐释，因此，这第四次译《老子》称《老子绎读》。"[①] 从以上叙述，大家可以看到任先生的严谨治学精神。

任先生对老子思想的历史价值作了全面的分析。他说："《老子》文约而义丰，有很多精到的见解，值得很好钻研。有五千年文明的中国，流传广泛的哲学流派不少，号称百家，其实只有两家，一个是儒家，一个是道家。……老子用诗的语言表达深邃的思想，善于正话反说，善于用浅显比喻说明深奥的道理。"[②]

在《老子绎读》中，任先生对老子思想的来源进行了分析。他认为，老子思想的来源有三：一是继承荆楚文化的特点，贵淳朴自然，反雕琢文饰；二是吸取古代文化遗产，总结前人经验，他在东周做过管理王室图书的工作，便于他接受并审视他以前的文化成果；三是社会现实，他是春秋末期人，亲眼看到春秋时期社会的混乱，旧礼制的崩坏和仁义口号的虚伪性，思考怎样才能拯救时弊。

任先生还分析了老子思想对后代的重大影响。一是对哲学思想及宗教思想的影响。产生于东汉中叶的道教，尊老子为教祖，以《道德经》为主要经典，并加以宗教性解释，宣传人们经过一定的修炼，可以使精神、肉体长生永存，成为神仙。一是对中国古代政治的影响。封建王朝为恢复社会经济而采取的与民休息政策，其指导思想多来自《老子》。老子和中国古代军事思想也有密切的关系。这些评价会有助于人们去了解老子及其著作。

还应当提到，《老子绎读》在体例上将古代人文经典的深厚学术内涵与今天一般读者所需要的文化普及性有机地结合了起来。全书包括前

---

① 《老子绎读·后记》。
② 《老子绎读·前言》。

言、译例、译文、索引四部分。索引又分为重要名词索引和内容分类索引两部分。结尾有附录：（1）马王堆汉墓帛书《老子》释文（甲、乙本）；（2）郭店楚墓竹简《老子》（甲、乙、丙本）；（3）《老学源流》；（4）《我对〈老子〉认识的转变》；（5）《寿命最短的黄老学派，效应长久的黄老思想》。这样完备的"附录"，有助于读者深入理解《老子》。在学术观点上，学者们对我国古代人文经典的解说，自古以来就有多种说法；任先生对《老子》的疏解和阐释，只是一家之言，供读者朋友们研读，以便进入《老子》的精神殿堂。不过，任先生的阐释是有特色的，他更加着重对《老子》哲学思想进行提炼和说明。他说："哲学包罗万象，哲学理论是高度抽象思维的精神产品，好像与现实生活不那么密切，但是越是高度抽象的哲学，它的根基却深深地扎在中华大地的泥土之中。"① 如果要将抽象还原于社会现实，任先生则认为，老子思想的社会基础是中国古代农业社会中的农民；"反映农民呼声最早、最系统的是《老子》。"② 在贯彻学术"百家争鸣"以推动哲学社会科学发展和繁荣的今天，这也是一种认真思考过的学术观点，可供读者参考。

现在我们提"中华文明走向世界"，我国人文经典在国外译本最多的，大约要数《老子》。不过，它往往不是外国译者所能理解的。季羡林先生在《展望比较文学的中国学派》一文中说："比如我见过他们（外国译者）的几十种《老子》译本，能准确反映《老子》思想的很少，多是夹杂着许多译者主观的东西。"③ 因此，使"中华文明走向世界"，就要有准确的好的外文译本，首先要有高质量的现代汉语译本，这会有助于译成外语本。

二 《老子》的"道"论

老子是我国古代哲学大家、思想家，道家学派的创始者。他对中国

---

① 《老子绎读·后记》。
② 《老子绎读·前言》。
③ 《季羡林文集》第8卷，江西教育出版社1996年版，第334页。

传统思想文化的发展作出了重大贡献（以下有些是阐述任继愈先生的观点，也有一些是我个人的看法）。

司马迁在《史记》中记载了老子的事迹（《史记·老子申韩列传》）。老子姓李名耳，春秋末期人，比孔子岁数略大，楚国苦县（今河南鹿邑）人，曾任东周王室管理藏书的官吏。有时称他为"老聃"。"聃"指耳长，"老聃"即耳长的老者的俗称。据说东周王室衰微，老子离职而去，不知所终。我赞同有些学者的意见：《老子》不是老子亲自写成的，是他的后学在战国时期写成的，属于战国时期的韵文体，它忠实地记录了老子本人的思想。

据《老子申韩列传》记载，孔子曾向老子请教。孔子是儒家学派的开创者（前551—前479），他创立"私学"，授徒讲学，周游列国，宣传自己的主张。孔子从人的亲情出发，倡导仁爱哲学，提出"己所不欲，勿施于人"（《论语·颜渊》）、"己欲立而立人，己欲达而达人"（《论语·雍也》），道理平实、深刻。他不谈人的生死，"未知生，焉知死？"（《论语·先进》）不言"怪、力、乱、神"（《论语·述而》）。他主张通过教育改造社会，在形式上维护西周的礼制，但灌注了新的思想，即仁爱思想，以达到"君君，臣臣，父父，子子"（《论语·颜渊》）相互和谐的社会境界。所有这些主张，在老子看来，都是功利性的、世俗性的，不予肯定。老子说："良贾深藏若虚，君子盛德，容貌若愚。"（《史记·老子申韩列传》）并认为像孔子这样直白地阐述自己的主张，表现出"骄气"和"多欲"，应当把这些毛病去掉。"骄气"和"多欲"，用今天的话来说，就是功利化、世俗化。这很像老子的口吻。

与孔子不同，老子所要探求的则是世界的本原问题，用哲学名词说，就是本体论问题。

老子哲学本体论可叫做"道"论。"道"是《老子》思想体系的核心。全书81章，直接谈及"道"的有77章。"道"字出现74次，运用形象、概念和推理方法，从不同层面阐述关于"道"的哲学。

在老子看来，"道"乃是勉强提出的一个概念，而不是对世界本原的准确描述。人们可以认识"道"，可以用语言文字来表述"道"，但人们所认识到的内容，语言文字所表达的内容，并不是"道"本身。《老子》第一章是全书的总纲，对"道"作了扼要论述。

道，可道，非常道。名，可名，非常名。"无"，名天地之始。"有"，名万物之母。故常无，欲以观其妙；常有，欲以观其徼。此两者，同出而异名，同谓之玄。玄之又玄，众妙之门。

这段文字可以译成如下白话文："道，可以用语言文字来表述，可是并不是常道。名，可以用文字来表述，但并不是常名。'无'才是天地的开始。'有'才是万物的开端。人们用'无'去了解道的奥妙，用'有'去体会道的创造。'有'与'无'同源于道，不过表述不同，它们都可以说是深远的。极远极深，这种玄妙是天地万物产生的根源。"这里，老子提出了三个概念：道、无、有。什么是"道"？道是有、无的统一。什么是"无"？"无"不是什么都没有，而是指没有形象，没有体积。它和具体的事物不同，指的是空间，是不确定性的存在。什么是"有"？"有"是万物的开端，指能够被人感知的事物的确定性。万物来源于"有"与"无"。有与无的作用是玄妙的，"玄妙"才是万物产生的根源。

关于世界的本原，老子并未用创造万物的"神"（上帝）的概念，在我国商周时期，"上帝"原指祖先神，能够创造一切；老子也并未用不同的物质形态加以描述，如金、木、水、火、土，作为世界万事万物本原的所谓"五行"。老子是真正的哲学家。什么是哲学？哲学是智慧之学，是从"多"中求"一"的学问，从"多"中抽象出"一"来，这种抽象是理论思维能力的表征；以此为土壤，才产生出不同的世界观、人生观与价值观。老子认为，这个"一"叫做"道"，分言之，即"无"与"有"。战国时期儒家也接受了这种观点，在《易传·系辞》中称"形而上者谓之道，形而下者谓之器"。这里，"形而上"并不是一个贬义词。后来，宋明时期的思想家们则认为研讨关于世界的本原、心性关系等都属于"形而上"的范畴。也有思想家认为，形而上的"道"，即存在于具体的器物（或事物）之中。近代有人翻译希腊哲学家亚里士多德的哲学名著，名《形而上学》，这是采取了日本学者的译法。原来，亚里士多德写了讲义《物理学篇》（*Physics*）以后，开始探讨哲学问题，将其著作命名为"metaphysics"，即《物理学后篇》（也就是"写在物理学著作以后的哲学论著"），其实，这是十分简洁明了的。20世纪，"形而上学"渐变成与"辩证法"相对立的名词，成为静止、孤立、片面的同义语。这里要说明的是，《易传·系辞》中的"形而上者谓之道"并无此义。

在2500多年前，中国古代哲学已经达到如此高的水平，为什么后来没有引导创建近代自然科学？不久前有学者撰文《自然科学为何没有诞生在中国？》，认为最主要的一个原因是"中国传统文化缺乏追求理性而是重于应用"[①]，但是我们从《老子》论"道"中可以看到深刻的理论思维中国古代并不缺乏对理性的追求。历史的事实是，老子提出的理论思维到东汉时期被宗教化了，被引导到追求长生不死的宗教信仰上去了，没有成为近代科学的来源。不过，在道教的一些典籍中也包含着丰富的中国古代科学的内容。

老子的"道"论，在《老子》第二十五章体现得分外鲜明。

> 有物混成，先天地生。寂兮寥兮，独立不改，周行而不殆。可以为天下母。吾不知其名，字之曰道，强为之名曰大。大曰逝，逝曰远，远曰反。故道大，天大，地大，人亦大。域中有四大，而人居其一焉。人法地，地法天，天法道，道法自然。

译成白话文，即："有一个东西是浑然一体的，它存在于天地之先。无声无息，又无形体，它不依靠外力，循环运行永不停止。可以称为万物之母。我不知道如何称呼它，把它叫作'道'，勉强叫它为'大'。大叫作消逝，消逝到极远，从极远又返还。所以道大，天大，地大，人亦大。国中有四大，人是其中之一。人效法地，地效法天，天效法道，道效法自然（自己）。"值得注意的是，这段文字中"域中有四大，而人居其一焉"等，王弼通行本"人"均作"王"字，却是按照"人"字注解的；"域中"，马王堆甲、乙本作"国中"。"天"、"地"没有意识，但"人"是有意识的；人体验到"道法自然"的真理，即世界是自然而然地形成的道理，进而在"自然而然"上下工夫，不自以为是，

[①] 尤广建文，《北京日报》2008年11月24日转载。

人才能称之为"大"。

　　那么，"道"怎样演化为万物？《老子》第四十二章这样写道："道生一，一生二，二生三，三生万物。万物负阴而抱阳，冲气以为和。"对这一章，任继愈先生解题："这一章从'道生一'到'冲气以为和'讲'道'是万物的总根源。这里的道理并不复杂，道生一，一生二，二生三，只说明事物由简单到复杂逐渐分化的过程。前人注解虽多，但失于穿凿，替老子说了一些老子没有说过的话。可供参考，但不能当真。"关键是"一生二"的"生"，是否像人一样去制作一件器物？不是的。这里"一生二"，和"一到二"是一个意思，不是任何人（神）的有意制作。万物处于什么状态？在老子看来，万物都背负阴气而怀抱阳气，阴阳二气交互影响形成和气；和气就是对立面的统一，相反而相成。这是中国古代的辩证法。这种辩证法的形成归根结底，也是源于对农业生产经验的总结。例如，山的向日面，即阳；山的背阳面，即阴。人们在生产实践中提炼出抽象化的"阴"、"阳"概念。西周时的文献《周易》就试图用阴阳去解释自然和人类社会，从而预测人的吉凶。《周易》中的阴阳变易思想对儒家和道家都有影响。《老子》有丰富的辩证法思想，处处提醒人们不要走极端，强调"有无相生，难易相成，长短相形，高下相倾，音声相和，前后相随"（《老子》第二章）、"祸兮，福之所倚；福兮，祸之所伏"（《老子》第五十八章），已经看到了矛盾的转化。

　　不论是中国的古代还是西方的古代，当时的哲学家们都认识到事物中包含着相互对立的方面。在中国，思想家们强调的是相反而相成，即一元的和谐论，虽然儒家和道家在"相反"与"相成"中哪一方面占主导问题上有异议，比如儒家强调刚强，主张自强不息，而道家则强调柔弱，主张以柔克刚，但最终他们都希望对立的两个方面能够"相成"、"合一"，落到一个"和谐"的"道"上去。然而西方古代有些哲学家则是二元对立的思维，强调差别、斗争的意义和作用。这从一个方面展示了中、西方文明存在着差异。中西方古代哲学基本面貌的差异比较，更能突出各自的学术特色，这不好说哪一个更好，因为人类文化自古以来就具有多样性，各有特色，互相补充、借鉴。

　　可见，老子的"道"论包括："道"是世界的本原；由"道"到万物，是一个逐渐运动、演化的过程，即"道法自然"的过程；"道"是万物变动的根源，它在万物演化中体现出相反而相成的作用。

三 老子"贵柔"的人生哲理

作为老子"道"论的逻辑延伸，老子强调阴即柔弱的作用，提出了一套以贵柔、守雌为特点的辩证法思想。他从农业生产中发现，植物的幼苗虽然柔弱，但它能从柔弱中壮大；当它壮大了，反而接近死亡（见《老子》第七十六章）。他认为人们对待生活的态度，最好是经常处于柔弱的地位，这样就不会转为坚强，即可避免走向失败、死亡的结局。

老子主张"反者道之动，弱者道之用。天下万物生于有，有生于无"（《老子》第四十章）。道的运动是向相反方面转化，"反者道之动"，即物极必反。那么，人应当如何做？"弱者道之用"，柔弱谦和就是"道"的具体运用。老子对此有详细的论述。他问天下最坚固的是什么？一般回答：几个人合抱的大树也许是最坚固的，他的回答则是：不然。水才是最坚强的，表面柔弱，处于卑下地位，其流动不舍昼夜，有时甚至会摧毁一切。人应当像水一样，所以《老子》第八章说：

> 上善若水，水善利万物而不争；处众人之所恶，故几于道。居善地，心善渊，与善仁，言善信，正（政）善治，事善能，动善时。夫唯不争，故无尤。

这段文字可译为："最高尚的善像水那样，水善于帮助万物而不与争利；它停留在众人所不喜欢的地方，所以最接近'道'。居住要（像水那样）安于卑下，存心要（像水那样）深沉，交友要（像水那样）相亲，言语要（像水那样）诚实，为政要（像水那样）有条有理，办事要（像水那样）无所不能，行为要（像水那样）待机而动。正因他（像水那样）与万物无争，所以才不犯过失。"

"上善若水"，老子称之为"无为"原则，"无为"不是什么都不做，而是"道法自然"原则在人生哲理中的体现或具体运用。"上善若水"在今天依然有借鉴意义。如人愿意把自己摆在"卑下"的地位吗？"自视甚高"是人之常情，处处自觉自己只是平民百姓中的一员，并非易事。愿意和社会的弱势群体做朋友吗？不受攀龙附凤、依靠权势观念的束缚，而自愿为弱者呐喊奔走，才会真正领悟"上善若水"的真谛。生活中谦虚谨慎，诚实守信，从水的流动中吸取智慧的启示。如果肩负重要责任，能不走极端，不搞大起大落吗？"致虚极，守静笃"（《老子》第十六章）、"无为而无不为"（《老子》第四十八章）、"治人、事天莫若啬"（《老子》第五十九章）、"治大国若烹小鲜"（《老子》第六十章）、"为无为，事无事"（《老子》第六十三章）等，都在告诫人们不要强作妄为，用今天的话说就是"不折腾"。在名利面前，能淡然处之吗？能堂堂正正做人吗？这些都可从"水"中获得启示。

老子所说的"柔弱"有两方面内容，一是指"人道"应当效法"天道"，一是指要有包容天下的宽阔胸怀。

"人道"效法"天道"，在老子看来，"天之道不争而善胜，天之道不言而善应，天之道不召而自来"（《老子》第七十三章）。即：天之道不争而善于获胜，不说而善于回应，不召而自动到来，是自然而然的。然而，"天网恢恢，疏而不失"（《老子》第七十三章），天道包含一切。在治理国家上，"圣人"依据"天道"，也就是"以百姓心为心"（《老子》第四十九章）；当政者"功成身退，天之道"（《老子》第九章）。人们无论做什么，都是随其自然，不要勉强、强求，保持平静淡泊的心境。

为政者要有包容天下的宽阔胸怀。《老子》第十六章："知常容，容乃公，公乃王，王乃天，天乃道，道乃久，殁身不殆。"意思是："认识'常'（即常道），才能包容一切；包容一切，才能坦然大公；坦然大公，才能担当首领；担当首领才能符合自然；符合自然就是'道'；符合'道'，才能长久。"

将"柔弱"的这两方面内容综合起来，就叫做"常德"。"知其雄，守其雌，为天下溪谷。为天下溪谷，常德不离，复归于婴儿。"（《老子》第二十八章）意思是："虽然知道什么是刚强，却安于柔雌，甘作天下的沟溪。甘作天下的沟溪，永恒的'德'永不相离，重新回到纯洁的状态,像个婴儿。"《老子》之所以被称为《道德经》,因为它的主旨论述了"常德不离,复归于婴儿"的"贵柔"人生哲学。因此,老子哲学没有人类中心主义的弊端,其"道法自然"的理论阐述了人们认识的某些局限性,提醒人们谦虚谨慎,对自己的才智不要过度自信,以为自己了不起。他从反面论证,"俗人昭昭,我独昏昏。俗人察察,我独闷闷……众人皆有以,而我独顽似鄙。我独异于人,而贵食母"(《老子》第二十章)。意思是:"世人都那么明白,我却这样糊涂。世人是那么精明,我却在一旁沉闷。……世人都有一套本领,独我又笨又无能。我跟世人不同,在于我找到了根本(母)。"从某种意义上说,这种思想认识是消极的,但从事物的辩证发展角度分析,它却时时提醒世人不要张扬,保持头脑清醒,谨防事物向坏的方面转化,把握"道"的大体,才能使自己立于不败之地。也许这并非消极悲观,而是一种清醒剂!

同时,在中国古代,老子的"贵柔"思想对人们的养生理论和实践也作出了贡献。这要作专门的分析,这里从略。

总之,老子的"道"论思想和"贵柔"思想具有内在的联系,"贵柔"的人生哲理是老子的"道"论思想在人生领域的体现和延伸,也揭示了"道"与"德"的密切关系。在此,我在任继愈先生《老子绎读》的基础上,谈若干体会,供各位朋友参考。谢谢大家!

(说明:陈战峰根据张岂之先生 2009 年 1 月 1 日上午在国家图书馆"文津讲坛"所作学术演讲整理。全文近 8000 字。)

老庄之道论及其异同

郭齐勇[*]

(武汉大学 哲学学院)

本文拟通过阐释老庄之道论，比较其异同，以期理解其深邃意蕴、特色与优长。尽管《老子》文本在发展过程中受到庄子学派及后学的影响，尽管关于《庄子》的作者及内、外、杂篇何者更代表庄子的讨论至今仍未止息，但本文从一般的意义上以《老子》文本（含通行、帛书、郭店简本）的内容作为老子或老子学派思想的表达，以《庄子》全书作为庄子及其学派思想的表达，故行文中老子即《老子》，庄子即《庄子》，也即庄周学派。这是为了比较方便地论说老庄哲学思想。

一 老子之道论

春秋时期的文献中，多次提到"天道"、"地道"、"人道"，或"天之道"、"地之道"、"人之道"等概念。老子的贡献是把"道"抽

---

[*] 郭齐勇，湖北武汉人，哲学博士，武汉大学哲学学院暨中国传统文化研究中心教授、博士生导师，国家级教学名师，中国哲学史学会副会长，中华孔子学会副会长，国际中国哲学会副执行长，国务院学位委员会哲学学科评议组成员，教育部高等学校哲学教学指导委员会副主任，国家社会科学基金学科评审组专家。著有《中国哲学智慧的探索》、《中国儒学之精神》、《中国哲学史》、《熊十力思想研究》、《天地间一个读书人：熊十力传》、《文化学概论》、《郭齐勇自选集》等，合著有《诸子学志》、《梁漱溟哲学思想》等。

绎出来，使之成为一个独立的哲学形上学的范畴。①

笔者认为，老子道论可以分为四个层面，或可以通过四条路径加以把握。第一层面是"体"论，亦即可以从本体论的进路，理解虚无之"道"乃万物之所以为万物之形而上的根据；第二层面是"用"论，亦即可以从宇宙生成论或本体—宇宙论的进路，理解天地万物形成及社会政治文化展开的过程；第三层面是体验、把握"道"的方法论；第四层面是人生修养的功夫论与境界论。

第一，本体论。

老子之"道"是原始浑朴、混沌未分、深远精微、连绵不绝的状态。"道常无名"、"道隐无名"、"大象无形"。它无名、无知、无欲、无为，它无形、无象、无声、无体，乃"无状之状"、"无物之象"。有时候，人们用"无"来表示本体的"道"，这虽是后起意（特别是王弼以后的义涵），但的确表明了"道"与现象世界的差别，又表明了"道"以虚无为用，还表明了老子的表述方式是否定式的、负的方式，不是肯定式的、正的方式。

在老子看来，"道"是古往今来，独立地、不停息地、周而复始地按自己的样态运行、流转的。它是整体，又是大化流衍的过程及其律则。它是自然流行的，没有情感、欲望、意志，不是人格神。它是天地万物（即有名、有形、有限的现象世界）的本始、根源、门户、母体，

---

① 詹剑峰认为，老子"道"与"道论"的核心思想是：道即自然，自然即道；道自本自根，自生自成。詹剑峰以自然、自因、无待而然（绝对）、至大（无限）、一（唯一）、自由运行，以及老子之道一体而兼变常等义来概括"道"的特点与内涵。见氏著《老子其人其书及其道论》（华中师范大学出版社2006年版，第138—139、121页）。唐君毅指出，老子之道有六义，又说道通贯法地、法天、法道、法自然四层，至于老子之所谓道为一形上实体或一虚理之问题，则不必执着而言；谓之为实体者，乃自此道所连贯之具体之天地万物而说，然自其法道与法自然而言，则人之体道，要在体道之超越于天地万物之上的种种意义，不宜说为实体。见氏著《中国哲学原论·原道篇》（一）（台湾学生书局1986年版，第340—341页）。方东美从道体、道用、道相、道征四层来讲道，认为就道体而言，道乃为无限的真实存在的实体。见氏著《原始儒家道家哲学》（台北黎明文化事业公司1987年版，第211、200—202页）。吴汝钧比较柏拉图理型说与老子之道，论述老子"道"为形而上的实体，具有实际的存在性和创生万物的作用。见氏著《老庄哲学的现代析论》（台北文津出版社1998年版，第227—229页）。

是其根据、本体。现象世界发源于、依据于道又返归于道。老子的道体具有超越性、绝对性、普遍性、无限性、圆满性、空灵性。人们勉强地可以称它为"道"、"大"、"一"、"朴",或比喻为山谷、玄牝。它是空虚的、不盈满的,因此有无限的神妙莫测的功能、作用,其活动的时间、空间、能力、效用是无穷尽的。但它决不有意造作,决不强加于人(或物),而是听任万类万物各遂其性,各按本己的性状自然而然地生存变化。正因为"道"是空虚的,没有被既定的现实事物或种种制度文明、价值判断、条条框框所塞满、所限定,故而有无限的可能性、无限的作用及其活动的空间。

第二,宇宙生成论或本体一宇宙论(本体一社会论)。

老子说:"天下万物生于有,有生于无。"(第四十章,"天下万物",郭店简本和帛书乙本均作"天下之物")"无名"包含着"有名"。道生成并包含着众有、万象、万物,又不是众有、万象、器物的机械相加。老子哲学并不排斥、否定、忽视"有"的层面及种、类、个体自身性的差异,相反,肯定殊相个体自然生存的价值,反对外在性的强力干预及对物之天性的破坏。

"道"的展开,走向并落实到现实。如"道生一,一生二,二生三,三生万物。万物负阴而抱阳,冲气以为和"(第四十二章)。老子不仅讲"道",而且讲"德"。德者,得也。"道生之,德畜之,物形之,势成之。是以万物莫不资格考尊道而贵德。"(第五十一章)也就是说,自然天道使万物出生,自然天德使万物发育、繁衍,它们创造、养育了万物,使万物得以一定的形态、秉性而存在、成长,千姿百态,各有特性。所以,万物没有不尊崇"道"而珍贵"德"的。"道"之所以被尊崇,"德"之所以被重视,并没有谁来强迫命令,是自然而然,自己如此的。"道"使万物生长,"德"使万物繁育。它们使万物生成、发展、结果、成熟,对万物爱养、保护。它们生养了万物而不据为己有,推动了万物而不居功自恃,统领、管理万物而不对万物强加宰制、干预,这才是最深远的"德"。一般说来,"道"成就了万物之"德","德"代表了"道",内在于千差万别的个别事物之中。

按这种思路,老子亦肯定文明建构、人伦生活,如说:"始制有名"(第三十二章);"朴散则为器,圣人用之则为官长。故大制不割"(第二十八章)。社会的伦理生活、文明制度,按自然条理生成并无害处,害怕的是,人为作用的强化,或执定于种种区分,将其固定化、僵化,则会破坏自然之道。老子肯定道德的内在性,反省文明史,批评礼乐和伦理道德的形式化,亦与此一致。

老子之"道"是生成万物的超越根据,它涵括了"无"与"有"之两界、两层。道家以"无"设定真实的本源世界。就道体而言,道是无限的真实存在实体;就道用而言,周溥万物,遍在一切之用。"道之全体大用,在'无'界中即用显体,在'有'界中即体显用。"[1]"有"界是相对的现象世界,"无"界是超越的精神世界,绝对的价值世界。相对的"有"与绝对的"无"相互贯通。这是就两界而言的。若就两层而言,"无"是心灵虚静的神妙之用,是"道"之作用层;"有"是生、为、长养万物之利,是道之现实层。庄子《天下》赞扬关尹、老聃"建之以常无有"。"建之以常无有"是真正的哲学智慧。老子这种既无又有、既相对又绝对、即妙用即存有之双向圆成的玄道,启发了后世魏晋玄学、宋明道学(理学)之即体即用、即无即有的模型。但道家之道的现实方式是负的方法、否定的方式,是"不"、"反""复",即通过虚无保证存有,通过不有、不恃、不宰、不争、贵柔、守雌、不为来长养万物,那么这种"有"其实也是虚有。老子形上学的重心是"无",是"道冲","用之或不盈,渊兮似万物之宗",是不生之生、不有之有、不长之长、不用之用、不宰之宰、不恃之恃、不为而为。

"道"的功用,"道"的创造性,源于道之体的虚无、空灵、不盈,也就是不被既成、既定、常识、合理、现实、规范的东西所塞满、窒息,因而能在"有无相生"(第二章),即"无"与"有"、"道"与"德"在相对相关、相反相成的过程中创生新的东西。请注意这里的"有无相生"的"无",与前面作为"道"的代词的"无"是不同的,有层次上的区别。"道"是"有"与"无"的统一,是超乎相对待的"有"与"无"之上的绝待。作为"道"的代词的"无",是万物的本

---

[1] 方东美:《原始儒家道家哲学》,台北黎明文化事业公司1987年版,第168—169页。

体、最高的原理。"有"与"无"是"道"的双重性,是从作用上显示出来的。

第三,体验、把握"道"的智慧与方法。

老子讲境界形态上的"无",或者讲"有",大体上是从作用上讲的。① 在宇宙、现象世界生成的过程中,"有之以为利,无之以为用"(第十一章),即"有"提供了客观便利的条件基础,但"有"一定要在"无"的创造性活动作用、力量及活动作用的空间(场域)或空灵境界中,才能创造出新的有用之物,开辟出新的天地。正是在这一背景下,老子讲"道常无为而无不为"(第三十七章)。实有之用是有限之用,虚无之用是无限之用,无用之用乃为大用。

以上说的是老子以虚无为用。另一方面,老子又以反向为用。老子认为,"道"的变化、功用有一定的规律:"反者,道之动;弱者,道之用。"(第四十章)意思是,向相反的方向变化发展,是"道"的运动;柔弱,是"道"的作用。举凡自然、社会、人生、各种事物现象,无不向相反的方向运行。老子认识到事物发展的极限,主张提前预测设计,避免事物向相反的方向发展,防患于未然,因而提出了"不争"、"贵柔"、"守雌"、"安于卑下"的原则。

老子认为,获得知识靠积累,要用加法或乘法,一步步肯定;而体验或把握"道"则要用减法或除法,一步步否定。在他和他的后学看来,真正的哲学智慧,必须从否定入手,一步步减损掉对外在之物占有的欲望以及对功名利禄的追逐与攀援,一层层除去表面的偏见、执着、错误,穿透到玄奥的深层去。"为学日益,为道日损,损之又损,以至于无为。无为而无不为。"(第四十八章)减损知、欲、有为,才能照见大道。"损",是修养的功夫,是一个过程。我们面对一现象,要视之为表相;得到一真理,要视之为相对真理;再进而层层追寻真理的内在意蕴。宇宙、人生的真谛与奥秘,是剥落了层层偏见之后才能一步步

---

① 牟宗三认为,道家的形上学是境界形态的形上学,道要通过"无"来了解,以"无"来做本体,这个"无"是从我们主观心境上讲的;又说,道家着重作用层一面,讲无讲有,是从作用上讲的。见氏著《中国哲学十九讲》,上海古籍出版社 1997 年版,第 124—128 页。

见到的，最后豁然贯通在我们人的内在的精神生命中。"无为而无不为"，即不特意去做某些事情，依事物的自然性，顺其自然地去做。①

第四，人生修养的功夫论与境界论。

老子并不绝对地排斥圣、智、仁、义、学问、知识，但显而易见的是，他十分警惕知、欲、巧、利、圣、智、仁、义对于人之与生俱来的真正的智慧、领悟力、德性的损伤与破坏，他害怕小聪明、小知识、小智慧、小利益的计较以及外在的伦理规范影响人之天性的养育，戕害婴儿赤子般的、看似懵懂无知实则有大知识、大智慧、大聪明、大孝慈、大道德的东西。道家以否定的方式（不是从实有的层面上否定），消解知识、名教、文明建制、礼乐仁义、圣智巧利、他人共在等所造成的文明异化和个体自我的旁落。老子批评了儒家的仁、义、忠、孝、礼、智、信等德目，但并不是取消一切德目。老子追求的是真正的道德、仁义、忠信、孝慈。所以从根本上说，他恰恰是主张性善、仁爱、忠孝、信义的。他相信自然之性为善，返璞归真、真情实感，是最大的善。从这个意义上说，老子也是人性本善论者，他对人性抱有很高的希望。

"涤除玄鉴"即洗去内心的尘垢。"致虚"是洗汰知虑，保持心灵空间。"守静"即保持闲静的、心平气和的状态，排除物欲引起的思虑之纷扰，实实在在地、专心地保持宁静。致虚、守静是随时排斥外在之物的追逐、利欲争斗等引起心思的波动。"观复"，即善于体验万物都要回到古朴的老根，回到生命的起点、归乡与故园的规律。"观"就是整体的直观、洞悉，身心合一地去体验、体察、观照。"复"就是返回到根，返回到"道"。体悟到"道"的流行及伴随"道"之流行的"物"的运行的这一常则的，才能叫"明"（大智慧）。体悟了"道"的秉性常则，就有博大宽容的心态，可以包容一切，如此才能做到廓然大公，治理天下，与天合德。与"道"符合才能长久，终身无虞。通过"致虚"、"守静"到极致的修养功夫，人们达到与"道"合一的境界。故，致虚，守静，观复等，是修养功夫，亦是人生境界。

---

① 参见方东美《原始儒家道家哲学》，台北黎明文化事业公司1987年版，第191页。

老子论证滞留物用、执着有为对于心体的遮蔽，论证摄心归寂、内自反观、迥然明觉、澄然虚静的意义，着重强调了人生向道德和超越境界的升华。按照老子的道德理想、道德境界、人生智慧和人格修养论，他推崇的美德：见素抱朴、少私寡欲、贵柔守雌、慈俭谦退、知足不争、致虚守静、清静无为、返璞归真。老子以此为至圣与大仁。这是老子对人生的感悟，特别是对春秋末年贵族阶级奢侈生活的批判。老子通过冷静观照，提示了淡泊宁静的生活旨趣，看到了逞强、斗富、居功自恃、私自用智等的负面。

总之，《老子》中的"道"既是形上本体，又是自然、社会、人生的法则。它是整体性的，在本质上既不可界定也不可言说，不能以任何对象来限定，也不能将其特性有限地表达出来。所以，"道"又叫做"无"、"无名"、"朴"、"一"、"大"。它是不受局限的、无终止的、一切事物的源泉与原始浑朴的总体。但"道"绝不是一个抽象的共相，而是一个流转与变迁的过程。它周行而不殆，周流万物，即在循环往复、不返回本根处的运行中，体现出有形有象的器物世界，即"有名"的现实世界。"道"是"有名"与"无名"、流变与不变、整体与过程的统一。在一定的意义上，老子之"道"是有与无、神虚与形实的整合。"有"指的是有形、有限的东西，指的是现实性、相对性、多样性；而"无"则指的是无形、无限的东西，指的是理想性、绝对性、统一性、超越性。"有"是多，"无"是一；"有"是实有，"无"是空灵；"有"是变，"无"是常。"道"具有否定性与潜在性，因而创造并维持了每一肯定与实在的事物。在这一过程中，潜在与现实、否定与肯定、空无与实有、一与多，沿着不同方向发展变化。[①]《老子》启发我们促成潜在向现实、否定向肯定、空无向实有、一向多的方向转化，在这里，特别要注意"相反相成"、"物极必反"的律动。"道"是阴阳、刚柔等两相对待的精神或物质的微粒、能量、动势、事物、原理的相对相关、动态统合。

---

① 参见成中英《中国哲学的特性》一文，见氏著《论中西哲学精神》，李翔海等编《成中英文集》第一卷（湖北人民出版社 2006 年版，第 9—10 页）。

二　庄子之道论

我们仍然可以从本体论、宇宙生成论、体悟本体"道"的方法论、精神修养之功夫与境界的路数去理解庄子的"道"①。

第一，庄子的"道"是宇宙的本源，又具有超越性。

"夫道有情有信，无为无形；可传而不可受，可得而不可见；自本自根，未有天地，自古以固存；神鬼神帝，生天生地；在太极之先而不为高，在六极之下而不为深，先天地生而不为久，长于上古而不为老。"（《庄子·大宗师》，下引《庄子》只注篇名）这表明了"道"是无作为、无形象而又真实客观的，是独立的、不依赖外物、自己为自己的根据的，是具有逻辑先在性与超越性的，是有神妙莫测的、创生出天地万物之功能与作用的本体。这个"道"不在时空之内，超越于空间，无所谓"高"与"深"，也超越于时间，无所谓"久"与"老"。

"有先天地生者，物邪？物物者非物，物出不得先物也，犹其有物也。犹其有物也，无已。"（《知北游》）"道"先于物并生成各物，是使万物成为各自个体的那个"物物者"，即"本根"。它不是"物"，即"非物"，即"道"。由于"道"之生物，万物得以不断生存。

这个"道"是"未始有始"和"未始有无"的："有始也者，有未始有始也者，有未始有夫未始有始也者。有有也者，有无也者，有未始有无也者，有未始有夫未始有无也者。俄而有无矣，而未知有无之果孰有孰无也。"（《齐物论》）宇宙无所谓开始，亦无所谓结束，这是因为"道无终始"。

在《渔父》篇，作者借孔子之口说："且道者，万物之所由也，庶物失之者死，得之者生，为事逆之则败，顺之则成。故道之所在，

---

① 关于《庄子》的"道"，参见张默生原著，张翰勋校补《庄子新释》（齐鲁书社1993年版，第36—40页）；陈鼓应《老庄新论》（上海古籍出版社1992年版，第185—208页）；刘笑敢《庄子哲学及其演变》（中国社会科学出版社1987年版，第102—122页）；崔大华《庄学研究》（人民出版社1992年版，第118—128页）。

圣人尊之。"道是万物的根本，是各物的根据。"夫昭昭生于冥冥，有伦生于无形，精神生于道，形本生于精，而万物以形相生……天不得不高，地不得不广，日月不得不行，万物不得不昌。此其道与！"（《知北游》）明显的东西产生于幽暗的东西，有形迹的产生于无形迹的，精神来自道，形质来自精气，万物以不同形体相接相生。天没有道不高，地没有道不广，日月没有道不能运行，万物没有道不能繁荣昌盛，所有的东西都依于道，由道来决定。

第二，庄子的"道"具有普遍性，内在于每一物中。

"夫道，覆载万物者也，洋洋乎大哉！君子不可以不刳心焉。无为为之之谓天，无为言之之谓德，爱人利物之谓仁，不同同之之谓大，行不崖异之谓宽，有万不同之谓富。"（《天地》）刳心即去掉自私用智之心。崖，即岸，界限之意。这里讲不自立异，物我无间，是谓宽容。整句表示道的广大包容及任其自然。包容万物、以无为的方式行事、没有偏私的君子，具有道的品格，庶几可以近道。

"夫道，于大不终，于小不遗，故万物备。广广乎其无不容也，渊渊乎其不可测也。"（《天道》）"道"大无不包，细无不入，贯穿万物，囊括天地，周遍包含，巨细不遗，既宽博又深远。道无所不在。道甚至存在于低下的、不洁的物品之中："东郭子问于庄子曰：'所谓道恶乎在？'庄子曰：'无所不在。'东郭子曰：'期而后可。'庄子曰：'在蝼蚁。'曰：'何其下邪？'曰：'在稊稗。'曰：'何其愈下邪？'曰：'在瓦甓。'曰：'何其愈甚邪？'曰：'在屎溺。'"（《知北游》）道无所不在。这里颇有点泛道论了。陈鼓应指出，"庄子的道并非挂空的概念，而是普遍地内化于一切物。"[①] 万物都具备"道"，"道"内在于一切物之中。没有道，物不成其为物。

第三，庄子的"道"是一个整体，其特性为"通"。

"夫道未始有封，言未始有常，为是而有畛也。"（《齐物论》）"道"是浑成一体的，没有任何的割裂，没有封界、畛域。"道"是

---

① 陈鼓应：《老庄新论》，上海古籍出版社1992年版，第188页。

圆融的、包罗万有的、无所不藏的，可以谓为"天府"。同时，"物固有所然，物固有所可。无物不然，无物不可。故为是举莛与楹，厉与西施，恢恑憰怪，道通为一。其分也，成也；其成也，毁也。凡物无成与毁，复通为一"（《齐物论》）。这是说，世间的事物，都有其存在的原因、合理性与价值，每一个体的秉性与命运千差万别，但无论有什么差别，或成或毁，这边成那边毁，在道的层面上，却并无亏欠，万物都是可以相互适应、沟通并在价值上齐一的。也就是说，莛虽小而楹虽巨，厉虽丑而西施虽美，只要不人为干预，因任自然，因物付物，任万物自用，可各尽其用，各遂其性，都有意义与价值。凡事在不用中常寓有其用，所日用的即是世俗所行得通的，而世俗所通行的必是相安相得的。"道"是一个整体，通贯万物。庄子所谓"一"、"通"、"大通"，都是"道"。万物在"道"的层面上"返于大通"、"同于大通"。

第四，庄子的"道"是"自本自根"的。

除前引《大宗师》所说"自本自根，未有天地，自古以固存"外，《知北游》亦有大段论说："今彼神明至精，与彼百化。物已死生方圆，莫知其根也，扁然而万物自古以固存。六合为巨，未离其内；秋毫为小，待之成体。天下莫不沉浮，终身不故；阴阳四时运行，各得其序。惛然若亡而存，油然不形而神，万物畜而不知。此之谓本根，可以观于天矣。"此处讲造化神妙莫测，使万物变化无穷。万物或死或生或方或圆，都不知其本根。天下万物没有不变化的。阴阳四时的运行又有其秩序。这些变化也好，变化之中的秩序也好，源于模糊的、似亡而存的"道"。"道"的妙用不见形迹，万物依赖它畜养而不自知。"道"，是天地万物之所以生成的总原理，故自本自根。"道"不依赖于任何事物，自己成立，创生万有；天下万物依凭着道而得以变化发展。天地之大，秋毫之小，以及其浮沉变化，都离不开"道"的作用。"道"参与天地万物的千变万化，道在其中为根本依据。可见，"道"自己是自己的原因，又是生成宇宙的原因。从万有依赖着"道"而生成变化，可知"道"是宇宙的"本根"。

第五，破除成心，跳出藩篱，超越彼此是非，把握"道枢"。

道体自然，道本无为，不可以用语言来表达与限定，但可以用人的生命来体认。人们往往执定、拘守于"一偏之见"，彼此纷争，妨碍了关于完整的"道"与天地之理的领悟。因此，必须破除"成心"，反对师心自用。人们很容易观察与分析现象界的差别相，庄子意在打破由此而产生的执着，认识到事物的迁流变化；主张换一个角度（或参照系，或视域）再去省视事物，会看到不同的面相；直至"以道观之"，有些差别则完全可以忽略不计。庄子提出"明"（或"以明"、"莫若以明"）的认知方法，以此明彼，以彼明此，跳出各自的藩篱，洞察彼此，理解对方，消解己见，以客观平常之心洞察彼此之事实，进而理解现象或概念之彼此的联系，破除对一切相对概念的执着。庄子又提出了更为根本的体认绝对真理的方法，即把握"道枢"、"天钧"的方法。这是更深一层次的"明"。圣人站在更高的层面，首先保留、"因任"自然的分际或人为的界限，其次是超越是与非、可与不可等的对待，洞悉彼此与是非的复杂联系，进而体悟天地自然的大道正是统合是非彼此的枢纽。最高真相、客观真理是所谓"道枢"或"天钧"（亦称"天倪"），它是承认、包含了各种事物、现象的认知以及层次、系列不同的相对真理的。圣人与道同体，存异又超越于异，使各种知识、各种相对真理及其系统各安其位，并行不悖。物与我、是与非、可与不可、潜在与现实、现实与理想、肯定与否定、形下与形上两不相妨碍，是谓"两行"。

第六，通过"心斋"、"坐忘"、"齐物"等功夫，达到"无待"、"与道同体"、"寥天一"的精神自由的境界。

"坐忘"即通过暂时与俗情世界绝缘，忘却知识、智力、礼乐、仁义，甚至我们的形躯，要点是超脱于认知心，即利害计较、主客对立、分别妄执，因为这些东西妨碍了自由心灵。斋是敬之至。斋则心虚，虚则渊深明鉴。"心斋"就是洗汰掉附着在内心里的经验、成见、认知、情感、欲望与价值判断，自虚其心，虚静养和，恢复灵台明觉的功夫。这就是无心、无为、无用的意思。"吾丧我"，是精神之我有时可以超脱于物质、形躯之我，即消解由物质生命带来的负累。"丧我"与"心斋"、"坐忘"意思相近。"齐物"的意思即是"物齐"或"'物论'齐"，即把形色性质不同之物、不同之论，把不平等、不公正、不自由、不和谐的现实世界种种的差别相视之为无差别的"齐一"。这就要求我们以不齐为齐一，即提升自己的精神境界，在接受、面对真实生活的同时，调整身心，超越俗世，解脱烦恼。人们不必执定于有条件、有限制的地籁、人籁之声，而要倾听那自然和谐、无声之声、众声之源的"天籁"，以消解彼此的隔膜、是非和有限的生命与有限的时空、价值、概念、知识、见地、情感、烦恼、畏惧乃至生死的束缚，从有限进入无限之域。这就是精神的"逍遥游"，游即无待，游即游心，即心灵自由。

庄子之真人、至人、神人、圣人，都是道的化身，与道同体，因而都具有超越、逍遥、放达、解脱的秉性，实际上是一种精神上的自由、无穷、无限的境界。这深刻地表达了人类崇高的理想追求与向往。这种自然无为、逍遥天放之境，看似玄秘莫测，但实际上并不是脱离实际生活的。每一时代的类的人、群体的人，尤其是个体的人，虽生活在俗世、现实之中，然总要追求一种超脱俗世和现实的理想胜境，即空灵净洁的世界。任何现实的人都有理想，都有真、善、美的追求，而庄子的理想境界，就是至真、至善、至美的合一之境。

三 老庄道论之联系与区别

老庄道论无疑有很多相同或相联系之处，如说庄子道论源于老子而又加以发展，或说老庄之"道"的义涵有不少相同之处，学术界对此并无歧见。张默生说："《老子》著者是最先发挥'道'之意义的，且说得亦极周遍；至庄子更将活泼泼的道体揭出，较《老子》著者尤为精进。"[①] 王叔岷认为，关于"道"、"常"、"反"、"明"、"和"等问题，"庄子所言虽较老子更深入精细，亦更广泛，但总渊源于老子。此司马迁所谓'要其本归于老子之言。'庄子思想之所以超越老子，在其

---

① 张默生原著，张翰勋校补：《庄子新释》，齐鲁书社1993年版，第36页。

较老子更空灵超脱也"①。关于老子之道，王叔岷归纳了七义：道为天地万物之主宰、道永恒存在、道不可名状、道运行不已、道为实有、道法自然、道为德之本等；又说："庄子言'道无不在。'（《知北游篇》，庄子谓道在蝼蚁、稊稗、瓦甓、屎溺。）此老子所未涉及者。据此，老、庄所谓道，盖有八义矣。"②

学术界有关老庄道论之不同、差异或区别的研究，已有不少成果。例如，徐复观指出："庄子主要的思想，将老子的客观的道，内在化而为人生的境界，于是把客观性的精、神，也内在化而为心灵活动的性格。""庄子较老子，形上意味较轻。"③陈鼓应认为：老子、庄子共同论定"道"是实存的，是天地万物的根源，庄子虽继承了老子，但"老子的'道'和庄子的'道'，在内涵上有着很大的不同。概略地说，老子的'道'，本体论与宇宙论的意味较重，而庄子则将它转化而为心灵的境界。其次，老子特别强调'道'的'反'的规律，以及'道'的无为、不争、柔弱、处后、谦下等特性，庄子则全然扬弃这些概念，而求精神境界的超升。"④叶海烟说："庄子哲学和老子哲学之间确实存在着重大的差异，例如二人对'道'便有不同的看法：老子强调'道'的超越性与创生万物的玄妙作用，而庄子则肯定了道遍在于万物，并已然具德于天地之中的实存性……庄子对老子超迈之处，应首推其逍遥之游，一个游字似乎可道尽庄周本怀……庄子思想的博与杂显然远远超过老子。"⑤邱棨鐊说："老子着重道的化生作用及其现象学，而庄子则进而探究'天道'之理境与绝对实在境。"⑥

我们认为，老庄道论之联系或同质性，有以下几个方面：

第一，老庄"道"范畴的基本含义相同或相近。如前引《庄子·大宗师》"有情有信"章，即源于《老子》第二十一章："窈兮冥兮，

---

① 王叔岷：《先秦道法思想讲稿》，台北"中研院"中国文哲所1992年版，第77页。
② 同上书，第39页。
③ 徐复观：《中国人性论史（先秦篇）》，台北商务印书馆1987年版，第387、390页。
④ 陈鼓应：《老庄新论》，上海古籍出版社1992年版，第185页，又见陈鼓应、白奚《老子评传》（南京大学出版社2001年版，第276页），《老子评传》强调了老子在社会政治上的柔性策略及其应用，为庄子所无。
⑤ 叶海烟：《老庄哲学新论》，台北文津出版社1997年版，第13页。
⑥ 邱棨鐊：《庄子哲学体系论》，台北文津出版社1999年版，第10页。

其中有精；其精甚真，其中有信。"情、精，乃通假字。老子、庄子"道"范畴所具有的本体义、实存义、普遍性义、绝对性义、超越时空义、整体性义、根据在自身的自本自根义及无限性义等基本含义是大体一致或相近的。陈鼓应认为，"道"的整体性是庄子最先提出的，"这个观念为老子哲学所无"①。但实际上老子的"道"、"常道"、"天之道"、"圣人之道"即是圜道，是整体。②

第二，老庄"道论"之基本架构是相同或相近的。这就是本文说的本体论、宇宙生成论或本体—宇宙论的理论间架。庄子深受老子的本体论、宇宙生成论的影响。

第三，老庄的体认"道"的方法，或其思维方法论是相同或相近的，都是生命体验的，特别是其中反向的或负的方法。

第四，作为老庄道论之重要部分的人生修养之功夫与境界论是相同或相近的。

与诸子百家中其他各学派、与古希腊哲学相比，老庄的道论无疑是大同而小异。老庄都承认道是宇宙、社会、人与万事万物共同、普遍的总原理。道是万物所由生成、展现的根据，是体，是体用如一、自因自动的；道包含有主宰义与流行义，而现实流行与主导、主体是不二的，道是过程，不是超越于万物之上如如不动的实体，道遍在于一切事物及其运动之中。就道与言的张力来说，道需要不同的言说（包括肢体语言）而表出，但任何有限的名言、概念与言说都无法穷尽无限的道，道的方式方法是否定的、遮拨的、虚无为用的。道又是人生境界，体道则需要修炼。道论是生命体征的哲学，每一现实的人都可以通过有限的生命修炼与人生实践去体认、证悟、接近作为宇宙整体的、无限、绝待的"道"。老庄道论都是诗的哲学，透显出东方智慧的魅力。故道家的"道"及道论与柏拉图的共相观，与亚里士多德的逻各斯、上帝及实体学说都不同。

我们认为，老庄道论之区别与差异，有以下几个方面：

---

① 陈鼓应：《老庄新论》，上海古籍出版社1992年版，第186页。
② 参见詹剑峰《老子其人其书及其道论》，华中师范大学出版社2006年版，第121—122页。

第一，老庄道论之本体论、宇宙论、境界论的含义或理论间架在大体相同的基础上，亦有不同的偏重。老子在宇宙生成论或本体—宇宙论（本体—社会论）上有偏重，有助于社会政治、人生、形下层面的撑开；庄子道论也含有其宇宙论、社会政治论，但不发达，其偏重在精神修养的功夫论与境界论，尤其是自由精神与绝对自由的心灵境界的追求方面。

第二，相比较而言，老子道论更富有原创性，更为简约，更有包容、暗示性，涵盖面更大。我们虽不可说庄子只是老子的注脚，但也不可过于夸大了庄子的发明。

第三，在精神境界上，庄子更为圆熟。"老聃、关尹，仍注意于道的精粗体用，还是有分别的迹象；而庄周则不期于精粗体用的分别，浑然与造物同体。"① 在表达方式上，庄子更加活泼，巧妙运用三言，以各种人物、故事喻道，洋溢无方，无所黏滞，"为了说明一个论点，往往连举好多寓言故事，极意形容，反复比喻，能够'自说自扫'，使人不觉有拖泥带水之感"②。

第四，在思想范式上，庄子关于道无所不在，"道"内在于一切物之中的思想，对于后世学者吸收佛学，发展出宋明理学，具有重大意义。这实际上是宋明理学"理一分殊"的滥觞。

就道家宗师及内部各学派而言，老庄之道论确有如上之差异。老子之道的开放性，面向自然、社会、人生等一切领域，庄子之道当然也是无穷、开放的，但现实撑开方面反而不及老子。庄子学派与现实的关系在"即而又离"的方式中更倾向于"离"，即保持距离。虽然老庄的修养论与境界论大致相同，但庄子道论偏重于理想人格与理想境界的追求，其自由无限心与绝对超越义更为高明。庄子言说的"三言"方式也优越于老子，更成为禅宗言说方式的先导。老庄道论向社会政治层面的展开，基本是正面、积极的，但在末流的运用中，老子政治学的流弊则成为君人南面之术，甚至部分地成为法家的一个源头。这当然不能要老子及其道论来负责。然而，庄子学说却成为专制政体下知识分子的人生智慧，成为清流的心灵寄托，这也是人们往往高度肯定庄子的一个原因。

---

① 张默生原著，张翰勋校补：《庄子新释》，齐鲁书社1993年版，第20页。
② 王明：《道家和道教思想研究》，中国社会科学出版社1984年版，第89页。

自然主义，抑或人文主义？
——道儒异同申论

李翔海[*]

（南开大学 哲学系）

摘要 儒家和道家在一定的意义上均既具有所谓"自然主义"的特色亦具有所谓"人文主义"的特色，将道家和儒家分别归结为"自然主义"与"人文主义"是难以成立的。道家与儒家"自然"与"人文"连属为一体的特点从一个方面共同体现了中国哲学"内在的人文主义"不同于西方"外在的人文主义"的基本理论特质。道家与儒家之间的差异则在于其分别代表了"内在的人文主义"的不同基本维度。正是道家与儒家之间"相反相成"的互黜互补成就了中国文化更为丰满亦更为圆融的理想形态。

在讨论同作为中国文化之主干的道家与儒家之异同时，有一种较为流行的观点主张把道家和儒家分别归结为"自然主义"与"人文主义"。由于相比较而言，道家强调了自然无为的一面，而儒家则凸显了

---

[*] 李翔海，湖北荆门人，南开大学哲学博士，现为南开大学哲学系教授、博士生导师，中国哲学史学会副会长、国际儒学联合会理事、中华孔子学会常务理事、中华炎黄文化研究会理事、中国孔子基金会学术委员、中国现代哲学史学会常务理事、中国社会科学院中国近代思想史研究中心理事、天津市哲学学会副会长兼秘书长、国务院政府特殊津贴获得者。主要研究领域为中国现代哲学与文化。在海峡两岸出版《生生和谐——重读孔子》、《寻求德性与理性的统一——成中英本体诠释学研究》等多部专著。在《中国社会科学》、《哲学研究》、《中国文化月刊》等，以及加拿大、新加坡、韩国的学术期刊上发表中英论文一百余篇。

道德人文的取向,这样的归结的确在对比性的框架下从一个侧面表征了两者的理论差异。但是,进一步的理论分析表明,如果仅仅停留在这一结论上,却又并不足以真切地把握道家与儒家之间的异同,甚至在一定程度上遮蔽了两者之间的复杂关系。接下来本文将尝试沿着"自然主义"与"人文主义"的视角对这一问题予以进一步的申论,以就教于方家与同道。

一

众所周知,无论"自然主义"还是"人文主义"都是源自西方的观念。在宽泛的意义上,哲学中的自然主义代表了这样一种立场,它主张用严格的自然范畴来解释一切现象和价值,把自然看作一切存在的最终源头,并否认超自然力量的存在。人文主义则主张把人的价值看作是一切事物中最为根本亦最为重要的价值,在反对用神性压抑人性的同时,亦强调通过人对物(自然)的征服和占有来体现人的价值意义。在一定的意义上,西方文化中的"自然主义"与"人文主义"是相互排斥的。由于中西语境的不同,我们在这里并不是在与西方语境下完全对等的意义上使用这两个概念的。一方面,"自然主义"和"人文主义"在西方文化中不仅有着自身发展演进的特定历史,而且形成了相当复杂的思想义涵。其中的某些义涵在中国文化中并不存在完全对应的内容。另一方面,中国古代哲学中的"自然"并不完全是西方自然主义意义上的"自然",其"人文主义"的形态亦与西方有着相当的不同(详后)。但是,如果撇开某些意义层面的细微差别,我们应当仍然可以在"家族类似"的意义上在中国文化的语境中使用这两个概念。

在这样的观念框架下讨论道家与儒家的关系,我们首先不能忽略的一个问题是,尽管道家与儒家之间的确存在着强调"自然"与注重"人为"的不同,但是在否定超自然的"终极实在"存在,强调自然是一切存在的基础,是人之行为的最高向导,人之行为的合法性归根结底源自合乎自然要求的意义上,不仅道家而且儒家都可以说是"自然主义"的。对于道家的自然主义特色，学界已经作了相当多的论述，这从堪称为道家思想之总纲的《老子》所谓"人法地，地法天，天法道，道法自然"（《老子》第二十五章）[①] 的论说中就不难窥见其端倪。对于儒家思想所体现出来的自然主义的理论特质，则需要进一步加以具体的讨论。在对于中国文化早期发展历程的反省中，不少论者已经指出，在中国文化的"轴心时代"即春秋战国时代，正是儒家与道家一起，共同完成了对于殷商以来的以承认人格神的上帝的存在为基本内涵的传统天命观的革命，从而完成了"宗教人文化"的过程，在中国文化中确立了人自我做主的终极关怀价值系统。在儒家思想中，大宇长宙的大化流行、生生不已被看作一个自然而然、没有主宰亦不需主宰的永恒过程，因而这个世界图式中就不可能给类似西方的作为天地万物创造者的上帝留下存身之地，在成熟形态的中国哲学中就不可能保有人格神的地位。由此，被看作生命之终极根源的"天"得以取代传统宗教中超自然的人格神的位置，成为终极关怀所依托的"终极实在"。不仅如此，儒家思想在归根结底的意义上正是以自然为人之行为的最高向导的。这至少表现在以下两个方面：

第一，在儒家思想中，天地宇宙是人与人类社会之所以得以存在的最终根据。它不仅构成了人之所以为人的存在前提，而且是人的价值之源。作为儒家的"五经"之一，《周易》借助于卦爻符号，建构了一个纵贯天、地、人，横阔时、空与变化而又一体相连的整体宇宙系统。在这个系统中，天地被看作包括人类在内的万事万物之所以得以存在的终极根源。《序卦传》指出："有天地然后有万物，有万物然后有男女。有男女然后有夫妇，有夫妇然后有父子。有父子然后有君臣，有君臣然后有上下。有上下然后礼义有所错。"这显然是把天地万物的存在看作人、人类社会存在的前提。《说卦传》则直接将天地称为"父母"："乾，天也，故称乎父；坤，地也，故称乎母。"在它看来，"昔者，圣人之作易也，将以顺性命之理。是以立天之道曰阴与阳，立地之道曰柔与刚，立人之道曰仁与义。兼三材而两之，故易六画而成卦。分阴分

[①] 本文所引《老子》文均以陈鼓应先生《老子注译及评价》（中华书局2009年版）一书所载附录"老子校定文"为准。

阳，迭用柔刚，故易六位而成章"。这就进一步说明，天地人及其运行律则是融为一体的，人在存在形态上是不外于天地宇宙的。

不仅如此，在儒家思想中，天地宇宙还进而构成人与人类社会的价值之源，在归根结底的意义上，人之所以为人所应具的德性是"法天效地"的结果。这一点在儒家的奠基者孔子那里就已经露出了端倪。在谈到古代的圣君尧时，孔子赞叹道："大哉尧之为君也！巍巍乎，唯天为大，唯尧则之。"（《论语·泰伯》）这就是说，在孔子眼里，尧之所以伟大，正是因为他效法天的结果。孟子则明确标举了对其后产生了重要影响的"尽心知性以知天"的思维理路："尽其心者，知其性也。知其性，则知天矣。存其心，养其性，所以事天也"（《孟子·尽心上》），将心、性、天贯通为一体。对此最为集中的论述则在先秦儒家的另外两部典籍《易传》和《中庸》中。《乾·象传》"干道变化，各正性命"的论断，直接揭示了作为天之表征的乾道与万物之本性的关系：正是天道的变化为万物本性的贞定确立了根据。这也就为人在德性上效法天地提供了可能。由此，《易传》进而明确将"裁成天地之道，辅相天地之宜"（《泰·象辞》）指认为是人的责任与义务。这样，《易传》事实上是将天地之德看作人之德性的形上根据。这从《系辞》"生生之谓易"与"天地之大德曰生"的论断中即可清楚地看出："生"不仅是天地之基本的存在形态，而且更是天地之最高德性，正是天地宇宙所昭示的"大德"为人类提供了价值的源头。这一点《中庸》说得更为直接明白。《中庸》开篇即指出："天命之谓性，率性之谓道，修道之谓教。"这也就是说，天所赋予人的就是人的本性；遵循人之本性而表现出来的，便是人生大道；修明此道，就构成"教"即能够起到教化作用的价值系统。可见，在人类社会中，从人之本性的贞定到行为规范的确立以至"人文化成"的教化过程，其终极的价值源头均是被视为"本体"存在的天地宇宙。

第二，在行为规范的最高境界上，儒家所追求的既不是违背天然的恣意妄为，也不是没有道德觉醒的混沌之行，甚至也不是在自觉意识的"把持"之下的伦常性行为，而恰恰是既自然而然而又合乎最高之德性要求的行为。儒家的确十分注重"人为"，强调要充分发挥人作为"万物之灵"的主观能动性。在儒家看来，人虽然是内在而非外在于天地宇宙之中的，但是，作为大宇长宙中唯一具有灵明者，人又不可能完全类同于其他万物的存在，而是必然要以自己的方式体现出自己存在的价值和意义。《论语》所谓"人能弘道，非道弘人"（《论语·卫灵公》），《孟子》所谓"践形"（《孟子·尽心上》），《中庸》所谓"唯天下至诚，为能尽其性；能尽其性，则能尽人之性；能尽人之性，则能尽物之性；能尽物之性，则可以赞天地之化育；可以赞天地之化育，则可以与天地参矣"，言明的就是这个道理。但是，儒家所强调的"人为"不仅不是违背人之天然本性的恣意妄为（如残酷屠戮、横暴贪婪、贼仁害义等），而且不是缺乏道德自觉、处于"日用而不知"境遇之中的浑浑噩噩的行为。进言之，儒家虽然把道德性看作人之所以为人的本性，强调要通过道德意识的"一念之自觉"来存养作为"人之异于禽兽"之所在的德性根芽，但是，儒家所追求的最高境界，却又不是在自觉意识的"把持"之下的伦常性行为，而是超自觉而达到了自然而然境地因而合乎德性之最高要求的行为。对此，从先秦儒学到宋明儒学均作了明确的阐述。以下本文通过分析朱熹对《论语》、《中庸》、《孟子》中与此相关论述的诠解来对这一问题作出具体的讨论。由于朱熹集注的顺序是按《大学》、《中庸》、《论语》、《孟子》排列的，为了行文的方便，接下来本文亦先从《中庸》讨论起。

在讨论到核心观念"诚"时，《中庸》指出："诚者，天之道也。诚之者，人之道也。诚者，不勉而中，不思而得；从容中道，圣人也。诚之者，择善而固执之者也。"朱熹对这一段话的注释是：

> 此承上文诚身而言。诚者，真实无妄之谓，天理之本然也。诚之者，未能真实无妄，而欲其真实无妄之谓，人事之当然也。圣人之德，浑然天理，真实无妄，不待思勉而从容中道，则亦天之道也。未至于圣，则不能无人欲之私，而其为德不能皆实。故未能不思而得，则必择善，然后可以明善；未能不勉而中，则必固执，然后可以诚身，此则所谓人之道也。（朱熹：《四书章句集注·中庸章句》）

在谈到自己的学思历程时，孔子曾有这样一段"夫子自道"："吾十有五而志于学,三十而立,四十而不惑,五十而知天命,六十而耳顺,七十而从心所欲,不逾矩。"(《论语·为政》)对于其中的"七十而从心所欲,不逾矩",朱熹解释道:

> 从,随也。矩,法度之器,所以为方者也。随其心之所欲,而自不过于法度,安而行之,不勉而中也。

他还引胡氏的话说:"圣人之教亦多术,然其要使人不失其本心而已。欲得此心者,惟志乎圣人所示之学,循其序而进焉。至于一疵不存,万理明尽之后,则其日用之间,本心莹然,随所意欲,莫非至理。盖心即体,欲即用,体即道,用即义,声为律而身为度也。"(朱熹:《四书章句集注·论语集注》)

孟子区分了行仁的两种方式:"由仁义行"与"行仁义":"人之所以异于禽兽者几希,庶民去之,君子存之。舜明于庶物,察于人伦,由仁义行,非行仁义也。"(《孟子·离娄下》)对此,朱熹的解释是:

> 由仁义行,非行仁义,则仁义已根于心,而所行皆从此出。非以仁义为美,而后勉强行之,所谓安而行之也。(朱熹:《四书章句集注·孟子集注》)

从上面的引征中不难看出,儒家所揭明的人之行为的最高准则是"不待思勉而从容中道"、"随其心之所欲"而又"声为律而身为度"的"圣人之德"。正如孟子所指出的,"规矩,方圆之至也;圣人,人伦之至也"(《孟子·离娄上》)。正是作为"人伦之至"的圣人构成了儒家所追求的理想人格。其立身处世的基本特点则是超越了在道德规范的约束下的道德"自觉"阶段而达于与道合一的自然天成之境。孟子所谓"由仁义行,非行仁义"的区分典型地说明了这一点。所谓"行仁义",就是行为主体力图按照"仁义"的要求去规约自己的视听言动,以使自己的言行符合外在的规范。此时可以说是处于"自觉"阶段。处于这一阶段的人虽然因为一念之警醒而达到了道德意识的挺立而有进于"有放心而不知求"(《孟子·告子上》)的"前自觉"阶段或曰"自在"阶段,但由于律则与主体归根结底依然还是二分的,因而它仍然不是儒家所揭明的"高明"境界。"由仁义行"则与此不同。正如上文已经指出的,它是指"仁义"已经"根于心"即通过长期的修养,"仁义"已经不再仅仅是外在的规范,而是与主体浑然合一,从而得以显发出主体生命本性中"沛然莫之能御"(《孟子·告子上》)的道德力量。由此,主体的行为既是由仁义所主导的,而又是随心所欲的。这也就达到了儒家所追求的最高的精神境界,它是超"自觉""人为"而自然而然的。用今天的话来说,就是一种"自然的合目的性"的行为。

因此,在一定的意义上,儒家思想如同道家思想一样,可以称为"自然主义"。尽管它们之间确实存在着某些差异。对此,本文后面将会进一步讨论到。

二

另外,与儒家思想相比,道家思想虽然更为注重"自然"并由此对于过分的人为或曰妄为提出了相当尖锐的批判,但是在既不将人笼罩在"终极实在"之中也不将人完全等同于"物",而是注意凸显人所具有的独特价值的意义上,它也依然表现出了明显的人文主义取向。在先秦道家的两个最具代表性的理论形态中,由于《老子》比《庄子》不仅体现出了更深厚的根源性,而且在人文主义取向上亦表现得更为鲜明,以下我们主要通过对《老子》的分析来对此予以说明。

在这个问题上,《老子》人文主义取向的第一个特色就在于:正是《老子》所揭明的"道"的横空出世,实现了对于殷商以来传统天命观的革命,为把人从"神"的笼罩之下解放出来奠定了基础。

在人类社会的早期发展中,都曾经有过原始宗教在人类生活与文化系统中占主导地位的阶段,这在今天已经成为人类文化史研究中的基本共识。其基本特点是人完全处于一外在于人而又决定人之一切的"绝对实体"(如上帝、人格神意义的天等)的笼罩之下。在中国文化的早期发展中,这一点也不例外。这一时期一直延续到商代。殷人尊神重巫，体现出强烈的"神本"文化的特色，正如《礼记》所说的，"殷人尊神，率民以事神"(《礼记·表记》)。这一点在有关记载商朝统治者言行的甲骨文中得到了明确的体现。殷人不仅虔诚地相信上天会无条件地保佑他们"天命永驻"，而且几乎事事都要通过卜筮而听命于上帝鬼神，在一切决策系统中，具有最终决定意义的只能是通过卜筮而得到的上天的意旨。与"殷人尚鬼"相联系，中华先民在殷商时代在整体上可以说依然还是被笼罩在人格神之天的统治之下。经过殷周之际的变革，在"宗教人文化"的历史进程中，正是《老子》所揭明的"道"的横空出世，开启了对于殷商以来传统天命观予以革命的先河。老子明确地将"道"看作生发万物的"绝对实在"。在他看来，"有物混成，先天地生；寂兮寥兮，独立而不改，周行而不殆，可以为天下母；吾不知其名，字之曰道"(《老子》第二十五章)。它不仅"象帝之先"(《老子》第四章)，而且万物都是由其产生的："道生一，一生二，二生三，三生万物。"(《老子》第四十二章)而"道"的最高本性就是"自然而然"而无思虑、无计度、无好恶："天法道，道法自然"(《老子》第二十五章)，"道常无为而无不为"(《老子》第三十七章)。"道"虽然是生发万物的根本，但它对于万物却是"生而不有，为而不恃，长而不宰"(《老子》第十章)。因而，"道"并不是一个有意志的造作者。这就事实上是取消了人格神上帝的存在，在理论形态上颇为彻底地颠覆了传统宗教所残留的人格神上帝对于人的主宰地位。这就为把人从"神"的笼罩之下解放出来并进而通过高扬人的珍贵性而凸显吾人自我做主、自我决定的生命方向确立了前提，奠定了基础。因此，作为共同完成中国文化轴心时代"超越的突破"的两大思想主干，道家与儒家尽管在某些具体主张上是见仁见智的，但是，由于其基本的价值取向都是要完成以颠覆人格神之天的主导地位为基本标志的文化变革，因而它们在由此而凸显人的价值意义的问题上又表现出了相当的一致性。在这个意义上，如果说老子和孔子堪称是中国文化早期发展过程中终结以"神"为中心的思想世界并开启人自我做主历程的两大思想巨擘的话，那么，老子在这方面的首创之功尤其是不应当被遗忘的。

顺此而进，《老子》明确地肯定了人的崇高地位。《老子》虽然一方面强调"人法地，地法天，天法道，道法自然"，似乎在人、地、天、道这一序列中人是处于最低等级的，但他同时又指出："故道大，天大，地大，人亦大。域中有四大，而人居其一焉。"（《老子》第二十五章）这是说，不仅"道"大、"天"大、"地"大，而且"人"也大，正是"人"与"道"、"天"、"地"一起构成了宇宙间的"四大"。这显然可以看作《老子》在颠覆了人格神之天的绝对权威的同时，对人在天地宇宙之间所具有的特殊地位作出了明确的定义。① 这就说明，《老子》不仅以自然之"道"实现了对传统人格神之天命观的突破与否定，从而得以将殷商以来一直为"神"所笼罩的"人"解放出来以凸显人的独立价值，而且他也并没有像某些论者所认为的那样，由于强调"人法地，地法天，天法道，道法自然"而在一定程度上具有了将"人"等同于一般之"物"的取向。正如张岱年先生所指出的："哲学家中，最初明白的说人有卓越位置的，是老子。老子……认人为宇宙中四大之一，与天地同为一大，而非与物同等，实高出于物之上。"② 的确，在这一点上，《老子》确实与明确申言"号物之数谓之万，人处一焉"（《庄子·秋水》）的庄子之间存在着微妙的不同。

正因为此，《老子》虽然在中国哲学史上第一次提出了有一定系统性的"宇宙论"，但其关注的重心依然是人本身。《老子》描述事物"物极必反"、"势强必弱"之发展趋势的"将欲歙之，必固张之；将欲弱之，必固强之；将欲废之，必固举之；将欲取之，必固与之"（《老

---

① 需要指出的是，关于这段文字，王弼本为"故道大，天大，地大，王亦大。域中有四大，而王居其一焉"。此后诸多版本均沿用王说。根据陈鼓应先生的考订，应从傅奕本、范应元本等改"王"字为"人"字。他指出："本章两个'王'字应据傅奕本改正为'人'。通行本误为'王'，原因不外如奚侗所说的：'古之尊君者妄改之'；或如吴承志所说的：'人'古文作'三'，使读者误为'王'。况且，'域中有四大，而人居其一焉。'后文接下去就是'人法地，地法天，天法道'，从上下文的脉络看来，'王'字均当改正为'人'字，以与下文'人法地'相贯。"（参见陈鼓应《老子注译及评介》，第162—163页）在笔者看来，陈鼓应先生在考订前人相关主张的基础上对通行本的改动显然具有更为明显的合理性。可以进一步指出的是，即使以"王亦大"、"王居其一"行文，由于"王"可以看作"人"的特殊代表，因而其中依然可以说是包含了凸显人之价值意义的"人文"取向。

② 张岱年：《中国哲学大纲》，见《张岱年全集》第二卷，河北人民出版社1996年版，第197页。

子》第三十六章），这段话之所以从韩非那里就被人们误解为"权谋之术"，也显然与《老子》总是关联于人世来谈论天地宇宙的言说方式有着一定程度的关系。正如徐复观先生所指出的："老学的动机与目的，并不在于宇宙论的建立，而依然是由人生的要求，逐步向上面推求，推求到作为宇宙根源的处所，以作为人生安顿之地。因此，道家的宇宙论，可以说是他的人生哲学的副产品。他不仅是要在宇宙根源的地方来发现人的根源，并且是要在宇宙根源的地方来决定人生与自己根源的生活态度，以取得人生的安全立足点。"[①] 由此出发，《老子》从理想人格与理想社会两个基本维度对人与人类社会给予了热切的关注，提出了许多极富智慧的主张。这显然也从一个侧面表征了《老子》的人文主义取向。由于这方面的具体内容学界已经作了相当充分的讨论，限于篇幅，这里不再赘述。

三

从上文的分梳中我们不难看出，由于道家思想与儒家思想不仅都采取了由天而人、以天作为人之本体与根据的理论路向而又均落脚于对人的价值意义的注重与高扬，因而在一定的意义上可以说都同时既具有所谓"自然主义"的特质又具有所谓"人文主义"的特质。因此，简单地用"自然主义"与"人文主义"来分判道家与儒家是难以成立的。

进言之，道家与儒家的上述特点又可以说是从一个方面共同体现了中国哲学的一个重要特质：内在的人文主义。正如成中英先生所指出的："人文主义通常被了解为一种观点与态度，也即人在一切事物中是居于最重要的地位，人的任何活动，必须朝向人的种种价值。人文主义虽然可有许多不同的说明，但我们却可以把人文主义分为内在的与外在的两种。在西方大部分的人文主义都是外在的，然在中国哲学中的人文

[①] 徐复观：《中国人性论史·先秦篇》，李维武编：《徐复观文集》第三卷，湖北人民出版社2002年版，第292—293页。

主义却是内在的。"① 由于西方文化囿于事实世界与价值世界二分的传统，人文主义被设定为既与自然相对立也是外在于超自然的，肯定人的价值就要牺牲与人不同的价值。由此，在西方外在的人文主义的视野中，自然被当作无生命的存在，只是人们探求、利用或控制的对象，因而人与自然是互相对立的。而在中国文化中，人与自然则是内在一体的，其人文主义是内在的而非外在的。"自然被认定内在于人的存在，而人被认定内在于自然的存在。"② 人与自然以及作为本体的天、道之间构成了一体统合的"大化流行"。在其中，作为大宇长宙中唯一具有灵明者，人虽然不是完全类同于其他万物的存在，而是具有一种特殊使命，即通过人的存在而不仅更为充分地实现天地之道，而且使之发扬光大；但是，这一特殊使命归根结底依然是为了实现天地万物自身本有的内在价值，其特殊之处只在于，只有通过作为天地之灵明的人的努力，天地万物自身本有的价值才能实现得更为豁显亦更为充分。

由此，道家和儒家不约而同地采取了通过"推天道以明人事"（《四库全书总目提要·易类》）而将"天"、"人"连属为一体的理论进路。天地宇宙在归根结底的意义上不仅构成了人与人类社会得以存在的最终根据，而且成为人与人类社会的价值之源。与此相应，则是人不断完善自我的过程，同时也就是通过"参赞化育"而实现天地宇宙之内在价值的过程。这可以说是以孔、孟、《易传》、《中庸》为代表的先秦儒家和以《老子》、《庄子》为代表的先秦道家之间基本的共同之处。正因为此，我们可以说，在其最高境界上，道家和儒家均堪称既是"自然"的又是"人文"的。

当然，这种共同性并不意味着它们之间是不存在差异的。正如道家和儒家自身所表明的，两者之间在根本的理论出发点上的确有着一者重"自然"而一者重"人为"的不同。出现这种分野的一个基本原因又在于它们虽然都采取了由天而人、以天地作为人之行为准则的最终根据的理论进路，但天地的本性在两个思想系统之中又恰恰是不同的，体现为

---

① 李翔海、邓克武编：《成中英文集》第一卷《论中西哲学精神》，湖北人民出版社2006年版，第14—15页。

② 同上书，第15页。

"自然无为"与"刚健有为"的差别。在一定的意义上，《老子》所谓"人法地，地法天，天法道，道法自然"与《易传》所谓"天行健，君子以自强不息，地势坤，君子以厚德载物"的说法堪称典型地代表了各自思想的底蕴。由此，道家和儒家得以在"内在的人文主义"这一共同的框架之内，以由天而人的"自然主义"的相同进路，分别表现出了各自不同的理论特点，从而体现出自然与人为、柔顺与刚健或曰"阴"与"阳"的分野。而由于"阴"与"阳"不仅分别与"内在的人文主义"的两个基本方面——自然与人——的基本特质相对应，而且是构成万事万物的两大基本要素，因而，道家与儒家的不同特色又不仅均具有自身存在的合理性，而且它们之间的"同中之异"与"异中之同"堪称是一体两面的，适足以从两个不可或缺的基本维度体现出了中国文化中"内在的人文主义"阴阳互渗、刚柔相济、内涵完整、外延周遍的理论规模与理论特质。

正因为此，在中国文化的整体框架之下，道家与儒家之间的所谓"互黜"，与其将之视为站在完全外在的理论立场上对于对方基本理论立场的根本否定，毋宁将之理解为是两者之间在相反而相成的意义上为对方逾越本分的偏向纠偏。因此，正如郭店楚简等新出土的简帛文献所表明的，过去长期以来曾经流行的那种将《老子》的基本立场归结为完全反对儒家所倡导的"仁道"的观点很有可能是站不住脚的。过去人们得出这一结论的一个重要依据，是因为在通行本《老子》第十八章（大道废，有仁义；慧智出，有大伪；六亲不和，有孝慈；国家昏乱，有忠臣）中包含了将"仁义"与"大伪"等观点，而第十九章更是直接言明要"绝仁弃义"（绝圣弃智，民利百倍；绝仁弃义，民复孝慈；绝巧弃利，盗贼无有）。但在郭店简本中，第十八章并无"慧智出，有大伪"一句，第十九章的原文则为"绝智弃辩，民利百倍；绝伪弃诈，民复孝慈；绝巧弃利，盗贼无有"。根据当代学者的研究，"慧智出，有大伪"的衍出以及"绝伪弃诈"被臆改为"绝仁弃义"都可能与战国中后期庄子后学中的"激烈派"有关，并不足以代表《老子》对于"仁义"的基本立场。正如陈鼓应所指出的："'慧智出，有大伪'之衍出，当在战国中后期受到庄子后学中激烈派思想影响所致，妄增此句。则易使人将'仁义'与'大伪'并举，从而导致对仁义行为的否定。审查简本原义,却非贬抑'仁义'、'孝慈'、'忠臣'。反之,认为在最美好的原始情景发生变化,在人际关系中出现问题,这时仁义孝慈的美德及忠臣的节操,显得难能可贵。"[①] 可见,《老子》的基本立场是认同自然而有的真仁义而反对异化形态的假仁义。这显然不是要根本否定仁义而是要为儒家流于形式的"仁义"纠偏。同样,尽管早在先秦时代,作为儒家奠基人物之一的荀子就对庄子提出了"蔽于天而不知人"的尖锐批评(颇有意味的是,荀子并没有对《老子》提出批评),而且在中国传统社会中,儒家曾经长期居于主流意识形态的地位,但对于道家事实上没有也不可能采取根本否定、完全排拒的态度,而是在价值取向、思维方式、人生态度等多方面吸收了道家的智慧资源,通过"儒道互补"而成就了中国文化更为丰满亦更为圆融的理想形态。不仅如此,也正是由于儒道之间相反相成的互黜与"互补",才使得中国文化在其长期的发展演进过程中并没有简单地偏执于某一种存在形态,而是体现出了"极高明而道中庸"的泱泱之风,成为人类文化发展史上迄今为止唯一一个没有断灭的主流传统。面向未来,中国文化依然表现出了"可久、可大"的精神气象与淳厚绵长的生命活力。儒道之间的这种"背向同体"的深层次关联,是我们今天在论说其异同时应当加以认真探讨的。

---

① 陈鼓应:《老子注译及评介》,第132页。

"道"之空乏与"上帝"之谬
——老子、康德道德哲学比较研究

侯亚丁[*]

老子与康德的道德哲学思想均具有较强的先验和形上特征，二者在哲学进路上呈现出多处分合之处。在本体论、实践论和目的论上二者均指向先验理性，在具体的逻辑依据和道德理想上又分别指向了"自然律"与"道德律"。无论是老子之"道"还是康德之"上帝"，在最终道德实践上都是不可到达的，"自然律"与"道德律"的二分法带来了"道"之空乏与"上帝"之谬。黑格尔从"自在存在"与"自为存在"的角度提出了"道德律"与"自然律"之间"被设定的和谐"，实现了从道德形而上学到道德辩证法的转换，也为我们指明了"和谐伦理"之路。

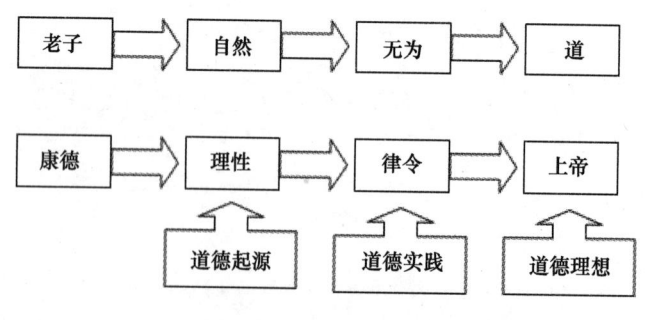

图1 道德起源、道德实践与道德理想

---

[*] 侯亚丁，1970年生，东南大学哲学与科学系博士后。

一 道德起源："自然"与"理性"

"德"是先秦文献中的一个重要概念，一般指人（或拟人）所具有的良性品格属性，如"君子进德修业"（《易·乾·文言》），"皇天无亲，唯德是辅"（《左传·僖公五年》）等。《道德经》[①]中没对"德"作过明确界定，但从"失道而后德"（《道德经》第三十八章，以下仅注章数）、"孔德之容，唯道是从"（第二十一章）、"道生之，德畜之，物形之，势成之"（第五十一章）等来看，"德"是与道一致并存在逻辑关系的一个哲学概念。"道"的本性是"自然"，而道又是统摄万物的总根源，"生而不有，为而不恃，长而不宰"（第五十一章），故其德亦为天下之"玄德"。"德者得也"（《管子·心术上》），是"得道"、"成物"的意思，"虚而无形谓之道，化育万物谓之德"（同上书），指"道"作用于万物，万物得道的过程、结果、现象及其功能，亦即"道"本性的显现和外化。"道"无形无迹，因"德"而体现，所以，"道"与"德"的关系如同"道"与"自然"一样，是本与迹、体与用的关系。"德"是相对于"道"来立论，是形而上的"道"落实到物界、作用于人生的显现，"德"不再仅仅是本体论上的具体规定，其作为人的品格，已具有德性的含义。"道之尊，德之贵，夫莫之命而常自然"（第五十一章），离开"自然"无所谓"道"，因而，作为"道"的作用和显现的"德"，它所具备的一切特征也都是由"自然"派生的。

康德之前的法国唯物主义和英国经验主义，都主张从人的自然本性和经验中建立经验论幸福主义的道德理论。康德坚决反对这种理论，他认为，人固然是感性欲望的动物，但人和动物的区别却不在于感性欲望，而在于理性。人是一个理性的存在者，只有理性，才能决定人之所以为人和人的道德价值。人类之所以有道德，正是因为理性能够给自己、给人类立下行为准则，使人不会顺从感性欲望的驱使而陷入畜群的

[①] 马王堆帛书为《德道经》，由于《道德经》提法已通用，本文仍沿用这一名称。

境地。相对于那些从人的本质以外的原因中引申出道德原则的道德他律学来讲,只有从人的理性本质出发,承认人作为理性存在者为目的本身的价值,才能找到普遍必然性的法则,找到道德价值的根据。所以康德认为:"全部道德概念都先天地坐落在理性之中,并且导源于理性,不但在高度的思辨是这样,最普通的理性也是这样。它们决不是经验的,决不是从偶然的经验知识中抽象出来的。"① 道德感与外部事物以及个体的利益倾向及主体的经验无关,它仅是道德律所激发的一种主体的内心感受,同时道德感并不能够成为道德律的决定依据。"不能把这种道德感错误地当作道德判断的标准,而必须把它看作规律对意志产生的主观效果,而只有理性才对它提供客观根据。"② 通过人类情感中感性成分的排除以及理性成分的介入,康德找到了可能具备普遍必然有效性的道德律与主体感受之间的桥梁,满足了主体的情感需求。"所以,对于我们人来说,作为规律的准则普遍性,我们为什么对道德感到关切,这是完全不可解释的。只有一点是肯定的:它之对我们有效,并不是因为我们对它感到关切,因为关切是他律的,是实践理性对感觉,对一种基本情感的依赖。"③

老子与康德都认为道德起源于"先天"的条件。"有物混成,先天地生。寂兮寥兮,独立而不改,周行而不殆,可以为天地母。吾不知其名,强字之曰'道'……'道'法自然。"(第二十五章)"全部道德概念都先天地坐落在理性之中……决不是从偶然的经验知识中抽象出来的。"老子之"先天"与康德之"先天"具有共同的先验特征,但二者的指向不同。老子之"先天"指向人的外部,即客观自然,强调通过"为道日损"剥离人的后天性,感悟人与万物共同的自然属性,回归自然的开端处和淳朴之性,达到一种无知无欲的婴儿状态。"知其雄,守其雌,为天下溪。为天下溪,恒德不离。恒德不离,复归于朴。"(第二十八章)康德之"先天"指向人的内部,即主观自然,更加强调人的社会属性,"人就他属于感官世界而言是一个有需求的存在者,在这

---

① [德]康德:《道德形而上学原理》,上海人民出版社2005年版,第29页。
② 同上书,第85页。
③ 同上书,第86页。

个范围内,人的理性当然有一个不可拒绝的感性方面的任务,要照顾到自己的利益,并给自己制定哪怕是关于此生的幸福、并尽可能也是关于来生的幸福的实践准则"①。但人的"主观需求"不能为道德立法,只有通过"理性"的渠道达到"道德自律",认识"道德命令",才能达到"道德生活"。老子和康德分别在"道法自然"和"理性"的基础上探讨道德起源,突出了道德主体的自主性,实现了从本体论高度对道德的论证。

二 道德实践:"无为"与"律令"

《道德经》中多章反复讲到了"无为",如不言、不为始、不恃、弗居、不仁、不争、不有、不恃、不宰、不立、勿矜、勿伐、勿骄、勿强、不美、无欲、不德、不行、不见、不为、无事、无心、不拔、不脱、不言、无欲、不割、不刿、不肆、不耀、无味、不为大、不欲、不学、不敢为、不武、不怒、不与、无行、无臂、无兵、不自见、不自贵、不恃、不处、不欲见贤、不责于人等。"德"在儒家是由外而内的,人通过心性修养改变自我,实现对自然的超越,在道家则是一种本然状态,只需"致虚守静"即可,要求人始终保持谦退不争的阴柔姿态,"知其雄,守其雌,为天下溪"(第二十八章),养成"不争之德",与道玄同,"致虚极,守静笃"(第十六章),"少私寡欲","见素抱朴","含德之厚,比于赤子"(第五十五章),回到像婴儿一样无知无欲、真实无伪的状态,便可"宠辱不惊",与天地同一。"虚者之无为"乃最高之"上德","上德无为而无以为也"(第三十八章),个人只有具备"无为"的道德自完性,保持本真状态,减少私心欲望,抛弃仁礼学问,才能达到"我无为而民自化,我好静而民自正,我无事而民自富,我无欲而民自朴"(第五十七章)。

在西方伦理史上,康德是第一个系统阐述道德自律概念的,"实践意志的第三原则,作为自己和全部普遍实践理性相协调的最高条件,每

---

① [德]康德:《实践理性批判》,人民出版社2003年版,第84页。

个有理性东西的意志的观念都是普遍立法意志的观念"①，这就是康德著名的"意志自律"，即主体自己依照规律的概念去行动，自己给自己立法，人不是被动地作为手段"必须如此"，而是自在自为的、自觉自主的"我意如此"。人之行为具备道德性，就是要人类行为占据道德或者说让道德律占据人类。由于人之行为准则常常要为经验的、偶然的因素所左右，因此基于准则的行为不必然保证行为的道德性，"人性的高尚虽足以把一个令人肃然起敬的理念当作自己的规范，然而它却太软弱了，所以无力恪守它。本来应该为人们立法的理性，都被用来为爱好的个别兴趣操劳"②。只有基于道德律的行为，会因道德律的普遍必然有效性，而必然具备道德性，人类的理性必须被置于规则或规律的规范之下，这样的规则、原则、规律就是命令。"对客观原则的概念，就其对意志具有强制性来说，称之为理性命令，对命令形式表达称之为命令式（Imperative）。"③ 道德律令对于行为来说，是绝对的命令，完全地按照绝对命令、出于责任的行为，才是与道德并行不悖的。行为的道德性要由人类准则之全部占有道德法则来保证，人类准则之转变为法则的能力在于人的纯粹理性，任何经验的、感性的东西都是对这个过程的破坏，由纯粹理性而来的对道德律的尊重才是促使人类绝对地按照道德律令而不仅仅是道德准则去行为的动机。尊重道德律，让道德律直接决定意志，才能把道德律视作行为的最终目的。

老子之"无为"与康德之"律令"均是对一种"法"的遵从，二者之"法"均不由他人产生，受他人限制，而是"顺应自然"与"定言命令"，是"应该"与"尊重"，"朴"与"善"。"无为"与"律令"通过形而上的思维方式，从本体角度给出了道德来源与道德实践的依据，认为人可以通过对"无为"的追求和对"律令"的"尊重"与"责任"达到真正的道德"自由"，达到真正的"善"。"圣人之道，为而不争"，"善者，吾善之；不善者，吾亦善之；德善"，"善良意志，并不因它所促成的事物而善，并不因它期望的事物而善，也不因它善于

---

① ［德］康德：《道德形而上学原理》，上海人民出版社2005年版，第51页。
② 同上书，第24页。
③ 同上书，第31页。

达到预定的目标而善，而仅是由于意愿而善，它是自在的善"①。"无为"与"律令"都具有形而上的性质，并因此成为道德基础，但在具体道德实践上却又具有不同的指向。在实践路径上，"无为"与"律令"都是人为自己立法，是理性的普遍立法意志观念；在实践依据上，"无为"依据于"自然规律"，强调人通过理性对"自然"的感悟与趋同，"律令"依据于"普遍理性"，强调"个人理性"向"普遍理性"的过渡过程；在实践功能上，"无为"相对于"律令"，除了是一种道德原则外，还是一种道德行为规范。"天地长久，天地所以能长且久者，以其不自生，故能长生，是以圣人后其身而身先，外其身而身存，非以其无私邪？故能成其私。"（第七章）

三　道德理想："道"与"上帝"

"故道生之……是谓玄德"（第五十一章），"孔德之容，唯道是从"（第二十一章），"上德不德，是以有德，下德不失德，是以无德"（第三十八章）。"玄德"、"孔德"、"上德"等均为至高之"德"，亦为《道德经》中的道德理想境界。"道生之"系道德之来源，"唯道是从"系道德之路径，"上德不德"系道德之原则。"不德之德"亦即"无为之德"，而"无为"即"道"，"道常无为而无不为"（第三十七章），因此，《道德经》中的道德理想，从来源、路径和原则三个方面研究，均可得出"道"的结果。"道者万物之奥"（第六十二章），"道"生成天、地、人、物，为天、地、人、物之规范，大化流行之根本，是变动不居的世界中唯一永恒不变、普遍必然的依据。"人法地，地法天，天法道，道法自然"（第二十五章），人类的法则应效法天地自然的法则。"道"的概念超越了"人之道"和人类社会的局限，摒弃了人类知见，"绝圣弃智"、"涤除玄览"，从宇宙论和自然哲学的更广阔视野中，悟解形上之"道"的玄妙，给出了道德法则和道德理想。

---

① ［德］康德：《道德形而上学原理》，上海人民出版社2005年版，第9页。

在实践理性批判中,康德把至善作为伦理生活的最高境界。为实现"至善"即德与福的统一,康德引进了三个公设:灵魂不朽、意志自由和上帝存在。"至善由于只有在上帝存有的条件下才会发生,它就把它的这个预设与义务不可分割地结合起来,即在道德上有必要假定上帝的存有。"① 实践理性作为假定的"上帝",是一种绝对命令,是人的意志自由和道德自律,这种道德自律具有自我完善性和绝对性,是"理想"和"应当"。这个上帝不是宗教人格化的上帝,它只是一种"预设"或"悬设"的规范性概念。"自然的至上的原因,只要它必须被预设为至善,就是一个通过知性和意志而成为自然的原因(因而是自然的创造者)的存在者,也就是上帝。因此,最高的派生的善(最好的世界)的可能性的悬设同时就是某个最高的本源的善的现实的悬设,亦即上帝实存的悬设。"② 人作为有理性的存在者,能够在克服自然性的过程中表现出超感性的道德特征。如何使配享幸福的人获得现实的幸福,把无道德的人变成有道德的主体,最终成为真正既有道德又享有幸福的主体,只有假定或复活这个上帝,因为"在道德律中没有丝毫的根据,来使一个作为部分而属于这个世界因而也依赖于这个世界的存在者的德性和与之成比例的幸福之间有必然的关联……也不能出于自己的力量使自然就涉及他的幸福而言与他的实践原理完全相一致"③,"所以那些把创造的目的建立在上帝的荣耀中(前提是,人们不要把这种荣耀拟人化地设想为得到颂扬的爱好)的人,也许是找到了最好的表达。因为最使上帝荣耀的莫过于这个世界上最可尊重的东西:敬重上帝的命令,遵循上帝的法则交付给我们的神圣义务,如果他的宏伟部署达到以相适应的幸福来使这样一个美好的秩序得以圆满完成的话"④。

"道"与"上帝"在本体论和目的论上均为道德给出了同一的指向,在道德的本体意义上从主体外部转移到主体内部,在道德的实现路径上从感性直觉转移到理性认知,在道德的逻辑形成上从道德他律转移

---

① [德]康德:《实践理性批判》,人民出版社2003年版,第172页。
② 同上。
③ 同上书,第171页。
④ 同上书,第179页。

为道德自律，在道德的目的意义上从"符合规范"转移为"尊重规律"①。"道"与"上帝"的"规律"是相同的又是不同的，二者均为先验的道德理想，但分别指向了"自然律"和"道德律"。老子之"道"是无为不争，通过主体对"自然"的感悟与趋同，"涤除玄览、"为道日损"，摆脱尘世欲望，脱离感性世界，实现自身超越，达到"法自然"、"以至于无为"的境界，完成"道德律"向"自然律"的复归，实现"道"与理性人的完满结合。康德之"上帝"不同于老子之"道"，是理想化、道德化的"理想人"，是代表普遍意志的"道德律"。"上帝"在此成为"德"与"福"必然联系和协调的根据，成为人们道德追求的保证者，只有"灵魂不死"的理性存在者在道德上不断努力，才能无限趋近于"上帝"，使意志和道德法则完全融合，摆脱一切因果律的制约，亦即"自然律"的束缚，完成"自然律"向"道德律"亦即"上帝"的超越，达到绝对自由。这里"人"和"上帝"，或者说"自然律"与"道德律"是相隔的，"至善"只有在彼岸世界、在超感性的理性世界才能实现。

四 "道"之空乏与"上帝"之谬

老子之"德"是"道"的落实，二者共同起源于"自然"，道之尊，德之贵，夫莫之命而常自然。这里，"自然"是本体论的哲学概念，并不完全等同于"客观自然"，而是经过人之理性加工、认识、理解以至玄同的具备形上性质的"未名实体"。"大音希声，大象无形"（第四十一章），"荒兮，其未央哉！沌沌兮，如婴儿之未孩；累累兮，若无所归"（第二十章），"天下万物生于有，有生于无"（第四十章），因此"自然"是不可名状、不可确知的，必须"希言自然"（第二十三章）。而起源于"自然"之"道"与"道"之落实之"德"亦是不可

---

① 虽然老子的"自然"、"道"是客观规律，但这不同于自然科学精确论证的结果，而是经由人之"无为"、"日损"，由感性而理性的"与道玄同"，其依据仍然来自主体内的感受与认知和"尊道贵德"的自律。

确证的,"道,可道,非常道。名,可名,非常名"(第一章),"道常无名朴"(第三十二章),"上德若谷,道隐无名"(第四十一章),"大成若缺"(第四十五章),因此"道"、"德"所能开展的实践便只是"无为","为无为,事无事,味无味"(第六十三章),"为学日益,为道日损。损之又损,以至于无为"(第四十八章)。但是老子之"无为"的道德目标并不真正的"不为",而是反身所求的"无不为"。"道常无为而无不为"(第四十七章),"不言之教,无为之益,天下希及之"(第四十三章),"大成若缺,其用不弊"(第四十五章)。"道常无为"之目标是"无不为","不言之教,无为之益"之目标是"天下希及之","大成若缺"之目标是"其用不弊",但如何达到"无不为"、"天下希及之"、"其用不弊",在落实到实践层面时,却又再次走向了空乏,"歙歙焉,为天下浑其心"(第四十九章),"俗人昭昭,我独昏昏"(第二十一章),"以无事取天下"(第五十七章),"不以智治国"(第六十五章),"其政闷闷,其民淳淳"(第五十八章),"非以明民,将以愚之"(第六十五章)。"道"之思想揭示了道德与自然之间的二重性和对立关系,并且树立了道德向自然回归的理想,但在其价值指向上却是一元性的"自然",而不是道德与自然两者之间的和谐。"自然之德"亦即"德道"实际上是对"人之道德"的否定,并因此彻底否定了现实世界的合理性,产生了"厌世"、"避世"的人生态度和精神逻辑。"道"之思想给出了道德理想,却否认了道德行为,对现实世界缺乏严肃的道德态度,在肆意解构现实世界的同时,却无力建构另一个现实的世界,因此其人生智慧只能"用生",不能"用世",其哲学智慧无法完成完整的伦理精神体系的建构。

　　康德道德哲学以一个假定的纯粹"道德律"为其整个体系的基础,以命令形式规定人类全部的道德义务,具有明显的神学道德观倾向,系建立在隐藏的神学假设之上的道德体系。"它本质上,是牢固地建立在人之依存于另一个意志的假设之上,这一意志向他发布命令,宣布奖励或惩罚。"[①] 康德之"绝对"是"无条件的",其道德哲

---

① [德] 叔本华:《伦理学的两个基本问题》,商务印书馆1996年版,第146页。

学以"无条件的责任概念"为根基,于是就产生了"一个形容词与其形容物结合的矛盾"①,"使那应该是他的第一原则或假定的东西(即神学)成为结论,而把那应该推演为结论的东西(即定言命令)当作他的假定"②。"康德式的自我强制的道德"③ 是一种分裂的道德,它预设了理性与感性的对峙、概念与实在的分立、权利与嗜好的冲突、"自然律"与"道德律"的分离,道德是个别服从一般,所以"它只把一种顽固的虚骄附会在人的分裂上面"④,"走上了不合伦理的道路"⑤。"自我"与"物自体"的划分使主体与客体的二元对立、生活世界和精神本身的分裂绝对化,无法重新统一起来。物自体原理使哲学不得不放弃与外部现实的任何真实联系,而转入纯粹形式化的内省领域。这种向"知识的知识"的退却导向一种无穷倒退,只能证明在思想的内容中存在着某种无法解决的矛盾,"只能把我们引回到我们原来所在的地方去"⑥。康德排除了人认识"物自体"本质、思维与客观存在统一的可能性,"道德的意志只是一个应该"⑦,"公设本身永远在那里,善则是一个与自然对立的彼岸"⑧,没有思考"真实存在",而是思考"应当存在"的统一性,通过构想和阐述一种尚不存在但应当存在的统一性来生产自身的真理,把矛盾的解决推向"应当",推到"上帝"那里。"我们只是与我们的规定打交道,不能达到自在存在;我们不能达到真正的客观事物"⑨,"这样上帝只是一个公设,只是一个信仰、一个假想,这只是主观的,不是自在自为的真的"⑩。

---

① [德]叔本华:《伦理学的两个基本问题》,商务印书馆1996年版,第144页。
② 同上书,第147页。
③ [德]黑格尔:《黑格尔早期神学著作》,商务印书馆1988年版,第341页。
④ 同上书,第308页。
⑤ [德]黑格尔:《精神现象学》上卷,商务印书馆1981年版,第290页。
⑥ 同上书,第52页。
⑦ [德]黑格尔:《哲学史讲演录》第4卷,商务印书馆1983年版,第292页。
⑧ 同上书,第293页。
⑨ 同上书,第274页。
⑩ 同上书,第293页。

五 走向"预定的和谐":道德辩证法

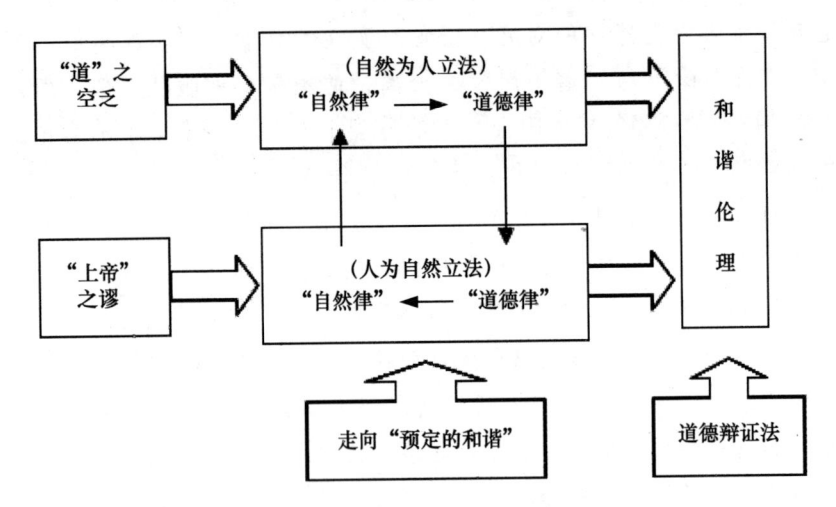

图 2 走向"预定的和谐":道德辩证法

老子强调人对"自然"的趋同,"人法地,地法天,天法道,道法自然"(第二十五章),"道之尊,德之贵,夫莫之命而常自然"(第五十一章),从而在本体意义上规定了"德"之起源和层次,给出了"自然为人立法"的思想,在"自然律"和"道德律"的先后次序上选择前者。和老子相反,康德苦心探索人的感性和知性能力,从合法则性的角度来为因果范畴的先天性辩护,"自然界的最高立法必须是在我们心中,即在我们的理智中,而且我们必须不是通过经验,在自然界里去寻求自然界的普遍法则;而是反过来,根据自然界的普遍的合乎法则性,在存在于我们的感性和理智里的经验的可能性的条件中去寻求自然界"①。因此,人可以通过"先天综合判断"为自然界立法,"自然律"应服从于"道德律"。

黑格尔从"自在存在"与"自为存在"的角度提出了"道德

---

① [德]康德:《未来形而上学原理》第一版,商务印书馆1978年版,第39页。

律"与"自然律"之间"被设定的和谐"。"第一个公设是道德与客观自然的和谐,这是世界的终极目的;另一个公设是道德与感性意志的和谐,这是自我意识本身的终极目的。因此第一个公设是自在存在的形式下的和谐,另一个公设是自为存在形式下的和谐"①,"自然即在道德意识本身之中。而且我们在这里所考察的是道德本身,是行动着的自我所固有的一种和谐。因此,意识必须自己来创造这种和谐,必须在道德中永远向前推进"②,"而现在,则包含着自在而且自为存在着的和谐"③。"自然律"中包括"客观自然"与"感性意志",因此黑格尔从"自在存在"与"自为存在"的角度首先"预定"了"道德律"与以上二者的"和谐",并进行了展开与论证,最终统一了"自在"与"自为",从而达到了"自在而且自为存在着的和谐"。

"道德律"与"客观自然"的和谐经历了概念上的否定与行为上的转换,历经否定之否定的过程最终走向了"自为"的和谐。"就呈现于意识中的情况来看,道德被当成现成存在的东西,而现实则被认定为与道德不相和谐的"④,"呈现于意识中的,倒不如说只是道德自然两者之间的矛盾"⑤。"道德律"与"客观自然"虽然存在着先天的概念上的不和谐,但是经过"道德行为"的转换却能够走向现实,因为"现实的道德意识是一种行动着的意识,而且正因为它是行动着的,所以它的道德才有现实性"⑥,"于是事实上,行为就把当初被当成不能实现的、只算是一种公设、只算是一个彼岸的那种东西,直接实现出来"⑦。"道德律"虽然经过"道德行为"可以走向现实性,但仍然未能达到"道德"所追求的"至善",只有再次经历"否定"的过程,亦即否定之否定,才能达到"最高的善",亦即"道德律"与"客观自然"的"自为"的和谐。在这一

---

① [德]黑格尔:《精神现象学》下卷,商务印书馆1981年版,第130页。
② 同上书,第129页。
③ 同上书,第130页。
④ 同上书,第137页。
⑤ 同上。
⑥ 同上。
⑦ 同上。

过程中"道德"与"道德行为"均统一于"至善"而无法显现,"道德律"与"客观自然"成为和谐之体。"因为在这个最高的善里,自然并不是于道德规律之外另有一种特别的规律。而这样一来,道德行为本身就消失了"①,"最高的善得到实现而道德行为成为多余的"②。

"道德律"与"感性意志"是由对立而统一,并在"道德"的无限运动中追求其现实性、完善其和谐关系的,并且这种和谐关系是自在和设定的。"它(道德)意识到它上升于感性之上,它意识到感性混进它自身中来,它并且意识到它是与感性对立着斗争着。"③ 正是由于"感性混进了道德之中",因此成为意识向现实运动的中项,亦即欲求和冲动。而"道德行为不是什么别的,只不过是自身实现着的亦即给予自己以一种冲动形态的意识,这就是说,道德行为直接就是冲动和道德间的实现了的和谐"④,"与其说他们(感性)符合于意识,倒不如说意识符合于他们;而这后一种符合,乃是道德的自我意识所不可以做的。因此,双方之间的和谐只是自在的和设定的"⑤。又正是因为这种和谐只是"自在的和设定的",因此在实践世界中并不具有必然的现实性,"意识已把道德的完成颠倒移置到无限里去,即是说,它认为道德的完成是永远达不到的"⑥,所以,"道德律"与"感性意志"的和谐只能存在于道德不断前进的无限运动中。

综上所述,"道德律"应符合"自然律",并引导"自然律"走上正确的实践道路。"理性的概念可能使从自然概念过渡到实践概念成为可能,而这样就可以给道德的理念以支持,而且使道德的概念和理性的思辨知识联结起来。"⑦ "自然律"亦应为"道德律"所用,成为人类道德实践的基石。"自在和谐因而就是由思维本质性组成的统一体,作

---

① [德] 黑格尔:《精神现象学》下卷,商务印书馆1981年版,第138页。
② 同上书,第139页。
③ 同上书,第140页。
④ 同上。
⑤ 同上。
⑥ 同上。
⑦ [德] 康德:《纯粹理性批判》,华中师范大学出版社2000年版,第340页。

为简单的本质性的这些思维本质性，都只会存在于一个意识中。这个意识于是现在成了一个世界主人的统治者，它使道德与幸福达成和谐。"①因此，"道德律"与"自然律"之间"预定的和谐"便是："道德律"与"自然律"之间的辩证互动与相互转化，并最终走向道德辩证法，走向"和谐伦理"。

---

① ［德］《黑格尔：精神现象学》下卷，商务印书馆1981年版，第131页。

被褐怀玉 自然无为
——浅论老子《道德经》中的理想人格思想

鲁从阳[*]

(东南大学 人文学院)

内容摘要：理想人格是解读《道德经》的一个重要维度。老子关注人的生命的本真存在和理想状态的实现，他从其抽象玄妙的形而上道论出发，引申出以"朴"为本质的人性论，并通过其朴素的辩证思维建立其彻底的道德观，进而提出尚柔、守中、持保三宝等修养途径，建立了一个使人实现其个别性与普遍性相统一、完成人格并达至理想的存在状态的体系。守中成德—修德复命—复命归朴—道无名，朴，这即是老子理想人格思想的基本进路。

关键词：道；朴；德；贵柔；守中；三宝

"中国哲学的主题是内圣外王之道，所以学哲学不单是要获得这种知识，而且是要养成这种人格。"[①] 就此意义而言，以儒释道为代表的中国传统思想都可以看作成人之学的表述，即通过对形而上之道的探索，确立道德的终极根据，然后通过自身的生命实践，扩充德性，提升境界，以人体道至于合道，获得人格的完成。先哲对于天道及德性的创

---

[*] 鲁从阳，山东嘉祥县人，东南大学人文学院伦理学博士后，主要从事传媒伦理和道德人格研究。

① 冯友兰：《中国哲学简史》，北京大学出版社1985年版，第14页。

造性思考，最后多归结为一种理想人格的建构，其中最具有代表性的当推儒家以至善为追求的圣贤型理想人格、佛家以涅槃解脱为追求的佛、菩萨理想人格和道家崇尚自然无为的神人、至人、圣人理想人格。其中儒道两家虽然自先秦起均提出了以圣人为指称的内圣外王型理想人格模式，但在本体论基础、道德观、人性论和修养论进路方面却迥然不同。本文拟以先秦时期道家经典《道德经》为资源，从本体论、人性论、道德观和养成论四方面，对老子的理想人格思想作一尝试性解读。

一 道生万物而法自然：老子理想人格思想的本体论根据

按照雅斯贝斯的说法，先秦时期正是世界历史的"轴心时代"。在这一时期，中国后世所有的哲学派别都产生了，孔、老、庄子、列、孟、荀等大思想家都在思考着人的终极问题。"他们开始意识到人在整体中的存在、自我以及自我的极限，感觉到世界的恐怖以及个体对此的无力感。他们提出一些本质问题，在无底深渊前进行解脱和救赎。在意识到自己的极限时，为人确立了崇高的目标。在自我存在之深层以及超越之明晰中，他体验到了绝对性。"[①] 这段话可以看作对我国先秦时期诸子成人之学的简练概括。

在这一时期，先秦思想家对于个体存在的近乎不约而同地反思，是以当时人的个体意识的觉醒为前提的。根据黑格尔对于伦理世界三层次划分的观点，上古之世是一个天然的伦理世界，个人即是一个天然的伦理实体。也就是说，在私有制和分工尚未出现的上古时代，人们按照部族而群居，按照部族的风俗和传统观念生存，人的意识以群体意识为出发点，因此并无鲜明的个体意识。在这种情况下，人本身就是一个伦理实体，人的精神和伦理乃是合一而不隔的。这样也就不存在个人寻找自身生命的价值和终极依据问题。这就是被上古之世被后世奉为"天下为公"的黄金时期的主要原因。而到了春秋时期，礼崩乐坏是当时思

---

① ［德］雅斯贝斯：《大哲学家》，社会科学文献出版社2005年版，第6页。

想家对于时代境况的基本共识：篡弑，战争，阶层分化，传统礼乐制度和价值观的衰退，人的生存境遇的艰难……这些因素标志着天然的伦理世界的解体和向教化世界的过渡。在这一阶段人们意识到作为个体存在的自身，思考自身生命的完成、安身立命的根据和人的终极价值等问题。老子的《道德经》堪称是这一时期思想家对于生命终极问题思考的代表作。

老子对于人的存在的反思、对人的终极价值和实践原则依据的探索是通过对道的形而上学探索为起点的；通过对于道之本体的探索，寻找人安身立命的终极根据，建构合乎天道的人的存在状态和人格模式。这样一种以天人为构型的成人之学进路，是由老子开辟的。盖性与天道，实孔子所罕言者；而老子《道德经》五千言，对道体"申之无已"。故老子在形上学的开辟之功，为后世所公认。

建构人格，当从对作为存在者的人自身的反思开始。而人在反思自身存在的基础上成就人格，自然要遵循一定的原则和方法。如人行路，必由其径；人反思自身存在，欲完成自身生命，亦必有一定的终极根据与目标。而人心不同如面，人人均有其个别性，这样一种终极根据和目标，则必是超越于一切个别性之上而可以周行者。这样，老子关于人自身的存在的反思的根据，必然要由个人而推及人群万物终至天地之先。唯有这样一种"先天地生"的人群万物天地之本原，才是能够普遍周行的，才有资格作为人之本质或者说是普遍性的最终根据。这样一种能够周行的普遍性的本体，老子字之曰"道"，是真正的"万物之母"、"万物之宗"、"天地之始"：

  有物混成，先天地生。寂兮寥兮，独立而不改，周行而不殆，可以为天地母。吾不知其名，故强字之曰道，强为之名曰大。（《道德经》第二十五章）
  道生一，一生二，二生三，三生万物。万物负阴而抱阳，冲气以为和。（《道德经》第四十二章）
  道冲，而用之或不盈也。渊兮似万物之宗……（《道德经》第四章）

"道"是老子《道德经》中的最高本体概念，是自本自根的天地万物本原。天地万物，均由之而化生。因此，道是天地万物的最终根据。这里需要注意的是，老子所言的"道"与先秦其他思想家所言"天道"之"道"有明显的区别。所谓天道，是天之道、天之理或者规律，从属于天。而老子的"道"则是"先天地生"的，化生天地，其地位更高于天地，是最高的本原和实体。① 因此，这样"道"就获得了更为超然的地位，更能够以最终极的普遍性而成为人的实践所师法和遵循的根据：

　　故道大，天大，地大，王亦大。域中有四大，而人居其一焉。王法地，地法天，天法道，道法自然。（《道德经》第四章）

　　在老子所建构的天地序列中，道无疑居于最终和最高的超然地位，然后是天、地、人。在《道德经》中，老子虽然没有明确赋予人以万物灵长的中心地位，但人能位列"道"、"天"、"地"之末座，也指出人在天地万物存在中的特殊位置。在这一序列中，老子确立了"道"作为最高普遍性的终极地位，同时也指出"自然"乃是"道"所蕴含的最高普遍性。"道"自本自根，无双无对，无思虑、无造作而化生天地万物，在人看来"道"之流行造化或为天地奇观，无上功德，但对于"道"自身而言却是一种自然而然的过程，之先即非有意为之，为之之后亦不以为意，道自身依然是不增不减，无所损益，所以：

　　天地不仁，以万物为刍狗；圣人不仁，以百姓为刍狗。天地之间，其犹橐籥与？虚而不屈，动而愈出。（《道德经》第五章）

　　所谓刍狗，"古代祭祀所用之物也。《淮南齐俗训》曰：譬若刍狗土龙之始成文以青黄，绢以绮绣，缠以朱丝，尸祝袀袚，大夫端冕，以

---

① 张岱年：《释"天"、"道"、"气"、"理"、"则"》，载《中国哲学范畴集》，人民出版社1985年版，第101页。

送迎之。及其已用之后,则壤土草蓟而已。夫有孰贵之!"① 在这里,作为祭祀用品的刍狗,当其用时,青黄、绮绣、朱丝以荣之,贵人送迎以尊礼之,而用过即弃,复归之于茅草土坯之本然状态。而以刍狗拟百姓万物之于圣人天地,也是为了说明道生天地万物,并非如儒家所乐观地预设的那样,是因天地之有大德。在这里老子以一种更为睿智、冷静和超然的态度,破除了儒家为天地及天地之道所蒙上的那层温情的面纱,指出道生天地万物,纯任自然。因此自然正是"道"流行作用的自身规定性,虽生万物,"生而不恃";亦长万物,"长而不宰",流行化育之间,一本于自然而已。道生万物,万物自生自灭;人作为天地万物中之特殊存在者,亦应体大道、合自然,自成自化。由此,老子确立了人的个别性和道之普遍性之间的联系和张力。

老子确立"道"为天地万物本原,以"自然"为"道"所蕴含的本质和普遍性,这样就为人寻找到了安身立命的最终根据,为人成就自身人格、完成自身生命寻找到了自身的个别性需与之合一的那个普遍性——自然。这样,在礼崩乐坏之世,意识到自身个别性的存在者所面对的不再是迷茫和绝望的无底深渊,在天地万物的最高本原"道"之中看到了生命的最终依据和价值。这样,老子乃为人生命价值的实现和人格的完成确立了终极的目标和方向,为其理想人格的建构奠定了坚实的形上学基础。

二 静以归根,复命返朴:老子理想人格思想的人性论基础

通过对"道"的形上学探索,老子解决了万物本原和生命终极依据的问题,提出作为"道"之本质规定性的"自然"作为天地人所应师法的终极普遍性。这样人要完成自身生命和人格,接下来需要解决的就是人的本性究竟为何物以及人的本性与道之本性之间的关系,换言之即人的个别性与普遍性的关系。儒家成人之学,天道而外,另

---

① 朱谦之:《老子校释》,中华书局1984年版,第22页。

有人性论。自孔子"性相近也,习相远也",孟子言"性善",荀子倡"性恶",发展到宋儒的"天地之性"与"气质之性"的性二元论,人性论都是建构成人之学不可缺少的环节。而在《道德经》中,并无"性"之概念出现,但这不意味着其中没有包含着人性论思想。老子人性论思想,发显于"复命"与"朴"这两个命题。

> 致虚极,守静笃。万物并作,吾以观其复。夫物芸芸,各复归其根。归根曰静,静曰复命。复命曰常,知常曰明。(《道德经》第十六章)

"致虚极,守静笃"一句,新出郭店楚简本作"致虚,恒也;守中,笃也"[1] 老子以道法自然,故应致虚去欲,守中无为,使心体虚静,去浮华而观大道之实体。世上万物并作,有其生,必有其灭;有来必有往。其生也柔弱,其死也坚强。智者于芸芸万物并作与变化中,明察物之所从来及其归宿,乃彻悟万物生灭,各本其根。这种静观以悟道体的过程,老子称之为"观复"。在这里,人所观察到的是万物各归其根,所谓根,是万物之所从来者,亦即其归宿,换言之,即为使万物并作之本性,亦为万物必然之归宿。此一归根之过程,唯有静观方能体之。观万物并作,所观者,道之动;观万物归其根,所观者,道之反。反者,返也。万物并作,变化无端,皆莫不归其根,莫不归于静。静则无为。万物归于无为,称为归根。而明了万物归根于无为之理,即称为复命。万物并作及变化,皆是时空中的相对。而只有归根于无为,方可谓之常。这里的常指"常道"之"常",是一种恒久必然的绝对性。也就是说,人只有复归于恒久的无为本性,才能够由自身的个别性进入普遍性。人只有达到这样一种认识,才能够明彻生命的要义和本质。在这里,复命有两层意思,一者如上所述,是观复以明万物归根于无为之理。另外一层含义,"复命"所欲"复"者,乃有更为具体实际的对象:命。王弼即以为"复命即得性命之常"[2],这里以释"命"为性

---

[1] 李零:《郭店楚简校读记》,北京大学出版社2002年版,第4页。
[2] 王弼:《老子注》第十六章,东京文求堂印武英殿聚珍版本。

命。范应元则以"命，犹令也，天所赋也"①。按古文"命"字训义甚多，引《故训汇纂》，相关者主要有如下几条：命，天令之也，犹言天令之谓命；命，天之所禀受者也（如《论语》中"五十而知天命"）；命，人所禀受度也（如《中庸》中"天命之谓性"）；命即道也（《广雅释诂三》）；分于道谓之命（《大戴礼记·本命》）；命者，生之极（韩康伯注《易·卦》）；所以立生终生者谓之命（《申鉴·杂言下》）；命者，自然者也（《鹖冠子·环流》）；未形者有分，且然无间谓之命（《庄子·天地》）。② 在以上解释中，庄子的思想和老子一脉相承，他对"命"的解释应更接近老子本义，不独如此，庄子对道、德、性、命均有阐述："泰初有无，无有无名。一之所起，有一而未形。物得以生，谓之德；未形者有分，且然无间谓之命；留动而生物，物成而生理，谓之形；形体保神，各有仪则，谓之性。性修反德，德至同于初。"③ 在这里无即同于老子所言之道，庄子以命为未形之前的道之分有，性则是已形之后道之分有，故在天则曰命，在人则曰性。因此，老子《道德经》中的"复命"亦可解为"复性"。有研究者已指出，老子的"复命"有类于儒家"复性"。宋儒如苏辙、王安石等更是明确地以儒家心性之说解《道德经》中的"复命"说。④ 所以言老子"复命"为复归人所禀受的道之自然本性，理亦成立。

《道德经》中虽未出现"性"的概念，但由上述我们看到，其中是蕴含着复性论思想的。在老子那里，最接近"性"的概念是为"朴"：

> 知其荣，守其辱，为天下谷。为天下谷，恒德乃足，复归于朴。朴散。则为器；圣人用之，则为官长，故大制不割。（《道德经》第二十八章）

> 道恒无名、朴，虽小，天下弗能臣。侯王若能守之，万物将自宾。（《道德经》第三十二章）

---

① 范应元：《宋本老子道德经古本集注》，致虚极章第十六。
② 宗福邦等编注：《故训汇纂》，商务印书馆2003年版，第340页。
③ 《庄子·天地》。
④ 参见王力《老子研究》（上海书店出版社1992年版，第28页）及郑开《道家心性论研究》（http://www.chinese-thought.org/gjzx/003360.htm）。

我无为，而民自化；我好静，而民自正；我无事，而民自富；我无欲，而民自朴。(《道德经》第五十七章)

道恒无为，而无不为。侯王若能守之，万物将自化。化而欲作，吾将镇之以无名之朴。(《道德经》第三十七章)

在这里，"朴"可有两种理解：一种以朴为形容词，意谓淳朴。[①]另一种解释就是以"朴"为名词：朴，皮也、厚皮也(《说文·木部》)；朴，质也(《荀子·性恶》)，未斲之质也(《楚辞·怀沙》)；或曰，朴，即璞也(《别雅》卷五)。[②]两种解释都可通。"朴"之为性，如木之未割，璞之未琢。老子推崇人性出自本然原初淳朴状态，反对人性的扭曲、造作、机巧、争竞，认为后世之所以风俗浇薄，悖乱并出，就是因为人们背离了自身的原初本性。而要解决这种乱局，只有复归于"朴"。所以他提倡"大制无割"，自君上以至于百姓，皆以全其性为本。老子屡言道不可道，可道者非常道；道亦无名，可名者非常名，但言说道德，又必须借名言以立论，故道虽不可道，字之曰道；道恒无名，名之曰朴。在这里朴是兼道之"未形之先"与"已形之后"而言。道未形之先，无形无象，听之不闻，视而不见，博之不得，是彻底、绝对、恒久的自然和淳朴之质；道已形之后，散在万物，虽小，初亦保其全真。所以，如果说"朴"在"道"言是为"道"，在人而言，是为"性"，在逻辑和义理上也是讲得通的。

在老子看来，人的本性，原出于道，禀受"道"之清静、自然、淳朴之质。上古之世，先民能够顺遂自然之理而生活，君上无为，下民自化，清静无欲，各遂其生，所以能保全真之性。后世多欲而躁，巧诈迭出，民渐失本性之"朴"，故违道而戕生。老子有感于这种情况，倡大道，法自然，要人致虚去欲，守中无为，静以观万物变化往来，而明性命之常，这就是"复命"，意即复归于本性之"朴"。返"朴"则全性合道，顺生达命。自然之道意味着最高的普遍性，而人在自身的个别性中也能发现自身对于道的分有——朴。这就是老子在《道德经》中

[①] 范应元：《宋本老子道德经古本集注》，知其雄章二十八。
[②] 宗福邦等编注：《故训汇纂》，商务印书馆2003年版，第1068页。

提出的复命于朴的人性论，由此为其理想人格建构确立了人性论上的目标。

三　上德不德，同德合道：老子理想人格思想的道德观特色

老子通过对道的形而上学探索，为人寻找到存在的终极根据和普遍性；同时通过复命论，提出复性于朴的人性论思想。这样老子就为人的人格实现即个别性与普遍性相统一的终极目标铺下了一条明确的道路。那么接下来老子所面对的就是人如何达到自身的个别性与普遍性相统一这一问题，其答案则是德。古人道与德分用，我们今天所谓道德者，即古人所谓德。《道德经》即由"道经"和"德经"两部分组成，前者明道之体、道之理，后者所阐发的，则是老子的道德观。

探讨老子的道德观，首先需要讨论的是老子对道德的态度和立场。虽然同样强调道德，老子的道德观与儒家的道德观相比，有明显的差别。传统的观点认为，老子对于仁义礼智是持反对态度的。如传世本《道德经》第十八章：大道废，有仁义；智慧出，有大伪；六亲不和，有孝慈；国家昏乱，有忠臣。似乎老子认为仁义孝慈智诸德是大道废弃之后的产物。但据郭店楚简本《老子》此处原为：大道废，焉有仁义。六亲不和，焉有孝慈。邦家混乱，焉有真臣。[①] 帛书本与简本相近，"焉"作"安"。应该说简本与帛书的论述在义理上更容易理解。因为老子所要解决的是人应该如何更为理想地完成自身生命的终极问题，其解决方案无疑也要通过道德这一途径。而且老子对德的推崇是显而易见的，书中多有"常德"、"恒德"、"上德"、"广德"、"建德"等提法，这些都是老子所提倡的。但以上诸德有一个共同的特点，即皆为合乎自然之道者。但老子又说，"故失道而后德，失德而后仁，失仁而后义，失义而后礼。夫礼者，忠信之薄，而乱之首也。前识者，道之华，而愚之始也"（《道德经》第三十八章），似

[①] 李零：《郭店楚简校读记》，北京大学出版社2002年版，第26页。

乎德与仁、义、礼之间存在着一定的序列差别,道、德、仁、义、礼五者的重要性依次降低。只有理解老子划分这一区别的意图,才能更好地理解老子的道德观。

按照老子的观点,道本混成,自本自根,是一切万物的本原,道体周行而不殆,独立而不改,似恍似惚,若有若无,生万物而不有,长万物而不宰,纯任自然。所以道莫可名状,其德至大,不可言说,所以"道无名",强为之名,可曰朴。人若立身行事全合于道,不失本性之朴,那么就自然具备常德,所谓常德,即恒久至大之德,此德即道体本然之性。在这种情况下,人性既然全朴,则常德同样也没有差别,人的精神与道之自然本性合一,是天然的伦理实体。譬如鱼在水中自然游动,是不会注意到水的存在的。只有鱼离开其赖以生存的水,才会意识到水之于生命的不可或缺。德之于人,亦是如此。处于天然的伦理实体中的人完全按照普遍性生存,他的精神和普遍性是一体的。所以人若与道完全合一,则自然具备常德而不自知,更无所谓仁、义、礼的分别。而只有朴散之世,大道废弃,人失其本性之朴,在意识到自身的个别性之后,才会去寻找那普遍和永恒之物。而当人意识到道及常德的时候,恰恰说明人已经失去了常德,进入自身的个别性同普遍性相分离的教化世界。在这样一个世界里,德开始分化,于是有了仁、义、礼等道德观念和习俗的分别。所以老子得出结论,仁、义、礼这些世人认为理所当然的观念乃是"道之华(华者,有其名无其实)"。人们如果执着于这些习见(前识),以之为道德之真实,则去道更远。因此老子不是不推崇道德,相反,他极力提倡人们复命归朴,修身以成常德,成就与道合一的理想人格。他所反对的,只是人们错误的道德观念和成见,提醒人们所谓仁、义等道德观念和德行只是道德之表象与异化而远非道德之真实。

由此,老子所真正推崇的,则是能够使人复返本性之朴、合于自然之道的真正的道德——"常德"。而应当注意的是,所谓常德,并非像仁、义、礼一样有具体的规定性,而只是人在顺从道之自然本性立身行事最后达到完全合于道的境界之后所自然具备的一种德性。一方面,这种真正的道德因其合于道而至大至广,莫能名之;另一方面,在老子看来,作为人而言,要想真正地完成自身生命和人格,实现人之为人的终极价值，达到一种完满而理想的存在状态，选择修德复命归朴以合于道是一种必然的选择。因此，老子以常德立名，只是为了让人破除对道德的习见而了解真正合乎道体的道德，而并不是要人以这种道德作为终极目标。因为一方面常德没有具体的规定性，人只有完全合于道才能具备；而一旦人复命合道，则自身的个别性和普遍性合一而成为真正的伦理实体，常德之名就不再有独立存在的意义了。

因此，老子指出："上德不德，是以有德；下德不失德，是以无德。"（《道德经》第三十八章）一方面，真正觉解道德真义的人，在生命实践中完全依照道之本性行事，而不以具体的道德为念，不自是，不自伐，所以能因合于道而成大德。不明了道德真义的人孜孜以道德为念，行动举止间唯恐失之，却因为太执着于道德而患得患失，难以复其性于朴，同道合一，所以反而不易成就真正的大德。另一方面，真正觉解道德真义者完全按照道之自然本性行事，其人若为君主，则为无为而民自化复归于朴，使天下复于上古大同之世，虽然以世俗眼光看来其功德盛大，但就其人而言，是遵道之自然本性行事而已，而此遵道行事本身，同时也是他完成自身生命和人格的过程，所以他的事功是出于他的绝对义务而已，所以对人民而言，并无功德。但就他本身而言，却因为行合于道而自成其德。同理可推，平民同德合道，依然如此。而如果一位君主执着于道德事功，为有为以治天下，则必然违反道之自然本性而无功，虽以道德为念，却因不合于道而无德。平民修德，同样如此。在这里我们可以看出，老子的道德观，较之儒家的道德观更为彻底。儒家道德观虽然也援引天道，但以人伦为普遍性的根据，这样其道德就具有了老子所诟病的不彻底性。因为根据老子的辩证法观点，儒家讲爱有差等，人有尊卑，位有高下，性有善恶，那么有所近者，必有所远；有所爱者，必有所恶。所以儒家的道德观是对于教化世界的对治，而老子则认为必须超越于有差别的道德划分，才能够使人和社会达到与道合一的理想状态。

老子道德观还有一个值得重视的地方，即"德"、"得"相通的思想。在个体德性上，老子把"德"与"得"合一，使"德"具有"得"的内容，"得"具有"德"的性质。[①] 也就是说，在老子那里，"德"的根据

[①] 樊浩：《中国伦理精神的历史建构》，江苏人民出版社1992年版，第142页。

不仅在于道,其成就还在于人"得"之,即人通过对道的觉解和体贴,使之内化为自身的品质:"德者,同于德;失者,同于失。同于道者,道亦乐得之;同于德者,德亦乐得之;同于失者,失亦乐得之。"(《道德经》第二十三章)道本于自然,人性本朴。人要合道以达成自身人格,实现自身个别性与最高普遍性的绝对统一,则必须修德以复命归朴。但下德不常,常德本于道。所以人要合道,则必须"得"道,唯有得道,方始有德。所以求德必本于道,得于身。这样德作为人对于道的真切深沉的体认和生命实践而成为人的生命完成和人格实现的重要途径。

四 尚柔守中,持保三宝:老子理想人格思想的养成论进路

通过对道、朴、德的阐述,老子完成了其理想人格思想的基础建构。接下来的问题,则是人如何顺生达命,实现理想的存在状态的问题,即要养成什么样的理想人格,以及如何养成这种人格。

虽然通常认为,孔老两家在思想理念和旨趣上存在根本性的区别,但在理想人格的模式建构上,两家均推崇圣人。在传世本《道德经中》,老子提到最多的理想人格称谓是"圣人",共计28次。当然,虽然圣人这一称谓相同,孔老两家对于这一理想人格模式的规定存在根本性的区别。孔子所推崇圣人要能够博施济众,并认为尧舜等古代贤君都未能完全符合圣人的资格。老子所推崇的圣人恰恰是要无为而治,以百姓之心为心,使民自化而归朴。在《道德经》中老子所提到的圣人,由于未并涉及具体的历史人物和情境,后人无法确知其现实原型,所以这种理想的人格模式和形态只能被视为纯粹理论和观念上的,但可以确知的是,这种理想人格模式大体处于两种情境下:在位和不在位。但无论在位与否,圣人都是修德复朴而达到合于道的至高境界和圆满存在状态的人,即完成了自身个别性与永恒的普遍性的完美统一。在这里需要注意的一点是,按照儒家的话语,老子的圣人理想人格到底是独善的还是兼济的。按照《道德经》第五十四章的说法,"修之身,其德乃真;修之家,其德乃余;修之乡,其德乃长;修之邦,其德乃丰;修之天

下，其德乃溥"，可知，在老子看来，人在复命同德以合于道的生命实践中，如果能由身至家逐渐扩展之邦国天下，在使自身的生命和人格达到完满的同时也能够通过自身的事功使更多的人更为圆满地完成自身的生命和人格，无疑是更为完美的。也就是说，在位的圣人无疑是老子心目中最为完美的理想人格，这从《道德经》中老子反复申说的圣人之治道、治术中可以反映出来，这说明老子的理想人格并非独善型的，而是具备了兼济天下的用世热忱，只是其兼济天下的手段和途径与儒家不同，采取的是清静、自然、无为的用世理念。但朴散之世，圣人能否得位，存在着太多的不可强求的因素。因此，如果能获位，为无为使民自化复归于朴，自然是最为理想的；设若不能，那么做一个"被褐怀玉"的圣人，则是老子所设想的使人完成生命和人格的现实方案。因为圣人做王，如同柏拉图的哲学王一样，基本上都只能存在于理念中，所以老子的理想人格在其现实性上，更多地指向了那种具有"被褐怀玉"风骨的隐者型理想人格："圣人内怀至美，容貌若愚，全诸内而忘诸外，如蚌内藏珠，石中隐玉，而人莫能见其美，故云披褐怀玉也。"[①] 圣人明达道体，长保自性之全真，所以虽然身怀至德而和光同尘，浑浑然如寻常人，表现为一种不假雕饰、淳朴全真的圣人气象。[②]

欲养成这种理想人格，老子在《道德经》中给出了修养论方面的路径，具体可以归结为三点：尚柔、守中、持保三宝。前两者可以看作老子理想人格修养论方面的实践智慧，三宝德则是老子理想人格的德性要素。

第一，尚柔。

尚柔是老子思想的一大特色。在《道德经》中，老子特别强调"柔"的地位与功用，如《道德经》第三十五章载"柔之胜刚，弱之胜强"、第四十三章"天下之至柔，驰骋天下之至坚"、第五十三章有"见小曰明，守柔曰强"的说法，这和老子的对于道体的体认是分不开的："反者，道之动；弱者，道之用。天下万物生于有，有生于无"

[①] 王一清：《道德经释辞》，转引自尹志华《明代道士王一清的〈道德经释辞〉略析》，《中国道教》2001年第1期。

[②] 此外《道德经》第三十八章还出现了"大丈夫"的称谓："前识者，道之华，而愚之始也。是以，大丈夫处其厚，不居其薄；处其实，不居其华。故去彼取此。"

(《道德经》第四十章)。在老子看来,道法自然,道之流行,莫不反其始;而道之作用,则以柔弱始。所以柔弱是道发挥作用的根本方式,同时也是道体的本质属性。因此老子最喜欢以水为喻:"上善若水。水善利万物而不争,处众人之所恶,故几于道"(《道德经》第八章),"天下莫柔弱于水,而攻坚强者莫之能先,以其无以易之也"(《道德经》第七十六章)。水最能形象地说明老子的尚柔观:有形之物中,以水最柔弱,但能滋润万物化育;滴水可以穿石,急流可以决堤,虽柔弱但能胜坚强。所以老子认为有形之物中,水存在和作用的方式,最能体现道的规律,因此老子提出"上善若水"的观点。所以柔弱的可贵处不仅在功用上的克刚胜强,更在于人按照这种方式行事,更容易致虚静以体道,从而复朴成德。因为强则易争,刚则多欲,多欲易争,正是老子认为导致社会纷乱、人性失朴的根本原因。所以柔弱合于道,刚强背于道。人要同德合道,则必然要以柔弱作为生命实践的原则。所以老子说,"夫强梁者不得其死"(《道德经》第四十二章),不能尚柔,不唯不能复命归本性之朴,而且害生。

老子还举婴儿为例:"含德之厚者,比于赤子。蜂虿虺蛇弗螫,攫鸟猛兽弗搏。骨弱筋柔,而握固。未知牝牡之会,而朘怒,精之至也。终日号,而不嗄,和之至也。"(《道德经》第五十五章)幼小的婴儿虽然骨弱筋柔,但手却有力;整天哭,嗓子不哑。这都是因为婴儿没有机巧心,本性全朴,无意于握而握自有力,无心于哭故哭而嗓子不哑,不自知却自然地懂得柔弱之用,达到让成人感到奇妙的和的境界。因此这种赤子婴孩的自然状态,是老子最为推崇的合于道的理想存在状态:"众人熙熙,如享太牢,如春登台。我独泊兮,其未兆;沌沌兮,如婴儿之未孩;累累兮,若无所归。"(《道德经》第二十章)

所以老子尚柔,这种实践上的智慧一方面可以在社会生活中起到息争解纷的作用,另一方面则是人去欲致虚,于无为中养德复朴而同于道。

第二,守中。

守中也是老子实践智慧的重要思想,近来受到学界的重视。[1] 在

---

[1] 陈鼓应:《从郭店简本看〈老子〉尚仁及守中思想》,《道家文化研究》第17辑("郭店楚简"专号),第75—77页。

《道德经》中，老子有两处提到守中，"致虚，恒也，守中，笃也"、"多言（闻）数穷，不如守于中"①。在这里，历来研究者对"中"的理解各异，大致可分两类：以内在心或理言，或以"中"为淳和心境，或以儒家"中和论"解老子之"中"；以外在的度和规则言，或以"中"为实践过程中的平衡，或以"中"为古之司契。② 以上解释从不同的理解角度，都可以自圆其说。因为《道德经》一书包括了形上界、现实界和人自身，这样对于书中的同一个观点多可以从天道、人道和治道三个维度来理解。比如"中"，自道体言可以解释为道体运行中的周遍不偏，自人道言可以解释为人的淳和心境，自治道言，则上古之世圣人执司契以治天下，不以人乱政。所以理解的维度不同，得出的结论亦异。

但从修德以合道的理想人格养成的角度来说，这里守中似以与老子的无为思想联系起来理解为宜。王弼在《老子注》中释"多言数穷，不如守于中"云："愈为之，愈失之矣……弃己任物，则莫不理。"③ 也就是说，人凭己意行事，作为越多，则过失越多。如果放弃自己的私意，因物为用，则事情自然按照自身的规律得到解决。在这里"守中"所体现的，即是无为思想，这里无为不是简单的不作为，而是说人在处理事情时应该尽量少有私心，有私心则有私欲，有私欲则处理事情难免失之公允，引起纷争，如此循环相因，则纷争不已。这显然违背了道法自然的原则。所以这里"守于中"所蕴含的应该是心体道法自然之理而抱一，因为无论是多言还是多闻，多的后果必然是多惑，多惑则多有为，去道愈远。守中抱一，清静无为，才能去欲复朴，渐合于道。

第三，持保三宝。

老子在《道德经》中通过"失道而后德"的论述来破除人们对于世俗仁义等德行的习见，但并非不重视道德的作用。因为要使朴散之世

---

① 分别见于《道德经》第五章、第二十章，前者据郭店楚简本改。
② 参见陈鼓应《从郭店简本看〈老子〉尚仁及守中思想》，《道家文化研究》第17辑（"郭店楚简"专号），第75—77页；朱谦之《老子校释》，中华书局1984年版，第24—25页。
③ 王弼：《老子注》第五章，东京文求堂印武英殿聚珍版本。

复归于朴，道德的作用是必要的。老子所反对的，只是那种不合于道、不能使人复归于朴的道德。老子在《道德经》中所建构的使人达到理想状态的思想体系，其实现依然要借助道德的作用。根据老子的道德观，真正的道德必然是由道体生发出来，由此提出了三宝德：

> 我恒有三宝，持而保之。一曰慈，二曰俭，三曰不敢为天下先。夫慈，故能勇；俭，故能广；不敢为天下先，故能为成器长。（《道德经》第六十七章）

慈、俭、不敢为天下先三宝德的提出，和老子道法自然及无为的思想是一脉相承的。慈所强调的不是片面的爱，而是不害。老子提倡"大制不割"（《道德经》第二十八章），无论是对他人还是物，均应全其本性之朴而不有所干扰损害，是慈的本义；俭所强调的不是片面的财用意义上的节俭，而是行为上的不过度，唯有行为上的不过度，才能去欲乃至于无欲；不敢为天下先所强调的则是善处下而不争。修以上三德，正可以使人去甚、去奢、去泰，不害、无欲、不争。如此渐渐致虚守中，复归于本性之朴，最后合于道。

守中成德—修德复命—复命归朴—道无名，朴，这即是老子理想人格思想的基本进路。老子关注生命的本真存在，从其抽象玄妙的形而上道论出发，引申出异于儒家非善即恶的性二元论旨趣的以"朴"为名的人性论，通过其朴素的辩证思维建立其彻底的道德观，进而通过尚柔、守中、持保三宝等修养途径，建立了一个使人实现其个别性与普遍性相统一、完成人格并达至理想的存在状态的体系。这一理想人格思想，对于当前我们身处其中的由消费文化和媒介信息为主导的时代——传统价值观被祛魅，人的欲望面临着无尽的物质诱惑，人的心智被淹没在庞大的信息迷宫里——依然有其独特的意义。现时代的人们依然面临着自身的个别性与普遍性相统一的问题，依然需要反思自身的存在意义和价值问题，完成人格依然是人的第一要务。因此，老子在《道德经》中所建构的理想人格思想，依然可以作为今天我们可资借鉴的资源。

参考文献：

1. ［德］雅斯贝斯：《大哲学家》，社会科学文献出版社 2005 年版。
2. 冯友兰：《中国哲学简史》，北京大学出版社 1985 年版。
3. 《中国哲学范畴集》，人民出版社 1985 年版。
4. 朱谦之：《老子校释》，中华书局 1984 年版。
5. 李零：《郭店楚简校读记》，北京大学出版社 2002 年版。
6. 王弼：《老子注》，东京文求堂印武英殿聚珍版本。
7. 范应元：《宋本老子道德经古本集注》，涵芬楼影印宋本。
8. 宗福邦等编注：《故训汇纂》，商务印书馆 2003 年版。
9. 王力：《老子研究》，上海书店出版社 1992 年版。
10. 樊浩：《中国伦理精神的历史建构》，江苏人民出版社 1992 年版。
11. 陈鼓应：《道家文化研究》第 17 辑郭店楚简专号，三联书店 1999 年版。
12. 尹志华：《明代道士王一清的〈道德经释辞〉略析》，《中国道教》2001 年第 1 期。

名家论经——《老子》解读

经典绎道

《老子》"道统有无"刍议
——《老子》"道论"的存在论分析

唐凯麟* 陈仁仁**

（湖南师范大学道德文化研究中心）

摘要 从宇宙演化论或生成论的角度来理解《老子》的"道统有无"说及"道论"，是相当普遍的现象。但实际上，《老子》的"道统有无"及其"道论"主要是一种存在论而不是宇宙论，《老子》的"道"也主要是由人的思维对存在作出本原性思考而得到的一种认识，即"道"是天地万物的本原和最终根据。这种本原和根据又体现为多层次的"有"和"无"相互依存的结构性特征。

关键词 《老子》；道统有无；存在论

"道"是《老子》一书的最高范畴。因为《老子》讲"天下万物生于有，有生于无"（第四十章），又讲"道生一，一生二，二生三，三生万物"（第四十二章），于是有学者就说这是一种由道而来的宇宙演化论或生成论。从宇宙演化论或生成论的角度来理解《老子》的"道论"，是相当普遍的现象，几乎成了学术界主流的观点。然而，我们只要通过参照古本《老子》，分析《老子》思想的内在理路，就会发

---

* 唐凯麟，湖南师范大学道德文化研究中心主任、教授、博导，主要从事伦理学基础理论和中国伦理思想史的教学与研究。
** 陈仁仁，湖南师范大学哲学系副教授、博士，主要从事中国哲学史的教学与研究。

现《老子》的"道论"主要是一种存在论而不是宇宙论，《老子》的"道"也主要是由人的思维对存在作出本原性思考而得到的一种认识，即"道"是天地万物的本原和最终根据。它体现了思维与存在的统一，认识论与存在论的统一。这里需要对一个关键性的命题即"道统有无"作出重新理解，才能真正认清《老子》"道论"的存在论意义。而《老子》及其"道论"的哲学意味恐怕也主要在这里。

一 "道"、"有"、"无"三者关系问题的概述

"道"、"有"、"无"，是《老子》一书中的三个基本范畴，尤其是道与无的关系、有与无的关系，在中国哲学史上颇有争议，它涉及对《老子》哲学根本内涵与特征的理解。关于三者的关系问题，对传统中国思想影响最大的有如下两类看法：一是道与无或有同一，其间又有以无为道，或以有为道两种相反的看法；二是道统有无，但关于有与无的关系和地位又有不同看法。下面详述之。

（一）"道"与"无"或"有"的同一
1. 道即无

此说以何晏、王弼的"贵无论"为代表。何晏指出："夫道者，惟无所有者也。"（《列子·仲尼篇》，张湛注引何晏《无名论》）即以"无"为"道"的本性。王弼则尤为看重"无"的本体地位。他说："天下之物，皆以有为生。有之所始，以无为本。将欲全有，必反于无也。"（王弼《老子注》第四十章）并认为《老子》的宗旨一言以蔽之，即"崇本息末"（王弼《老子指略》）。于是老子的"道"完全被替换为"无"了。"贵无论"即主张以无为本，以有为末，无即是道，无高于有，"有"从"本无"的"道"中产生。此说开正始玄风，影响深远。直到现代胡适还说："老子所说的'无'与'道'简直是一样的"[1]，"道与无同是万物的母，可见道即是无，无即是道"[2]。

---

[1] 胡适：《中国哲学史大纲》，东方出版社1996年，第47页。
[2] 同上书，第48页。

2. 道即有

此说以裴𬱟的"崇有论"为代表。此说是直接针对"贵无论"及其所引起的社会上的道德虚无现象而提出来的。他认为世界的本原只能是"有","道"乃是终极的最大的"有",甚至"无"也是从"有"而来。他说:"夫至无者无以能生,故始生者自生也。……生以有为已分,则虚无是有之所谓遗者。……由此观之,济有者皆有也,虚无奚益于已有之群生哉。"(《晋书·裴𬱟传》引《崇有论》)裴𬱟明确地贬低"无"的地位,把它当作"有"的缺乏,而从属于"有"。

(二) 道统有无

所谓"道统有无",即"道"兼有"有"与"无"两重因素。持"道统有无"论者,亦大有人在,比如冯友兰、陈鼓应、詹剑峰等。但关于"有"和"无"的关系与地位的看法却有差异,大多仍是以"无"为基础,认为"无"比"有"更加重要。

1. 无言其体,有言其用

冯友兰先生说:"事物可名曰有;道非事物,只可谓无。然道能生天地万物,故又可称为有。故道兼有无而言;无言其体,有言其用。"[①] 冯友兰先生以"有无"分"体用",陈鼓应先生则以"有无"分"先后",他说:"'无''有'都是用来指称'道'的,是用来表现'道'一层层地由无形质落实到有形质的一个先后而具持续性的活动过程。"[②] 以无为体,以无为用;以无为先,以有为后。虽然都主张"道统有无",但有着明显的"贵无论"的影子,仍然是以"无"比"有"更加重要,更具有基础性的地位。

2. 有无并举

詹剑峰先生认为:"《老子》首章,开宗明义,宗义所在,'有'、'无'并举,未尝有取舍;可见老子作书,命意所在:以道统'有'、

[①] 冯友兰:《中国哲学史》(上),《三松堂全集》第二卷,河南人民出版社2000年版,第407页。

[②] 陈鼓应:《老子哲学系统的形成和开展》,载氏著《老子今注今译》(参照简帛本最新修订版),商务印书馆2003年版,第27—28页。

'无'而一之也。"①《老子》"道统有无"，是否真的对"有"和"无"没有取舍和偏重呢？从《老子》文本，我们可以获得一个明确的信息，确实是谈"无"谈得更多，显然更加重视"无"的意义和价值。从这个意义上看，《老子》似乎确实有所取舍和偏重。

但是我们认为，《老子》对"无"谈得多，或者说对"无"更加重视，但并不等于说"无"从理论上比"有"具有更为根本的地位。我们认为，从理论上讲"道"是由"有"和"无"共同构成的，两者没有先后和轻重之别，只有兼统"有"与"无"，"道"才体现为一个全体的道。从对于有和无的认识来讲，"有"比较容易认识到，所以人们往往谈"有"比较多，这就造成了对"道"的理解的偏弊，所以《老子》要大量地谈"无"，以与谈"有"相对称，使"道"能够为一个全体之道，因而不能误解为道中之"无"比"有"在本质上具有更根本的地位。事实上，《老子》更重视"无"的意义和价值，只是为了纠正常识之偏、之弊，而不是认为"无"比"有"更根本。我们认为，只有从存在论的意义上才能真正把握到《老子》"道统有无"的深层意蕴。

二 从存在论角度理解"道统有无"的根据

由于《老子》的"道统有无"往往与万物的"生成"相联系，道和物之间似乎呈现出一个线性的过程，于是人们便一般从宇宙演化论的意义上来理解《老子》的"道统有无"观，其实这是一种误解。《老子》一书中确实有关于宇宙论的论述，但它不是由"道统有无"和"道物关系"来揭示的。《老子》所谓"天地之间，其犹橐籥乎？"（第五章），所谓"谷神不死，是谓玄牝。玄牝之门，是谓天地根"（第六章），可以视为一种宇宙论，但表现为一种宇宙结构论而非宇宙演化论，因为它不涉及事物的生成，只涉及天地（宇宙）的结构特征。所谓"橐籥（风箱）"、"谷神（神妙的虚空）"、"玄牝（幽深的雌性生殖器）"，也可以看作"道"的代名词，它意味着宇宙结构具有虚空的特

---

① 詹剑峰：《老子其人其书及其道论》，湖北人民出版社1982年版，第253页。

征,这个虚空又并非绝对的"无",而是具有十分强大而又神妙莫测的动能与生养万物的能力的"有"。这里的"动能"与"生养万物的能力"都并未与万物发生联系。宇宙这样一种"虚空"(无)的"功能"(有)特征,使得《老子》宇宙论通向了一种"道统有无"的存在论而不是宇宙演化论。理解这一点必须从消解"有"、"无"的先后次序,以及理解"道生物"的"生"的含义入手。

(一) 有无相生:"有"、"无"没有先后

《老子》第二章已明确说到"有无相生",表示"有无"跟"难易"、"长短"、"高下"、"音声"、"前后"一样,两者之间是一种并存关系,而不是先后关系;是相互依存、相反相成的关系,而不是一方高于另一方而起根本支配的作用。但为什么会产生像"贵无论"者那样"把无以绝对优势置于有之上"这样一种看法呢?这主要是源于对《老子》第四十章"天下万物生于有,有生于无"的理解。"有"从"无"中产生,这里不是有一个明显的先后关系吗?"无"在先,"有"在后,"无"比"有"更为根本。而且由"无"生"有",由"有"生"物",从无到有再到物,不是存在一个明显的宇宙演化的次序吗?如果单从"天下万物生于有,有生于无"来看,完全可以作出这样的理解,但它毕竟又与"有无相生"的观念相矛盾和冲突。

现在,我们看到了郭店楚简古本《老子》甲组与今本"天下万物生于有,有生于无"相应的文字表述是"天下之勿(物)生于又(有),生于亡(无)"。这里根本就没有"有生于无"这个命题,没有把"有"置于"无"之下的意思。没有了"有生于无",也就没有了从"无"到"有"再到"物"这样一个宇宙演化的链条,因而这句话也就没有了宇宙演化论的意义。所以,陈鼓应先生说:"虽一字之差,但在哲学解释上具有重大的差别意义。因为前者(指今本——引者注)是属于万物生成论问题,而后者则属于本体论范畴。从《老子》整体思想来看,当以简本为是。"[①] "有生于无"的"有"字可能是后世所

---

① 陈鼓应:《从郭店简本看〈老子〉尚仁及守中思想》,载陈鼓应主编《道家文化研究》第十七辑《郭店楚简专号》,三联书店1999年版,第78—79页。

加，时代则不会晚于汉初，因为马王堆帛书《老子》乙本就已经作"有［生］于无"了，这大概就是"贵无论"的文本来源。而郭店楚简本的意思很明确：天下之物既生于有，同时也生于无。有与无之间没有先后关系。虽然从中看不出明确的"有无相生"的意思，但至少与"有无相生"是不相冲突的。对于《老子》"道论"的"存在论"意义而言，这两种观念可以同时存在并且互补，即有和无共同构成了道，同是事物存在的根据，而这两个根据之间又是互相依存、相反相成的关系。

（二）产生与存在：道如何"生"物

对《老子》"道统有无"说作宇宙演化论理解，除了因为今本有由"无"到"有"再到"物"这样一个依次相生的链条外，还因为"天下万物生于有，有生于无"中的"生"字给人以明确的演化生成的信息。但我们不禁要问，无如何演化生成物？如果把"生"理解为物质意义上的"产生"，那么意味着在物产生之前有一个"无"的世界存在，也就是说有一个无物存在的"无"这样一个时间阶段。而这样一个"纯无"的天地万物未生之前的时间段，也就是说宇宙的开端实际上是不可以想象的。庄子就以"有始也者，有未始有始也者，有未始有夫未始有始也者"（《庄子·齐物论》）的追溯对这个开端作了消解。康德指出，对宇宙的开端或无限性作理性的思考是人的理性所无能为力的，若一定要去思考就会出现"二律背反"。所以，哲学的最终任务不是宇宙论，不是宇宙万物的产生问题，而是面对事物本身向内思考，寻找事物存在的内在根据。也就是说哲学的最终领地是"存在论"。也正如熊十力所说"哲学建本立极，只是本体论"（熊十力《新唯识化》语体文本）。"本体论"是对 ontology 一词的翻译，而其实 ontology 一词的本义应该是"存在论"。最初译为"本体论"的是日本学者，现在日本学界已经基本不用"本体论"的译名而只用"存在论"了，因为本体论有割裂本质与现象之嫌。也正基于此，我们用"存在论"之名而不用"本体论"。

可是，这里的"A 生 B"必然在 A 与 B 之间还是有一个先后关系的，冯友兰先生认为这是逻辑上的先后，而不是时间和现实上的先后，并由此指出"天下万物生于有,有生于无"说的"是本体论,不是宇宙论"。他说:"老子这句话并不意味着,从前曾有一个'无'的时期,后来从'无'之中跳出'有'。它只是说,如果我们分析事物的存在,就会看见,首先须要有'有',而后才能出现事物。'道'是不可名状的,是'非有',正由于'非有'的存在,才能出现'有'和'万有'。因此,在出现'有'之前,需要有'非有',或称'无',从逻辑上说,若没有'无',便没有'有'和'万有'。"①冯先生从逻辑之先后上来讲"天下万物生于有,有生于无"的本体论意义,颇具启发性。然而,由"有"而"物"的逻辑先后好理解,因为具体的"物"蕴含着"有",所以从逻辑上是先有"有"而后有"物",但如果说"有"蕴含着"无"似乎就不太好理解了。我们现在根据郭店楚简本已经知道,在这里"有"与"无"本是没有先后的。所以也不必费神去论证它们在逻辑上的先后关系。我们只要从存在论的意义上把有和无一同理解为事物存在的根据,一同理解为事物存在的逻辑前提就可以了。至于有与无相互依存、相反相成的关系就不是寻求前提式的逻辑先后问题了。

    以存在论为视域,再来看《老子》"道生物"的观念,就好理解多了。道先天地万物而生,道能生物,是说道在逻辑上先于物而存在,是物存在的逻辑前提和根据。不是说有一个没有物而只有道存在的世界,然后从道那里产生出物来。道是物存在的根据,它不是机械地"产生"物而是使物"存在"起来。"产生"是外在的,就像母亲生孩子那样。而"存在"是内在的,就像每个人作为独立个体都应该有他存在的内在根据,而不能从其他个体哪怕是母亲那里去找根据。从母亲那里去寻找存在的根据是生物意义上的或知性认知意义上的,而非形上意义上的方式,哲学存在论以哲学的方式就是要以理性直观的方式直接思入事物存在本身去寻找它存在的根据。

    从存在论意义上而言,事物存在的根据是道,这是抽象来讲,具体来讲则是"有"和"无"。有和无是道的构成要素,它们沟通了道和物,落实了物存在的内在根据。《老子》讲"道生一,一生二,二生

---

① 冯友兰:《中国哲学简史》,新世界出版社2004年版,第85页。

三,三生万物。万物负阴而抱阳,冲气以为和"(第四十二章),一、二、三的数字是不能生万物的,必须揭示出它的具体所指来。人们一般根据后文的"万物负阴而抱阳"把"二"理解为阴阳。于是讲道是一存在故一,道含阴阳故二,道与阴阳为三,然后生万物。其实把"二"理解为有无具有更根本的意义。在《老子》时代,阴阳还主要是具体的气,到了《易传》阴阳才有了形上的意义。而有无在《老子》一书中多次出现既有形下的运用,也有形上的运用。最宜沟通形上之道与形下之物。"三生万物"是说万物的存在根据是"有"和"无"以及"有与无之间的相互关系","二生三"是说"三"的存在根据可以进一步抽象为"有"和"无","一生二"是说"有"和"无"的存在根据可以进一步抽象为包含有和无那么一个统一体,而这个有无统一体的存在根据又是"道"。其实这个"道"并不高于一乃至二和三,一、二、三是道的展开,"道"只是对这个过程的最终根据的一个命名而已。乃至"道"也并不高于"物"而存在,它就在物之中,是物存在的内在根据。至于后面的"万物负阴而抱阳"的阴阳已经是具体的构成万物之气了,是有无的一种具体表现。

可见,《老子》的"道生物"应该从存在论的意义上来理解而不宜从演化生成论来理解,前者是内在的、哲学的,后者是外在的、知性的。可是《老子》又明明讲"天下有始,以为天下母。既得其母,以知其子。既知其子,复守其母,没身不殆"(第五十二章)。这母子关系不就是一个外在的演化生成关系吗?《老子》在这里只是以母子关系来比喻存在本身(根据)与具体存在物的关系问题,只是从逻辑先后来讲两者有相似性,而从内在外在而言,两者恰恰相反。比喻论证就是把两个不同类的事物放在一起来比较,以这不同类的事物之间的相似性来说明问题,而两者之间的不相似性是不被论证者所选取的。这也是比喻论证的一个麻烦之处,我们始终要注意喻体与本体之间不是同一的关系。

《老子》并没有去探索具体的物与物之间的相生关系,没有去探讨那最初的物从哪里来这样的问题,而是把存在物当作一个整体来思考,一切万物,都可以概括为一个"有"字,是所谓"万有",而同时一切万物又都可以概括为一个"无"字,因为没有"无"这一重性质,跟缺乏"有"一样事物同样无法发挥它的功用。这一点我们在下文再详述。所以说，物相生是属于知性的认知，而道生物则需要对物作理性直观的思入。知性的认知所考察是物与物之间的关系，而理性的直观则摆脱了物与物之间的推论关系，而直接思入物存在的内在结构。

三 "道统有无"的存在论内涵

上文已经说清楚应该从存在论的意义上而不是宇宙演化论或生成论的意义上来理解《老子》的"道统有无"观，下面我们进一步来理解"道统有无"在存在论意义上的具体内涵。

（一）从具体存在物思入

《老子》对"道统有无"的存在论意义的揭示，是从对具体存在物的考察入手的。《老子》云："三十辐共一毂，当其无，有车之用；埏埴以为器，当其无，有器之用；凿户牖以为室，当其无，有室之用。故有之以为利，无之以为用。"（第十一章）这段话采用了例证法，以三个具体存在物为例，论证了"有"、"无"对于具体存在物的意义。"当其无，有 x 之用"这种表述方式确实突出了"无"对于具体存在物的意义，但并不能因此就认为《老子》思想的根本是把"无"置于"有"之上。

正如上文所指出的，《老子》之所以突出"无"的意义，只是为了纠常识只重"有"之偏弊。正是基于此，《老子》书总是"正言若反"（第七十八章），强调"反者道之动"（第四十章）。很明显，《老子》既承认了"无"对于具体事物存在的意义，同时也承认了"有"的意义。"有"具有意义，这是常识，《老子》只是在这个常识之外看到了"无"的意义，并不是要否定"有"的意义。所以《老子》讲"有之以为利，无之以为用"。这两句话中只有"无之以为用"这一句是对前三例的概括，而"有之以为利"则是把一个不言自明的前提揭示了出来，所以这两句不是"有之所以为利，皆赖无以为用也"（王弼《老子注》）这样一个因果关系，而是并存关系，既承认了"有"对具体存在物之用（常识），同时也承认了"无"对具体存在物之用（特识、慧识）。"利"和"用"都是"功用"的意思，对于具体存在物而言，"有"和"无"的意义是不可偏废的，两者又必须相互依存才能共同发挥对具体存在物的意义，才能使具体存在物发挥其"功用"。

张松如先生对"有之以为利，无之以为用"的解释是："老子借器物的'有'和'无'来说明其'利'和'用'。有与无相互发生，利和用相互显著。"① 张先生的解释中，除了"利和用相互显著"一句外，其他话我们都认同。利和用并非像有和无的关系那样相对而言，利和用都是指具体存在物而非有和无的"功用"，有和无是具体存在物具有"功用"的根据。没有墙壁和屋顶，这种"有"就无从范围出房子的空间来，没有空间和门窗，这种"无"的房子就没法儿让人居住和出入，所以，缺了"有"和缺了"无"都不会有房子的"功用"，有和无之间又是相互依存而对房子的存在起作用的。房子若没有它的功用，那么它是不能真正称为房子的，这种存在是一种功能性的存在，也是面向存在物本身而不是存在物之外来寻找事物存在的根据。因而在《老子》书的观念中，房子之作为房子存在的内在根据在于它有墙和顶（有）以及里面的空间（无），这其实也是很简单的道理，但人们一般只认识到"有"对于存在的意义，而没有认识到"无"的意义，更没认识到"有"和"无"之间的相互依存关系。所以《老子》说："吾言甚易知，甚易行。天下莫能知，莫能行。"（第七十章）

《老子》这种对具体存在物之功能性存在的根据的考察，尚属于知性考察的范畴。因为其所谓"有"和"无"都还是有具体内容的。如某个杯子之所以存在，是由于它由某种材料构成（"有"），并且中空（"无"），这种有和无是可感可触的。而这种具体的有无又有它存在的内在根据。《老子》对事物存在根据的考察并没有停留在具体经验的层面，而是对有着具体经验内容的"有"和"无"作出了进一步的抽象，从而理性直观到"常有"和"常无"的存在，具体的有无只能运用于某个具体的事物，而常有常无则可以施之于任何事物的存在，可以作为

---

① 陈鼓应：《老子今注今译》（参照简帛本最新修订版），商务印书馆2003年版，第116页。

任何事物存在的根据。这样《老子》由具体有无所构成的形下之"道",就上升为由常有常无构成的形上的"常道"了。"常道"才是事物存在的最终根据。

(二) 作为存在的最终根据

《老子》的"道"是有层次的,大体可分为"道"与"常道"两层,或者说广义上的"道"包含"常道"与狭义上的"道"。狭义上的"道"是与具体事物相关的,它可道、可名,属形而上与形而下之间的领域;而"常道"则超越了具体事物,它不可道、不可名,属纯形而上的领域。至于纯形而下的领域,就如上文所讲的具体存在物的内在根据,即有具体内容的"有"和"无"。将这一具体的"有"和"无"作出进一步的抽象就成了构成"道"的"有"和"无"了。如果把握到这个"道"和这个"有"和"无"都只是暂名,而且不可拘泥,则进入纯形上的"常道",以及构成"常道"的"常有"和"常无"了。有和无之间、常有和常无之间、道与常道之间都有一种相互依存的关系。这种"道"的结构和层次如下图所示,它也是《老子》"道论"存在论的结构和层次,《老子》首章的主要内容就是谈这个结构和层次的。

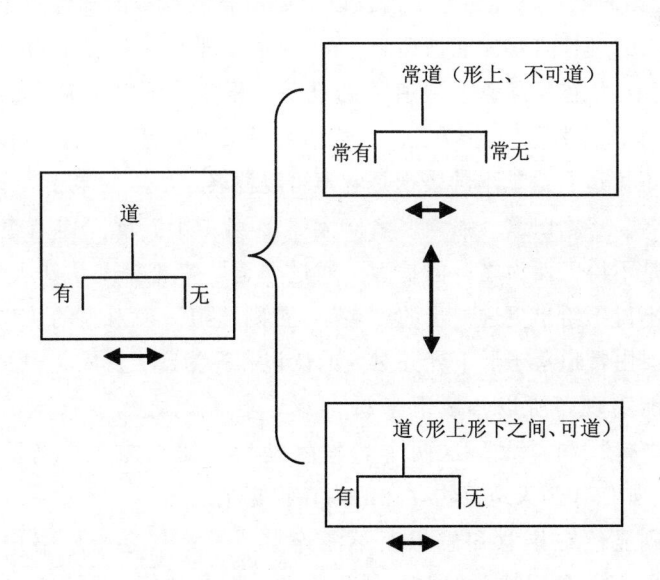

```
                    ┌─────────────────────────┐
                    │   常道(形上、不可道)      │
                    │  ┌─────┐                │
                    │  常有      常无          │
                    │     ↔                   │
                    └─────────────────────────┘
  ┌─────────┐   ⎫            ↕
  │   道    │   ⎬
  │ 有   无 │   ⎭   ┌─────────────────────────┐
  │   ↔    │       │ 道(形上形下之间、可道)    │
  └─────────┘       │  ┌─────┐                │
                    │   有        无           │
                    │     ↔                   │
                    └─────────────────────────┘
```

《老子》首章云:"道,可道,非常道。名,可名,非常名。'无',名天地之始。'有',名万物之母。故常无,欲以观其妙;常有,欲以观其徼。此两者,同出而异名,同谓之玄。玄之又玄,众妙之门。"

对于"无名天地之始,有名万物之母。故常无欲以观其妙,常有欲以观其徼"历来有两种读法,一是以"无"和"有"为读,一是以"名"和"欲"为读。若依前读,就如上文笔者对引文所作的标点;若依后读,则当如此点读:"无名,天地之始;有名,万物之母。故常无欲,以观其妙;常有欲,以观其徼。"我们认为应当依前读,这才符合《老子》思想之本旨,也更具哲学的意味。下面对《老子》首章所论道体结构试作疏解。

"道,可道,非常道。名,可名,非常名。"这里的主旨是讲"道",而不是讲"名",不是将"道"与"名"并列。"道可道,非常道",肯定了"可道"之"道"和"不可道"的"常道"这两种"道",而不是要用"常道"来否定可道之"道"。从帛书《老子》作"道可道也,非恒道也"来看,两个具有判断语气的"也"字,就表示对这两种"道"的同时肯定。"道"之"可道",表明它仍然处在语言的范围内,即人可以用语言和知性思维对它加以把握。"常道"之"不可道",则表明它已经超越了语言以及由语言所承载的知性思维,它只能通过人的理性直观才能把握到。"名可名,非常名"是对前面第二个"道"即作为语言言说之"道"的进一步限定。语言最基本的表现是"名",即"称名"、"指称",一切语言都要从这里开始。所以,"常道"之不可道,最基本的表现是它不可以称名。所以《老子》讲:"吾不知其名,字之曰道,强为之名曰大。"(第二十五章)连"道"这个名称也是不得已而为之,但是为了通过"道"来把握和认知天地万物,我们还不得不给出更进一步的"名",否则"道"就对人的认识没有意义。若要由常道落于形下界并对人的认识和行为产生影响,也必须通过名言才能实现。所以,接下来讲"无,名天地之始;有,名万物之母"。"有"和"无"这两个名称就是为了使人能更明确地把握到"道"是如何作为天地万物存在的内在根据的。若以"有名"、"无名"为读,则显然在语意和思想上不能连贯。尽管《老子》书中有"有名"、"无名"的表述,但并不适用于此。倒是"天下万物生于有、生于无"和"有无相生"是与这里的思想内涵完全一致的。有人以"天地"先于"万物",于是认为"无"先于"有"而具有本体的地位。实则在《老子》书中并没有"天地"生"万物"的意思,而往往是"天地万物"或"天下万物"连称,表明两者是不可分的。再者从文本异文看,帛书《老子》此处的"天地"作"万物",即"无,名万物之始;有,名万物之母"。始与母同义,都是发端义,因而很明显这句话的意思是,万物开端于"有"与"无",这与郭店简本《老子》"天下万物生于有、生于无"所包含的思想观念完全一致。

有了"有"和"无"的名称之后,我们又不能拘泥执着于此名,否则会妨碍对事物之最终根据"道"的把握,所以进一步有了"常有"和"常无"的要求。只有把握到常有和常无,我们才能真正把握到事物最微妙和最终(徼,王弼注:"徼,归终也。")的根据,也就是"道"或"常道"。自从王弼以"无欲"、"有欲"为读始,颇有和者。其实,有欲无欲属人生哲学的范畴,《老子》首章根本没讲到人生哲学,而是讲哲学一般。再者,《老子》认为人的欲望有碍于人对大道的把握,怎么会认为"有欲"还能"观其徼"?

有学者认为,这里的"观"不是"观察"、"观照"义,而是"显示"义,是"道"自身的显示。这里的"欲"也不是人的欲望的意思,而是指"道"的"生化"、"施为"。"有欲"、"无欲"都是指"道"自身而言:"'道'通过'常无欲'以显示其无形、无象、不可言说之玄妙,通过'常有欲'以显示其'其中有象'、'其中有物'(第二十一章)、大化流行、创生万物之'徼'(边际)。"① 这种理解在文字训诂上颇有根据,能给人很多启发,看上去颇有道理,但实际上与《老子》的哲学本旨还是有距离的,因为作此种理解的前提是认为《老子》首章"通篇都是阐述'道',而根本没涉及主体的人"②。这个前提就是错误的,《老子》首章并非"根本没涉及主体的人",而是"从根本上涉及到了主体的人",所谓"道可道"的"可道","名可名"的"可名",名言、道说当然只有主体的人才能做到。所谓"道"自身的

---

① 聂中庆:《辨"有生于无"》,《求是学刊》2003年第6期。
② 同上。

呈现，实际上还是人的认识和把握的结果，没有主体的人的认识和把握，"道"如何自身呈现？"道"并不神秘，它不过是作为主体的人在考察事物存在的根据时，所把握到的那个最终根据罢了。《老子》讲道是先天地而生的，只不过说这个最终根据是超越于具体事物乃至时空的，只不过说这个最终根据并不依某个具体事物的存毁而存毁，但总还是要依赖于"万有"全体之有无的，所以"道"这个概念当然并非绝对的虚空，它离不开"有"和"无"或"常有"和"常无"这样的构成要素，它与有无或常有常无是同一的。"道"作为事物存在的最终根据，毕竟是人的认识和把握的结果，所以，《老子》"道论"的存在论是与它的认识论相统一的，也体现了思维与存在的统一。不理解到这一点，就容易为《老子》书中关于"道"的描述所迷惑，以"道"为唯心、为神秘。

"有"和"无"的关系，"常有"和"常无"的关系，都是相互依存的关系。事物最终的根据必须是"有"、"无"或"常有"、"常无"两者的结合。这从《老子》首章所谓"此两者，同出而异名，同谓之玄。玄之又玄，众妙之门"可以非常清楚地表现出来。此两者就是指"常有"和"常无"，两者同出于"道"，也就是同出于对事物存在的最终根据的认识，只不过名称相异罢了，它们的性质都是超越了具体事物和感官的"玄"，而对事物存在的最终根据的认识都要从这道门出入。

《老子》"道统有无"的存在论意义与古希腊巴门尼德的"存在论"既有相同之处也有不一样的地方。古希腊巴门尼德的"存在论"是从存在者直观到存在本身，并区分出存在本身与存在者这二者来。任何存在者的背后都有一个存在本身才能存在起来。《老子》的这个"道"就是这个存在本身，不过它还有两个构成要素即"有"和"无"，其直接构成要素是"常有"与"常无"，其施之于具体事物时，则为有具体内容的有和无。巴门尼德的存在本身是存在者背后的本质，其存在论可以称之为"本质论的存在论"；而《老子》的"道"不是物背后的本质，而是物最基本的构成要素，所以可以称之为"构成论的存在论"。道与物是一体不分的，所谓"道先天地生"，道生天地万物，只不过是把天地万物的存在根据抽象出来，然后反过来叙述它对于天地万物的意义。没有某种具体的有和无这样的事物构成要素，就没有某种具体事物；没有常有常无这样的要素，也就没有任何事物。所以可以说，没有道就没有事物，这是从逻辑先后和达到这种认识的高度的角度来说。而如果从认识的程序来看，自然是先有物然后才有道。道是对物认识的结果，其达到对道的认识的中间认识就是有和无。道是对有无的进一步概括和抽象。正是这种构成论意义上的存在论，使得老子思想没有现象与本质之分，而总是从常识的反面来认识事物。这正是对事物之有无两方面的兼顾，是对事物全体的把握，从而也是对事物复杂性的充分承认。因为常识只是感觉到"有"的存在，而感觉不到"无"的存在，所以《老子》对"无"讲得更多，正如上文所已经表明的，这并不意味着《老子》思想从根本上崇"无"而贬"有"。可见，只有从存在论的角度，才能真正把握到《老子》"道统有无"的意义，才能真正把握到《老子》"道论"的真谛。

需要指出的是，20世纪最重要的哲学家之一马丁·海德格尔就对《老子》"道论"的存在论意蕴给予了高度的关注。《海德格尔全集》第75卷中有一篇就直接引用了《老子》书的有关论述，海德格尔是直接针对《存在与时间》的核心思想来阐发《老子》的，他把《老子》的"道"或"朴"解释为一种发生性的"之间"，并认为它是理解"正在来临的时间"的关键。这种解释既是海德格尔对他前期"存在与时间"学说的深化，又是对他后期的主导思路——"自身的缘发生"（Ereignis）之方法论的揭示。可以说，《老子》"道论"的存在论意蕴就曾经是海德格尔哲理灵感的最深来源之一。他对"存在"之谜的深思，他所创立的"基础存在论"，直接影响着雅斯贝尔"存在主义"哲学的产生，法国哲学家萨特更是使这种"存在主义"哲学深入人心，产生了广泛的影响。

参考文献：

1. 《帛书〈老子〉甲乙本释文》，载陈鼓应《老子今注今译（参照简帛本最新修订版）》之"附录一"，商务印书馆2003年版。
2. 《郭店竹简〈老子〉甲乙丙三组释文》，载陈鼓应《老子今注今译（参照简帛本最新修订版）》之"附录二"，商务印书馆2003年版。

3. 胡适:《中国哲学史大纲》,东方出版社 1996 年版。
4. 冯友兰:《中国哲学史》(上),《三松堂全集》第二卷,河南人民出版社 2000 年版。
5. 冯友兰:《中国哲学简史》,新世界出版社 2004 年版。
6. 陈鼓应:《老子哲学系统的形成和开展》,载氏著《老子今注今译(参照简帛本最新修订版)》,商务印书馆 2003 年版。
7. 陈鼓应:《从郭店简本看〈老子〉尚仁及守中思想》,载陈鼓应主编《道家文化研究》第十七辑《郭店楚简专号》,三联书店 1999 年版。
8. 詹剑峰:《老子其人其书及其道论》,湖北人民出版社 1982 年版。
9. 聂中庆:《辨"有生于无"》,《求是学刊》2003 年第 6 期。

面向存在之思
——《老子》哲学的内在意蕴

杨国荣

(华东师范大学)

哲学之思总是不断地指向世界之"在"与人本身之"在"。作为中国哲学重要的早期文本,《老子》同样表现了对存在的关切。以道为总纲,通过终极之道与人的存在、道与德、为学与为道、既定之"有"与未定之"无"、超越在场与守护可能等关系的论析,《老子》展示了对存在的深层思考。

一 道、天、地、人

相对于先秦时代儒墨二大显学,《老子》似乎对形而上的问题表现出更为浓厚的兴趣:以道的辨析作为全书的出发点,一开始便展示了一种形而上的视域。而在《老子》哲学的展开过程中,我们确实可以一再看到对形而上学问题的追问和沉思。

一般而言,形上思维往往倾向于区分现象与现象之后的存在,《老子》一书似乎亦体现了这一特点。综观全书,我们常常可以看到如下这一类表述:"大成若缺"、"大盈若冲"、"大直若屈"(第四十五章),"明道若昧"、"质真若渝"、"进道若退"(第四十一章)。这里的"若",主要与对象的外在显现相联系。完美的实在呈现于外时,往往似有缺陷（"若缺"）；充实的对象在外观上常常显得虚而空（"若冲"），如此等等。在此，对象的真实存在与对象的外在呈现似乎展现为二重系列。质言之，在真实的存在与现象的呈现之间有着某种本体论上的距离。

这样，按《老子》的看法，本然的存在一旦取得现象的形式，便意味着失去其真实的形态。在谈到五色、五音等与人的关系时，《老子》进而指出："五色令人目盲，五音令人耳聋，五味令人口爽。"（第十二章）此所谓色、音、味既对应于自然，又意指呈现于外的现象；从前一意义（与自然的关系）上看，五色、五音等作为人化之物意味着对自然状态的破坏，就后一意义（现象）而言，色、音、味又作为外在呈现而与真实的存在相对。《老子》认为五色令人色盲，五音令人耳聋，不仅表现了对人化世界的拒斥，而且流露出对现象世界的贬抑和疏远。

现象世界的非真实性，决定了不能停留于其上。《老子》一书一再要求超越仅仅呈现于外的现象，以达到真实的存在。在对道的规定中，我们便不难看到这一点。对《老子》来说，由色、音、味等现象层层追溯，最后总是引向终极之"在"，亦即道。作为终极的存在，道构成了万物的本源："是谓天地根。"（第六章）相对于声、色等所构成的现象世界，道具有不同的特点，《老子》对此作了如下阐述：

> 视之不见名曰夷，听之不闻名曰希，搏之不得名曰微。此三者，不可致诘，故混而为一。其上不皦，其下不昧，绳绳不可名，复归于无物。是谓无状之状，无物之象，是谓恍惚。迎之不见其首，随之不见其后。执古之道以御今之有，能知古始，是谓道纪。（第十四章）

视、听、搏以可感知的领域为其对象，所视、所听者都不外乎感性的现象。道则超越了现象之域，无法以名言来指称（不可名），也难以归结为某种具体的对象。《老子》常常用"无"来表示道，所谓"复归于无物"，亦着重于指出"无"这一规定。这里所说的"无"，并不是不存在，而是强调道不具有呈现于外的感性规定。黑格尔已注意到了这一点，在谈到《老子》的"无"时，他曾指出："这种'无'并不是人们通常所说的无或无物，而乃是被认作远离一切观念、一切对象，——也就是单纯的、自身同一的、无规定的、抽象的统一。因此这'无'同时也是肯定的；这就是我们所叫做的本质。"[1] 不妨说，在《老子》哲学中，"无"所突出的，是终极本体对外在现象的超越。

《老子》要求从可感知的现象世界走向"复归于无物"的道，无疑展示了一种形而上的路向。作为天地之根，道构成了万物的第一原理，所谓"夫物芸芸，各复归其根"（第十六章），以及"天得一以清，地得一以宁"、"万物得一以生"（第三十九章），便意味着具体的"有"，向超越感性规定的"无"（道）回归。在这里，复归本根（"复归其根"）与追寻统一（"得一"）表现为同一个向度：道作为万物存在的根据，同时构成了世界的统一性原理。

天地万物既有其统一的本源，又展开为一个变化运动的过程。从自然对象看，"飘风不终朝，骤雨不终日"（第二十三章），不存在永恒不变的现象；就社会领域而言，"金玉满堂，莫之能守"（第九章），社会成员的地位、财富也都处于流变之中。《老子》从总体上对世界的变化过程作了如下概述："反者道之动。"（第四十章）这里的"反"既指向本源的复归，又泛指向相反方向的转化，后者意味着对既定存在形态的否定。在此，"道"从否定的方面，展现为世界的变化原理。

从哲学思维的发展看，自原始的阴阳说与五行说开始，早期的形上之思便试图对世界的统一性和发展变化作出不同的解释。阴阳说以两种对立的力量来说明现象的运动变化，表现了对世界发展原理的关注；宇宙论意义上的五行说以五种基本的物质元素来解释世界的构成，其思维路向更多地涉及世界的统一性原理。不过，在原始的阴阳、五行说中，作为动力因的阴阳以及作为世界构成的五行都仍与具体的质料纠缠在一起，而以某种特殊的物质形态来解释世界的统一和变化，显然有其理论上的困难。相形之下，《老子》将"复归于无物"（不同于具体物质形态）的道，视为世界的第一原理，无疑已超越了质料因的视域。

《老子》由区分现象与现象之后的存在，进而追寻万物统一的本

---

[1] 《哲学史讲演录》第一卷，商务印书馆1981年版，第131页。

源，无疑表现了对存在的关注。如果我们把存在的追问视为一种本体论向度，那么，《老子》哲学确乎已开始表现出某种本体论的致思趋向。当然，在《老子》哲学中，本体论的沉思与宇宙论的构造界限往往还不很分明，道常常既被理解为存在的根据，又被视为万物的化生者，在所谓"天下有始，以为天下母"（第五十二章）、"天下万物生于有，有生于无"（第四十章）等命题中，道与万物的关系便多少被赋予某种生成与被生成的性质。不过，无论是本体论的走向，抑或宇宙论的进路，都表现为对世界的终极性思考。

广义的存在不仅包括本体论意义上的"有"（being），而且涉及人自身之"在"（existence）。《老子》在追问"有"以及"有"之本源的同时，并没有遗忘人自身的存在。为了更具体地了解这一点，我们不妨看一下《老子》的如下论述：

> 故道大，天大，地大，王亦大。域中有四大，而王居其一焉。①（第二十五章）

这里的"王"，主要不是表示政治身份，它所着重的，是与天、地、道相对的另一种存在形态，即"人"；换言之，"王"在此首先被理解为"人"的存在象征或符号。② 在第二十五章下文"人法地，地法天，天法道"之序中，"王"便直接以"人"来表示。这样，"四大"实质上包含着道、天、地、人四项，其中既包括广义的"物"（天地），亦涉及人，而涵盖二者的最高原理则是道。《老子》将人视为域中四大之一，无疑体现了对人的存在价值的肯定。

《老子》的四大之说，在某些方面使人联想到海德格尔的类似观念。海德格尔在后期的若干论著中，曾有天、地、人、神四位一体之

---

① 此句中二"王"字，河上公、王弼本作"王"，唐傅奕《道德经古本篇》及宋范应元《老子道德经古本集注》则作"人"。但考之帛书《老子》及郭店楚简的《老子》（残简），此句亦都作"王"，由此似可推知，在早期文本中，作"王"的可能性较大。

② 王弼："天地之性人为贵，而王是人之主也。"见王弼《老子道德经注·二十五章》，这一解说亦主要以"人"释"王"。

说:"从一种原始的统一性而来,天、地、神、人'四方'归于一体。"① 这四者的相互联系,便构成了世界:"天、地、神、人之纯一性的据有着的映射游戏,我们称之为世界(Welt)。"② 这里首先当然体现了对人的存在的关切:人在大地之上、天空之下,面对诸神,向死而在。在《物》一文中,海德格尔曾分析了物在统一天、地、人、神中的作用,认为"物化之际,物居留大地和天空,诸神和终有一死者;居留之际,物使在它们的远中四方相互趋近"③④。然而,作为四大的凝聚者,物并不是人之外的自在对象。海德格尔通过对"物"的词源学的分析,指出:"它表示人们以某种方式予以关心、与人相关涉的一切东西,因而也是处于言谈中的一切东西。"⑤ 换言之,物只有与人相联系,才具有沟通天、地、人、神的作用;在物的背后,乃是人的存在。

不过,与后期对技术专制的批评相应,除了以人的存在为关注之点外,海德格尔的天、地、人、神四位一体说还具有另一重含义。在谈到安居时,海德格尔指出:"终有一死者通过栖居而在四重整体中存在。""终有一死者栖居着,因为他们拯救大地——拯救一词在此取莱辛还识得的那种古老意义。拯救不仅是使某物摆脱危险。拯救的真正意思是把某物释放到它本己的本质中。拯救大地远非利用大地,甚或耗尽大地。对大地的拯救并不控制大地,并不征服大地——这还只是无限制的掠夺的一个步骤而已。"⑥ 控制、征服、耗尽侧重于对大地的支配和利用,它在要求化自在之物为为我之物的同时,又蕴含着片面或狭隘的人类中

---

① 《筑·居·思》,《海德格尔选集》,上海三联书店1996年版,第1192页。
② 《物》,《海德格尔选集》,第1180页。
③ 海德格尔曾以壶为例,来说明物在统一四大中的作用。壶可以容纳水或酒,后者首先又与泉相联系。"在赠品之水中有泉。在泉中有岩石,在岩石中有大地的浑然蛰伏。这大地又承受着天空的雨露。在泉水中,天空与大地联姻。在酒中也有这种联姻。酒由葡萄的果实酿成。果实由大地的滋养与天空的阳光所育成。在水之赠品中,在酒之赠品中,总是栖留着天空与大地。但是,倾注之赠品乃是壶之壶性。故在壶之本质中,总是栖留着天空与大地。"(《物》,《海德格尔选集》,第1172—1173页)但壶同时又与人和神相联系。"倾注之赠品乃是终有一死的人的饮料。它解人之渴,提神解乏,活跃交游。但是,壶之赠品时而也用于敬神献祭。"(同上书,第1173页)在此,天、地、人、神即通过壶这种物而相互联结。
④ 《物》《海德格尔选集》,第1178页。
⑤ 同上书,第1175页。
⑥ 《筑·居·思》,《海德格尔选集》,第1193页。

心观念。与之相对，天、地、人、神的四位一体，则意味着在安居于大地的同时，扬弃片面或狭隘的人类中心观念。换言之，物固然因人而在，但人亦与物共在："栖居始终已经是一种在物那里的逗留。"① 不难看出，在天、地、人、神的相互映射中，一方面，人的存在并没有被遗忘；另一方面，这种存在又始终处于四方的关系之中。

在关注人的存在这一点上，《老子》的道、天、地、人四大之说无疑表现了与海德格尔相近的思维趋向。当然，与后期海德格尔更多地以四位一体突出存在的共居性及相互映射性有所不同，《老子》将人提升为四大之一，似乎旨在沟通对道的终极追问与人自身的存在：在道、天、地、人四大之中，形上的关切同时指向了本体论意义上的存在（being）与人自身的存在（existence）。海德格尔曾批评传统形而上学仅仅关注存在者，而遗忘了存在本身。所谓存在者，常常意指具体对象之后的"一般"存在，存在本身则首先与人自身的存在相联系。如果说《老子》对道的追问多少近于探求存在者，那么，将人列入四大，则意味着超越对存在本身的遗忘。不难看出，道大、天大、地大、人亦大之说的内在哲学意蕴，在于对"存在"（being）与"在"（existence）的双重关注。

从人为域中四大之一这一前提出发，《老子》提出了知人的要求："知人者智，自知者明。"（第三十三章）知人是认识他人，自知是认识自我，二者都指向广义的人。与面向道的形上之思有所不同，《老子》对人的把握主要并不表现为一种本体论上的终极追问，而是体现为对人的存在境遇及存在方式的关切。人存在于世，总是会遭遇各种生存处境，《老子》从不同方面考察了人的在世过程。强弱、荣辱是人生面临的基本问题之一，《老子》在反省了人生的强弱变化等种种现象之后，提出了如下的在世原则："知其雄，守其雌。"（第二十八章）雄象征着强有力的状态，雌则代表弱势，根据"反者道之动"的原则，事物发展到一定阶段，便会向其反面转化，所谓"兵强则灭，木强则折"（第七十六章）。因此，在了解了何者为强之后，始终保持柔弱状态才不失为明智之举。同样，就荣辱而言，在《老子》看来，合理的态度应当

---

① 《筑·居·思》，《海德格尔选集》，第1194页。

是"知其荣，守其辱"，以达到"复归于朴"（第二十八章），亦即不要过分地去追求世间的荣耀，而应保持一种质朴的状态。

以上观念更多地表现为一种个体自我调节的原则。就自我与对象的关系而言，在世过程又涉及去取、予夺等交替变更："将欲翕之，必固张之；将欲弱之，必固强之；将欲废之，必固兴之；将欲夺之，必固与之。是谓微明，柔弱胜刚强。"（第三十六章）这里固然涉及政治、军事等领域的具体谋略，但从哲学上看，它又广义地表现为一种应付存在境遇的方式，而柔弱胜刚强则是其核心原则。人生在世，总是要与他人打交道，而打交道又往往会有得失，柔弱胜刚强便被视为有效应对对手的方式。在这里，存在的关注似乎引向了处世方式的设定。类似的处世原则还包括："知足者富"（第三十三章）、"甚爱必大费，多藏必厚亡"、"知足不辱"（第四十四章）、"不敢为天下先"（第六十七章），如此等等。

相对于海德格尔，《老子》对存在的如上考察，显然表现了不同的视域。从批评存在的遗忘这一立场出发，前期海德格尔将存在者的存在转换为此在，并以此在的时间性为切入点，对此在作了多方面的分析，这种分析被称为基础本体论，具有独特的哲学意义。对此在的这种本体论层面的分析，确乎体现了深沉的哲学洞见。与海德格尔有所不同，由沟通终极之道与人的存在，《老子》往往将注重之点指向了人在各种境遇中特定之"在"，其追问的对象亦常常由人在世的本体论意义转向人在世的具体方式。这种思路突出了存在的现实之维以及人与日常处境的联系，体现了日用即道的哲学向度；它对于抑制思辨的走向，避免存在的超验化，无疑具有不可忽视的意义。然而，将存在的关切与在世方式的探寻联系起来，似乎亦容易使存在的追问衍化为某种处世哲学，从而使存在之思难以进一步深入，道家哲学后来在某些方面被引向"术"（谋术、权术、长生术等），与此似乎不无关系。

《老子》以道为第一原理，从而超越了原始的阴阳五行说；又以道大、天大、地大、人亦大的四大之说确认了人的存在，从而不仅以本体论上的"有"（being）为关注之点，而且将人自身之"在"（existence）引入了哲学之思。从理论上看，存在的探寻总是与人自身之"在"联系在一起。相对于本体论意义上的"有"（being），人自身之

"在"更多地展开于人的生存过程：它在本质上表现为一种历史实践中的"在"（existence）。离开人自身之"在"，存在（being）只具有本然或自在的性质；正是人自身之"在"，使存在向人敞开。因此，不能离开人自身之"在"去对存在作思辨的悬想。当然，人自身之"在"，也并非处于广义的存在之外，它总是同时具有某种本体论的意义。这样，人一方面在自身之"在"（existence）中切入存在（being），同时又在把握存在的过程中进一步从本体论的层面领悟自身的"在"。尽管《老子》在对道作终极追问的同时，还没有完全自觉地将其与人自身之"在"联系起来，事实上，在某些方面，道的沉思往往还游离于人自身之"在"，然而，《老子》在四大的形式下，将人与道、天、地加以联结，似乎又蕴含着沟通存在（being）与"在"（existence）的意向。总之，就其在某些方面离开人自身之"在"去追问终极之道而言，《老子》哲学无疑还没有完全超越以思辨的方式去追问存在者的存在；但就其以四大统一人、地、天、道而言，它又显然多少有别于对存在的遗忘。

以道的形上追问与人的形下关切为双重向度，《老子》的第一哲学确乎展示了自身的特点。在道、天、地、人的四重关系中，形上之道与人的存在从相分走向相合，但与后期海德格尔以天、地、人、神的相互映射扬弃片面的人类中心观念，亦即由人走向天、地、神有所不同，《老子》的逻辑秩序是道、天、地、人，亦即从道走向人。这种思路一方面通过面向人的现实之"在"而多少抑制了对道的超验承诺，但同时亦容易使存在的关切导向处世哲学，从而限制存在之思的深沉性。

二　尊道贵德

与存在和"在"的双重关注相联系，《老子》对道与德的关系亦作了独特的考察。关于道，《老子》有过多重界说；如前所述，作为万物的根据，道具有形而上的性质。《老子》在第二十五章中对此作了更具体的阐释：

有物混成，先天地生，寂兮寥兮，独立而①不改，周行而不殆。可以为天下母，吾不知其名，字之曰道，强为之名曰大。

"混"主要相对于已分化的个体而言，它所表现的是道的统一性品格；"先天地"与"大"隐含了时空上的无限性，"寂"、"寥"则表征了道的超感性这一面；"独立而不改"表明道不依存于外部对象而以自身为原因，"周行而不殆"确认了道与发展过程的联系；最后，"可以为天下母"则隐喻了道对万物的本源性。

道自我统一而又先于天地、以自身为原因而又超越感性的存在，在道这一层面，世界似乎更多地具有形而上和未分化的特点。如何由形而上的道过渡到形而下的物？《老子》提出了"德"这一范畴："道生之，德畜之，物形之，势成之。是以万物莫不尊道而贵德。"（第五十一章）"德"在《老子》哲学中有多重含义。从本体论上看，所谓"德"，意味着有得于道，或者说，由道而得到的具体规定。黄老一系的《管子》在界说道与德的关系时，曾指出："德者道之舍，物得以生生，知得以职道之精。故德者，得也。得也者，其谓所得以然也。"（《管子·心术上》）这里固然渗入了《管子》作者的思想，但亦展示了与道相对的"德"这一范畴的本来含义。事实上，在以上所引《老子》的论述中，也不难看到"德"与"得"的这种联系：所谓"道生之"，是接着"可以为天下母"而说的，其内在含义在于强调道的本源性；"德畜之"，亦即得之道的具体规定构成了物生成的潜能；"物形之"，涉及特定质料与具体物质形态的关系；"势成之"，则着重指出内在必然性（必然之势）对事物的推动作用。从形而下世界的形成看，道作为本源，同时表现为一种自然的原则，所谓"道法自然"（第二十五章），即表明了此点，就这一意义而言，"道生之"亦可理解为物自生；而物的这一自生过程，又以"德"为现实的出发点：物的发生与形成，总是表现为"德"的展开。

道作为未分化的超验存在，往往无具体的规定，在此意义上，也可

---

① 王弼本无"而"，此据帛书《老子》（乙本）校补。

视为"无";德相对于道,已有所"得",亦即取得了某种"有"的形态,这样,"道与德"的关系和"无与有"的关系,便有了一种逻辑上的相通性。《老子》在第一章中已指出:"无,名天地之始;有,名万物之母。"①以"无"名天地之始既强调了道的超时间性,亦隐寓了道的未分化性(无天地之分、万物之别),而天下万物(一个一个的对象)总是以具体的规定为其现实的出发点,这里的"有"在包含具体规定上,与"德"无疑彼此相近,所谓"有,名万物之母",与"德畜之",似乎亦可互释。

《老子》哲学中的"有"与巴门尼德的"有"或"存在"显然有所不同。在巴门尼德的哲学系统中,"有"或存在构成了世界的第一原理,而这种"有"又被理解为没有内在区分的单一的存在,它与思想同一而与特殊的事物相对。在这种无分别的"有"之中,"万物的多样性已沉没在这全一之中"②。质言之,巴门尼德的"有"更多地表现为一种与个体相对的统一性原理。较之巴门尼德,《老子》的"有"与个体或特殊对象似乎有着更为切近的联系:在《老子》哲学中,世界的统一本原并不是"有"而是"无"(或道)。所谓"天下万物生于有,有生于无"(第四十章),强调的便是"有"与万物的相通性:作为万物之源的"有",也就是获得了具体规定(成其"德")的存在;万物生于有,犹言具体之物总是源于具体之物。从终极的意义上看,"无"或道构成了形而上的存在根据;就万物之间的相生而言,"有"或"德"又是事物化生的现实出发点。在此,本体论的视域与宇宙论的规定再次交错在一起。如果说,"无"或道主要表现为统一性原理,那么,"有"或"德"则更多地展示了个体性的原理。

道与德、有与无作为世界的二重原理,并不是彼此悬隔的,所谓"天下万物生于有,有生于无"已表明了这一点。在第五十二章中,

---

① 此句在断句上历来有分歧,王弼等以"无名"、"有名"为断,王安石则以"无,所以名天地之始;有,所以名往万物之母"解释此句,亦即以"无"、"有"为断。(参见容肇祖辑《王安石老子注辑本》,中华书局1979年版)从内容上看,二者的含义事实上是相通的:"无名"即无法以经验领域的名言加以表示者,"无"则意谓无具体规定者,二者所指实为一(道),"有名"与"有"的分别亦类此。从文句结构上看,以"无"、"有"为断,与本章后两句"常无,欲以观其妙;常有,欲以观其徼"似更为一致。

② 文德尔班:《哲学史教程》上卷,商务印书馆1989年版,第57页。

《老子》以母子为喻，对此作了进一步的解说：

> 天下有始，以为天下母。既得其母，以知其子。既知①其子，复守其母，没身不殆。

此所谓母与子，大致对应于道与德、无与有。这里既涉及了认识之维，又渗入了本体论的视域。从认识之维看，一方面，在把握了存在的统一本源和形上根据之后，又应当进而切入具体的"有"（知其子）；另一方面，对存在的考察不能停留在"有"的层面，而应不断向形上本源回复。知母（把握形上根据）与得子（切入具体存在）的这种互动关系，在逻辑上又以道与德、有与无、母与子的统一为其本体论的前提，这种统一既表现为从道到德，即不断从无具体规定走向具体规定，又以从德到道的返归为内容："玄德深矣，远矣，与物反矣"（第六十五章），反（返）即意味着复归本源。本体论上的从道到德和由德返道与认识论上的得母知子和知子守母，从不同方面展示了道与德的统一。

不难注意到，通过肯定道与德、无与有、母与子的互动，《老子》表现出沟通统一性原理与个体性原理的趋向。事实上，当《老子》强调"尊道而贵德"（第五十一章）时，便已明确地表明了这一立场：尊道意味着由现象之域走向存在的终极根据，贵德则蕴含着对个体的关注；在尊道贵德之后，是对统一性原理与个体性原理的双重确认。如果说，肯定域中有四大（道、天、地、人）着重于道与人、存在与"在"的沟通，那么，尊道而贵德则要求在更普遍的层面，打通形上本体与形下个体，二者可以视为同一思路的展开。

《老子》对道与德的规定，在某些方面使人想到了柏拉图和亚里士多德。柏拉图对真实的存在与虚幻的存在作了区分，以为唯有一般的理念才具有真实性，而理念本身又表现为一个层层上升的序列，其最高形态即至善。与理念相对的，是作为感性对象的个体，后者在柏拉图看来只是理念的影子或摹本，并不具有实在性。这种以共相为第一原理的形而上学，显然未能对个体原则作出合理的定位。在柏拉图之后，亚里士

---

① 帛书《老子》（乙本）"知"作"得"。

多德将存在的考察与实体的研究联系起来，认为"什么是存在（being）"与"什么是实体"是同一问题。① 实体本身有第一与第二之分，第一实体主要指个体，第二实体则包括类或种。在亚里士多德看来，第一实体是最真实的存在，它构成了其他一切事物的基础，如果第一实体（primary substance）不存在，"其他任何事物也都不可能存在"。② 在这里，亚里士多德似乎表现出回到个体本身的趋向：相对于柏拉图将存在的普遍性和统一性这一面提到至上的地位，亚里士多德更多地强化了存在的个体之维。古希腊哲学的这一发展趋向在尔后的西方哲学演进中一再得到了折射：从中世纪的唯名论与唯实论之争，到近代哲学中的经验论与唯理论之辩，都在不同意义上内含普遍性原理与个体性原理的某种对峙。相形之下，《老子》以"尊道贵德"沟通普遍性原理与个体性原理，无疑展示了不同的思维路向。

作为道在"有"之中的体现，"德"不仅表现为内在于事物的具体规定，而且与人的存在相联系。在第五十四章中，我们可以看到如下论述：

> 修之于身，其德乃真；修之于家，其德乃余；修之于乡，其德乃长；修之于国，其德乃丰；修之于天下，其德乃普。

这里的"德"，已不仅仅是本体论意义上的具体规定，它作为人的品格而具有德性的意义。正如道内在于物而表现为对象的现实规定一样，道体现于人，便展示为人的具体德性。在此，道似乎构成了德性的形上根据。从形上之道到人的德性，既是道在人之中的具体化，又表现为道本身超验性的扬弃：形上的根据显而为现实的德性。在后一意义上，由道而德，又可以视为道的某种自我限制，当《老子》说"失道而后德"时，其中亦多少包含着这一含义。

就德性本身而言，其形态又有高下之分。《老子》常常以赤子隐喻

---

① 参见 Aristotle: *Metaphysics*, 1028b5, *The Basic Works of Aristotle*, Random House, 1941, p. 784.

② *Categoriae* 2b5, *The Basic Works of Aristotle*, Random House, 1941, p. 9.

理想的德性："含德之厚，比于赤子。"（第五十五章）赤子亦即智慧未开的婴儿，它象征着一种未经人化的自然状态。在《老子》看来，完美的德性就在于回归或保持人的自然状态，超越一切有意的人为，唯有如此，才能真正达到得道的境界。同于赤子的这种纯厚之德，也就是所谓"上德"，与之相对的则是"下德"。《老子》曾对这两种不同形态的德性作了比较："上德不德，是以有德。下德不失德，是以无德。上德无为而无以为，下德为之而有以为。"（第三十八章）上德不德，是指具有完美德性者并不自居其德而有意为之，唯其如此，故成其为德；下德没有达到此种境界，往往执着德性并以此标榜，其结果则是纯厚之德的失落。这里的下德，亦可视为德性的某种异化，从德性的角度看，它意味着远离自然之美，就道与德的关系而言，它则表现为对道的偏离。由这一层面而视之，则所谓"失道而后德"，似乎亦包含着对德性沦落的批评。

如前所述，相对于道，"德"更多地展示了个体性的原理，后者既体现于对物的规定，也表现在道与人的关系之上。从广义的存在看，由道而德，展开为从"无"（无具体规定的未分化形态）到"有"（获得具体规定）的过程；就人的"在"而言，由道而德，则同时伴随着德性的分化（上德与下德等）过程。《老子》既肯定了从道到德的进展，又要求不断向道复归，确乎表现了沟通统一性原理与个体性原理的意向。在尊道而贵德的形式下，一方面，"天网恢恢，疏而不失"（第七十三章），普遍之道涵摄一切存在；另一方面，道与万物的关系又是"生而不有，为而不恃，长而不宰"（第五十一章），其中蕴含着对个体的某种开放性，后者无疑为存在的多方面分化及存在的多重样式提供了本体论的根据。统一性原理与个体性原理的这种交融，在尔后道家的本体论及价值论中一再以不同方式得到了折射。

三 自然无为：二重内涵

道与德的统一表明，作为存在的终极根据，道并不是一种外在的主宰；毋宁说，它更多地表现为存在的自我统一。循沿这一思路，《老

子》进一步提出了"道法自然"说。在前文曾引及的第二十五章中,紧接"域中有四大,而王居其一焉",《老子》写道:

> 人法地,地法天,天法道,道法自然。

从本体论上看,所谓"道法自然",也就是道以自身为原因。《老子》在第四十二章曾说过:"道生一,一生二,二生三,三生万物。"这里的"一",也就是道自身,道生一,犹言道自生或道自我决定。在生成关系这种外在形式之后,是对自因(道以自身为原因)的肯定。《老子》强调"反者道之动",同样意味着将变化理解为一个自我运动的过程,其中蕴含着发展原理与自因的统一。

法自然的自因义,主要侧重于天道。从人道的角度看,法自然又与人的行为相联系。在第五十三章中,我们读到:"使我介然有知,行于大道,唯施是畏。"从字源学上看,"道"本有道路之意,引申为主体应当遵循的法则等。《老子》在这里似乎利用了"道"这一词的双关性,在行进于大道这一语义之中,同时寄寓了推行、遵循大道之意。后者在第四十一章得到了更明确的表述:"上士闻道,勤而行之。"所谓勤而行之,便是指自觉地推行、遵循道,在此,法自然取得了合于道的形式。

人道意义上的自然,在《老子》哲学中往往又与价值领域相联系。在价值观的层面,自然常常被理解为一种与人化相对的存在形态,而法自然则相应地具有保持或回归前文明状态之意。正是在后一意义上,《老子》对人化过程及与之相关的文化形态提出了种种批评:"大道废,有仁义。慧智出,有大伪。六亲不和,有孝慈。国家昏乱,有忠臣。"(第十八章)从本体论上看,道具有未分化的特点,后者同样体现于价值领域。作为人化过程产物的文明形态,往往有善恶之分,诚伪之别;相对于此,与道为一的自然状态,则是无分别的:以道观之,无论是正面的仁义、智慧、孝慈,抑或负面的大伪、六亲不和,都是人为的结果,二者从不同方面表现了对自然的偏离。在这里,大道已具体化为自然的原则,而文明社会的规范则被视为对自然原则的否定:大道废,有仁义,便展现了二者的这种紧张关系。

人文与大道、文化与自然的如上紧张，使法自然逻辑地导向了对人化过程及其产物（文化）的疏远，所谓"绝圣弃智，民利百倍；绝仁弃义，民复孝慈；绝巧弃利，盗贼无有"（第十九章），便表明了这一立场。作为一般的价值取向，这种立场既体现于个体的人生理想，也渗入于普遍的社会模式。在人生理想之域，法自然取得了"见素抱朴"（第五十七章）的形式，就社会模式而言，法自然则意味着回归小国寡民的社会形态："小国寡民，使有什佰之器而不用；使民重死而不远徙，虽有舟舆，无所乘之；虽有甲兵，无所陈之。使人复结绳而用之。甘其食，美其服，安其居，乐其俗。邻国相望，鸡犬之声相闻，民至老死，不相往来。"（第八十章）什佰之器包括广义的工具，结绳而用则与文字的运用相对。在自然状态下，从工具到文字，文化的各种样式似乎都失去了其存在价值。

与自然相辅相成的，是无为，《老子》所谓"辅万物之自然而不敢为"（第六十四章）便肯定了二者的这种联系。如前所述，法自然既以自觉地行道为向度，又意味着向自然状态的回归。前者主要从积极的方面——推行并合于道——展示了法自然的内涵，无为则首先从消极的方面——避免反乎道的行为——表现了类似的趋向。在《老子》看来，人为的过程往往会导致消极的社会后果："天下多忌讳，而民益贫；民多利器，国家滋昏；人多伎巧，奇物滋起；法令滋彰，盗贼多有。"（第五十七章）反之，遵循无为的原则，则能达到国泰民安："我无为而民自化，我好静而民自正，我无事而民自富，我无欲而民自朴。"（第五十七章）在这里，无为与自然是一致的："功成事遂，百姓皆谓我自然。"（第十七章）

从无为的原则出发，《老子》要求对"欲"加以限制，所谓"是以圣人欲不欲"（第六十四章）等，便表明了此点。这种无欲的主张，在形式上与儒家无疑有类似之处。不过，儒家所理解的欲，首先与感性的欲望相关，而无欲或寡欲也相应地意味着以理性的观念抑制感性的欲望。这里内在地蕴含着某种理性优先的原则，在尔后的理欲之辩中，便明显地表现出这一趋向。较之儒家主要从理欲关系上讨论"欲"，《老子》着重将"欲"与有意而为之的人为过程联系起来，而"欲"则更多地被理解为一种有所为的意向。无人为之欲与顺自然之化往往被视为同一过程的两个方面,也正是在此意义上,《老子》强调:"不欲以静,天下将自定"(第三十七章),亦即将消除人为的冲动,视为达到自然之境的前提。

当然,无为并不是一无所为,《老子》要求"为无为"(第三章,第六十三章),亦意味着将无为本身看作一种特定的"为"。与法自然的要求相联系,以无为的形式表现出来的"为",首先相对于无视自然之道的人为而言。在第三十七章中,《老子》对无为之"为"作了更具体的解释:"道常无为而无不为。侯王若能守之,万物将自化。"在此,无为之"为"(无不为)与万物之自化便具有内在的一致性。不难看出,这种无为之"为"的特点,在于利用对象自身的力量而不加干预,以最终达到人的目的。《老子》以政治领域的实践为例,对此作了说明:"善用人者为下,是谓不争之德,是谓用人之力,是谓配天,古之极。"(第六十八章)这里的用人之力不仅仅是指善于选用人才,它的主要含义在于利用各种政治势力。高明的当政者并不直接与人相争,而是善于利用各种政治力量的相互作用,以实现自己的政治意图。这一意义上的"无为",同时便表现为一个合乎自然(配天)的过程。用对象之力而不加干预作为无为之"为"的形式,不仅体现于政治领域,而且构成了"为无为"的一般特点。所谓"事善能,动善时"(第八章)便从更广的意义上展示了以上原则:事、动属广义的"为",而善能、善时都从不同的侧面强调了"为"应当合乎自然(配天)。

《老子》所说的无为之"为",在某些方面使人联想起黑格尔所谓"理性的机巧"。关于理性机巧,黑格尔在《小逻辑》中有过如下论述:

> 理性是有机巧的,同时也是有威力的。理性的机巧,一般讲来,表现在一种利用工具的活动里。这种理性的活动一方面让事物按照它们自己的本性,彼此互相影响,互相削弱,而它自己并不直接干预其过程,但同时却正好实现了它自己的目的。[1]

在此,理性的机巧具体展现于人的活动,而这种活动首先又表现为一个

---

[1] 《小逻辑》,商务印书馆1980年版,第394页。

合规律性的过程：它让对象各按自己的本性相互作用，而不作人为的干预。质言之，一方面，主体在这一过程中并非无所作为，相反，整个过程一开始便引向主体的目的；另一方面，主体又并不违背事物的固有本性而横加干预，这里蕴含的内在观念，是合目的性与合规律性的统一。尽管《老子》在总体上更强调法自然、合乎道，但它主张"为无为"，并把无为之"为"理解为利用对象的力量以实现自身的目的，这一意义上的"无为"，似乎又近于理性的机巧。

"为无为"的原则贯彻于治国实践，便要求尊重被统治者的意愿。《老子》在谈到圣人与百姓的关系时，曾指出："圣人无常心。以百姓心为心。"（第四十九章）与无为非完全无所作为相一致，无心也并不是无任何意念；但正如无为之"为"并非以人为干预自然过程一样，统治者之有心，并不意味着将自身的意志强加于被统治者：在这里，合乎百姓之心（以百姓心为心）可以看作合乎自然的逻辑引申。以此为前提，《老子》对各种人为的统治方式提出了批评："民不畏死，奈何以死畏之？"（第七十四章）"民之饥，以其上食税之多，是以饥。民之难治，以其上之有为，是以难治。"（第七十五章）如此等等。这里显然包含着一种社会批判的趋向。从中国文化尔后的演进看，道家与儒家确实形成了不同的社会批判传统，而道家批判传统的历史源头，便可以追溯到《老子》。就其内在特点而言，由《老子》开其端的这种社会批判，既以自然状态的理想化为前提，并相应地表现出对文明和文化的某种疏离，又以"为无为"为根据，并多少相应地渗入了尊重民意以及宽容和不干预等观念。

自然无为的原则在《老子》哲学中不仅展开于社会领域，亦体现于天人之际。在第五章中，我们可以看到如下论述："天地不仁，以万物为刍狗；圣人不仁，以百姓为刍狗。"仁是儒家的核心观念，建立于其上的儒家仁道原则，要求确认人的价值并以人为关切的对象，孔子所谓"仁者爱人"，便言简意赅地表明了这一点。与之相对，将人与万物都视为刍狗，则似乎使人的价值失去了存在的根据。《老子》的这一看法无疑表现出以自然原则消解仁道原则的趋向：等观人与物，意味着人与物在自然这一层面并无本质的差别，而人的优先性亦相应地不复存在。

然而，如果由此而把《老子》哲学理解为一种反人道的系统，则往往不免失之偏颇。事实上，如前文所述，人的存在始终是《老子》哲学沉思的重要对象。在"四大"之说中，人即被规定为域中四大之一；正是以此为出发点，《老子》一再表现出对人的关怀："是以圣人常善救人，故无弃人"（第二十七章），并要求"爱民治国"（第十章），与之相联系的是反对战争和暴力："以道佐人主者，不以兵强天下。"（第三十章）"兵者不祥之器，非君子之器。"（第三十一章）"夫乐杀人者，则不可以得志于天下矣。"（同上）在肯定人（救人）与否定人（杀人）的对峙中，《老子》明确地表明了自己的价值立场。

由以上前提反观人为"刍狗"之说，便很难将其列入反人道之列。从其内在逻辑看，视人为刍狗，首先是相对于"仁"而言（所谓"圣人不仁，以人为刍狗"）。作为一种价值原则，"仁"既意味着对人的价值的肯定，亦包含着"以人观之"的趋向，在后来儒家对仁道的阐发中，便不难看到这一点。以仁道为原则，儒家往往强调人超越于天地万物这一面，这里无疑渗入了从自然状态走向文明形态（自然的人化）的要求，但同时也可能导致合目的意义上的"以人观之"压倒合法则意义上的"以道观之"。

相对于此，《老子》在天地不仁、圣人不仁的前提下视人为"刍狗"，似乎要求从"以人观之"回到"以道观之"。不难看出，这里的核心观念是自然的原则："以道观之"在《老子》那里同时也就是由自然的观点视之，而从自然的规定看，人并不具有对于物的优先性。

对天人关系的如上理解，同时亦内含了对天人统一的确认。对《老子》来说，就本然的形态而言，天地万物与人一开始便是彼此统一的，"道"、"朴"、"玄同"等，便从不同的角度肯定了这一点。经过由道而德等过程，往往形成了分化、区分，所谓"朴散则为器"（第二十八章），亦隐寓了这种转换。但在既分之后，又应向原始的统一回归，这一过程在《老子》那里往往被称为"归根"、"复命"："夫物芸芸，各复归其根。归根曰静，是谓复命，复命曰常，知常曰明。"（第十六章）这里不仅涉及道与物的关系，而且在广义上指向天人之际。就后一意义（天人之际）而言，天人之间同样应当重建统一，所谓"绝仁弃智"、"绝圣弃义"、"见素抱朴"等，都意味着从"仁义"、"圣智"等人化形态回归与自然为一的理想之境。

在合于自然的思维趋向之后，可以看到某种天人合一的观念。不过，与儒家要求化天性（人的自然之维）为德性（人的社会之维），亦即在自然的人化的基础上达到天与人的统一有所不同，《老子》更多地表现出对自然的认同。如果说，在儒家那里，天与人似乎统一于人化过程，那么，《老子》则要求天与人合一于自然。这里既呈现出对文化创造及其成果的不同态度，又交错着以人观之与自然至上的不同价值取向。《老子》对人化过程和人文价值的批评，当然有其历史的局限，它将自然状态加以理想化，亦包含着内在的理论偏向。不过，人道原则的过分突出，也往往潜含天（包括人的天性）与人（包括社会规范）的紧张，《老子》所确认的自然原则对于化解如上紧张，抑制"以人观之"对"以道观之"的遮蔽，无疑有不可忽视的意义。

四 为学与为道

自然无为作为一般的原则，不仅仅体现于价值之域，在更广的意义上，它亦涉及为道的过程。《老子》对为道与为学作了区分："为学日益，为道日损，损之又损，以至于无为。"（第四十八章）为学是一个经验领域的求知过程，其对象主要限于现象世界与人化世界；为道则指向本体世界，其目标在于把握统一性原理与发展原理。在《老子》看来，经验领域中的为学，是一个知识不断积累（益）的过程，以本体世界为对象的为道，则以解构已有的经验知识体系（损）为前提，后者构成了无为的另一内涵。

从为道的角度看，无为首先意味着回到事物本身："以身观身，以家观家，以乡观乡，以国观国，以天下观天下。"（第五十四章）身、家、国、天下等，可以表现为现象层面的存在，也可以指身之为身、家之为家、天下之为天下的本质规定。与区分呈现于外的现象和现象之后的存在，并进而追寻万物的统一本原相应，这里的"身"、"家"等，主要不是作为外在呈现的现象，而是现象之后的存在；而所谓以身观身、以天下观天下，则要求超越外在的呈现，而深入到对象的内在规定——从本体的层面来考察存在。当主体的视域尚停留在现象层面时，他往往自限于为学的过程,唯有从本体的层面切入存在,其思维才具有为道的性质;前者(限定于现象)属主观的人为,后者则顺乎道而无所为。

可以看到,以身观身、以天下观天下旨在回到事物本身,而事物本身又被理解为本体世界。在《老子》的系统中,向本体世界的这种回归,同时表现为一个"日损"的过程。作为为道的内在环节,日损所指向的,首先是现象世界。在第五十六章中,我们可以看到如下的论述:

> 塞其兑,闭其门,挫其锐,解其纷,和其光,同其尘,是谓玄同。

"兑"按俞樾之说,当读为"穴",引申为耳目口鼻等感官;[①]门则泛指面向外部对象的通道。由感官的门户所达到的,是现象世界;作为为学过程,它所积累的,主要是经验领域的知识。《老子》要求"塞其兑,闭其门",意味着关闭通向现象世界的门户;它从一个侧面表明,以身观身等并不是从现象的层面把握对象。如果说,回到事物本身(以身观身等)的内在意蕴在于复归本体世界,那么,塞其兑、闭其门则将悬置经验领域的知识规定为达到本体世界的前提:从"塞其兑"到"玄同",体现的正是这样一种逻辑的进展。

"塞其兑"主要相对于现象之域而言,与之相联系的是"绝圣弃智":"绝圣弃智,民利百倍;绝仁弃义,民复慈孝。"[②](第十九章)

[①] 参见俞樾《诸子评议·老子评议》。又,奚侗《老子集解》注曰:"《易·说卦》:'兑为口',引申凡有孔窍者皆可云兑。《淮南·道当训》:'王者欲久持之,则塞民于兑'。高(诱)注:'兑,耳目口鼻也。老子曰塞其兑是也。'"

[②] 此句在郭店竹简的《老子》残篇中表述为:"绝智弃辩,民利百倍;绝巧弃利,盗贼亡有;绝伪弃虑,民复孝慈",与通行本的主要差异在于没有提及"仁义"。然而,从哲学的层面看,两种表述在含义上并没有根本的区别。"仁义"可以作广义或狭义的理解,从狭义上说,它们与儒家提倡的伦理原则相一致,从广义上看,则可以泛指一般的社会规范系统;与之相应,对仁义的批评,既针对儒家的伦理原则,也涉及一般的规范系统。对《老子》而言,世俗之智及社会规范系统(包括儒家的伦理原则)之所以应当疏离,主要在于它容易偏离本然之性而导致伪善之举,前一章(第十八章)提到一旦本然之道被抛弃、世俗之智得到发展,便常常引来各种外在之"伪",所谓"大道废,有仁义;慧智出,有大伪"。郭店竹简的《老子》提到"绝智弃辩"、"绝巧弃利"、"绝伪弃虑",事实上也体现了类似的思路,它的实质含义在于要求消解引发外在伪善之举的内在根源。

仁义属社会的观念与规范，圣智与仁义并提，主要亦涉及人化世界。如前所述，人化的世界与自然相对，是经过人为的过程而形成的，圣智作为人化过程的产物，也具有人为的性质。唯其人为而非出于自然，故往往不免导致负面的社会后果，所谓"慧智出，有大伪"（第十八章），便强调了这一点。与人化世界中的圣智相对的，是以知常为内容的"明"："知常曰明。"（第十六章）知常亦即把握作为统一本原的道，而明则是关于道的智慧。较之人化世界中的圣智，道的智慧具有不同的形态："我愚人之心也哉，沌沌兮。俗人昭昭，我独昏昏。"（第二十章）此所谓愚，乃大智若愚之愚。世俗的圣智往往长于分辨，昭昭即为一种明辨形态；道的智慧则注重把握统一的整体，沌沌即为合而未分之貌。执着于分辨、智巧，伪与恶等往往亦随之而产生，达到了道的智慧，则趋向与天地为一之境。正如塞其兑、闭其门旨在从现象世界回归本体世界一样，绝圣弃智意味着从世俗的圣智走向道的智慧，后者既表现了对人化世界的疏离，亦蕴含着超越对待、追求统一的形上意向。

相对于道的智慧，世俗的圣智似乎处于知性思维的层面。知性思维的特点在于分别地从某一方面或某一层面把握对象，而未能进一步再现对象的整体。尽管它不失为面向存在之思的必要环节，但停留于此，则往往不免明其分殊而昧于统一。为道的过程力图超越对分殊的这种执着，回到统一的道。就其关注整体，追寻统一而言，《老子》的为道确乎有别于昭昭于分殊的知性思维。由此进而反观《老子》的绝圣弃智之说，便不难看到，其中既渗入了从人化世界回到自然之境的意向，又包含着悬置知性思维的要求。

当然，悬置了世俗的圣智，并不意味着道的境界亦将随之而至。在既成的视域与道的境界之间，往往存在某种距离，自觉地意识到这一点，是为道过程的重要方面。《老子》指出：

> 知不知，上。[①] 不知知，病。夫惟病病，是以不病。圣人不病，以其病病，是以不病。（第七十一章）

[①] 此句《帛书》甲、乙本皆作"知不知，尚矣"。

知不知,即自知无知,这里涉及了知与无知的关系。关于知与无知的关系,先秦的另一些哲学家也已注意到。如孔子即指出:"知之为知之,不知为不知,是知也。"(《论语·为政》)按通常的看法,不知便是缺乏知识,而在孔子看来,对"不知"这种状态的认识,本身也是一种知(智)。不过,孔子更多地把知与无知的统一视为求知过程的开端:自知无知构成了"知"的出发点。相形之下,《老子》所谓"知不知",主要突出了为学与为道之间的张力:通过为学过程而积累经验知识,并不逻辑地导向对道的认识;后文的"不知知",从反面进一步强调了这一点:不知知在于忽略了为学与为道的区分,将为学之知等同于为道之知,以致虽对道无知,却仍以为有知。

与知和不知相联系的,是名与言的问题:"知者不言,言者不知。"(第五十六章)按《老子》的看法,作为第一原理的道,并不是言说的对象,所谓"道,可道,非常道"(第一章)、"道常无名"(第三十二章)、"道隐无名"(第四十一章),便表明了这一点。这里的名与言,首先涉及经验领域。就本然的形态而言,道表现为"无名之朴"(第三十七章),随着由道而德的分化过程,逐渐形成了经验领域的具体对象("朴散则为器",第二十八章),名则由此而产生:"始制有名。"(第三十二章)作为朴散而为器的产物,名的作用范围亦有自身的限制:"名亦既有,夫亦将知止。知止可以不殆。"(同上)名与现象领域之"器"的以上联系,决定了它无法把握普遍之道。而从另一方面看,"道常无名"也突出了道超越名言的性质。

概言之,塞其兑,表明感官的门户无法达到道;绝圣弃智,彰显了世俗的圣智与道的智慧的差异;道常无名,则突出了道与名言之间的距离。道对现象界、经验界与名言界的如上超越,决定了为道的日损之维:所谓日损,便意味着悬置经验领域的知识、名言系统。

悬置经验、圣智、名言之后,如何走向道?《老子》提出了静观玄览之说:

致虚极,守静笃,万物并作,吾以观复。(第十六章)

就本体论而言,"复"所表示的是向统一本原的回归,从为道的角度看,"观其复"则意味着回到世界本身——本体层面的世界,而这一过程又以虚与静为前提。所谓"致虚极",也就是剔除已有的认识内容,净化内在的精神世界;守静笃则表现为一种静观反省,二者的统一,又称玄览:"涤除玄览,能无疵乎?"(第十章)这种以悬置日常经验和知识名言为前提的玄览,显然带有直觉活动的特点。

静观玄览是就得道(把握道)的方式而言。广义的为道过程不仅涉及道之"得",而且关乎道之"达"(对道的表达)。从后一方面看,为道过程又无法割断与名言的联系。如前所述,《老子》曾强调了道的超名言性质("道常无名"),这里的无名,首先是在"为道日损"的意义上说的,而其中涉及的名言,则主要与日常经验相联系。除了这种日常经验意义上的名言系统外,还有另一种语言表达方式,所谓"正言若反"(第七十八章),便肯定了这一点。这是一种以否定的形式表现出来的名言表达方式,《老子》常常以此来概述有关道的智慧:"道常无为而无不为"(第三十七章)、"上德不德,是以有德"(第三十八章)、"信言不美,美言不信。善者不辩,辩者不善"(第八十一章),如此等等。如果说,与道相对的日常名言基本上处于知性的层面,那么,以"正言若反"的形式出现的名言,则似乎带有辩证的性质。

不难看出,《老子》对为学与为道的辨析,主要围绕日常的知识经验与道的智慧而展开。日常的知识经验所指向的是存在于特定时空中的对象(亦即作为"朴"散产物的"器"),它总是分别地把握具体事物或事物的某一方面、某一层面,并以确定的名言概括认识的内容。道的智慧则指向世界的统一性原理和发展原理,它所要把握的不是存在于特定时空中的一个一个具体对象,而是宇宙万物的第一因和人生的最高境界,是贯穿于宇宙人生中无不通、无不由的统一原理。质言之,这里所涉及的,是无条件的、绝对的、无限的东西,它显然很难仅仅通过经验知识的积累来达到:经验知识所把握的,始终是有限时空中的对象。从日常知识经验到道的智慧,本质上表现为一种认识的飞跃,而这种飞跃的实现,往往意味着突破日常的逻辑运演模式,其中亦常常渗入了直觉等思维形式的作用。《老子》强调"为道日损",要求悬置日常的圣智,并以静观玄览为回归道本身的方式,似乎亦注意到了从知识到智慧转换过程的某些特点。

与日常知识经验与道的智慧相联系的，是道与名言的关系。名言的自然形态首先存在于日常经验领域，日常语言是名言的本然形式和原始形态，知识经验与日常的名言往往亦有较为切近的联系，在涉及特定时空中的对象这一点上，二者无疑有一致之处。然而，在把握普遍之道方面，日常名言却有自身的限度：道作为统一性原理或最一般的存在（being），总是具有超越于特定时空的一面，以特定时空中的具体存在为对象的日常名言，往往难以完全表达道的这种无限性。同时，对统一性原理的把握，并非仅仅以言说为其形式，它总是进而化为主体的境界，并融合于主体之"在"（existence）。从这些方面看，道确乎又有超名言的一面。《老子》认为道不可言说（道，可道，非常道），强调"道常无名"，似乎亦有见于此，它在某种意义上以否定的方式，展示了道与日常名言之间的距离。

当然，日常的知识经验与道的智慧、道与名言之间固然存在某种张力，但二者亦并非截然相斥。就知识到智慧的飞跃而言，仅仅通过经验知识的积累诚然难以实现二者的转换，但如果完全离开知识经验，飞跃往往便会导向虚幻的思辨或神秘的体悟。对统一性原理的把握，总是既表现为对日常之思的超越，又以知识经验为其出发点并不断地向其回归。《老子》将为学与为道的过程截然加以分割，显然未能注意到这一关系，而它由此渲染静观玄览，也确实带有某种神秘的意味。同时，宇宙的第一因和人生最高境界诚然有超越日常名言的一面，但亦并非完全隔绝于名言；辩证的概念在拒斥静态形式的同时，本身也包含着确定性的要求。《老子》由强调道与日常名言的距离，进而突出正言若反的名言形式，虽然对辩证的思维形式开始有所注意，但似乎未能全面地把握道与名言的关系及名言的确定性。

五　回归本然与守护可能

为学与为道的辨析，着重彰显了道的智慧与经验知识的差异，而在二者的区分之后，则蕴含着超越现象界的意向。现象界存在于特定的时空关系之中，具有既定的、直接呈现的性质，这种既定性，使现象界同时表现出"在场"（presence）的特点。

在谈到声、色、味等所构成的世界时，《老子》曾指出："五色令人目盲，五音令人耳聋，五味令人口爽。"（第十二章）如前所述，这种声色世界既与人化过程相联系，又是显现于外的现象之域，相应于此，《老子》的以上批评不仅表现出以自然拒斥人化的立场，亦包含着反对停留和执着于现象之域的意向。现象的呈现与耳目的感知在某种意义上可以看作同一过程的两个方面，二者都具有在场——当下显现的性质。《老子》在疏离声色世界的同时，又要求塞其兑（关上感官的门户），无疑从双重意义上表现出超越"在场"的趋向。

从时间形态看，在场作为一种当下显现，主要与现时（现在）相联系：在场往往意味着对象被定位在现时之中。而对象一旦被定位于现时，便常常容易失去内在的活力而蜕变为凝固之物。因此，超越在场，同时也就是超越对象在现时中的既成形态。以此为背景反观《老子》复归于道的要求，便不难看到，其中的内在意蕴之一，即是从在场的现时状态，向作为出发点的本源回归。

在《老子》那里，这种本源也就是道。如前所述，道作为本源，往往被理解为"无"；向道复归，同时亦意味着"复归于无物"。"无"首先相对于具体的"有"而言，"有"总是有某种规定，是此物便非彼物，"无"则无任何具体规定，唯其无具体规定，故可以如此，亦可以如彼；换言之，它包含着无限的发展可能。这样，就其为万物之源而言，道表现为一本然的世界，事实上，对《老子》来说，作为理想状态的自然，同时也就是本然；就其蕴含了不同的发展向度而言，道又展示为一可能的世界，质言之，道的非在场性表现为本然与可能的统一。

就道所蕴含的可能维度而言，从"无"到"有"的衍化（"有生于无"），也可以看作可能的展开过程。《老子》所谓"朴散则为器"，便已隐寓了这一关系：朴即本然之道，其中包含着不同的可能，器则是可能在实现之后所取得的具体形态。不过，在《老子》看来，这一过程往往带有消极的意味，所谓"失道而后德"，亦多少暗示了此点："德"作为具体规定，是道所内含的各种可能的展开和实现，尽管它亦表现了存在的个体之维，但对于道的统一形态（包括本然与可能的统一），却又似乎破多于立。进言之，"大道废，有仁义"（第十八章）。

仁义作为具体的规范，也可以视为道的分化，但它一旦出现，却同时表现为对统一之道的否定。在这里，可能的展开与存在的"在场"之维似乎被重合为一：道所内含的可能在展开和实现之后，便立即定格为一种"在场"形态。《老子》对分化了的人化世界的批评，在某种意义便以此为其立论的前提。

可能展开的"在场"性，使"在场"的超越与回到原始的可能形态具有了内在的关联：既然可能一旦展开便分化和定格为一种"在场"形态，那么，超越"在场"的根本途径便是返归原始的可能。由此反观《老子》的"见素抱朴"（第十九章）说，便不难发现，其中亦包含着某种本体论的意义：守护道所内含的可能。按《老子》之见，如果不能守住原始的可能而任其展开，往往便会导致事物的衰亡："物壮则老，是谓不道，不道早已。"（第三十章）壮象征着可能的完成形态，而事物的完成同时也意味着走向终结，在《老子》看来这是一个悖乎道（不道）的过程。与之相对，合于道就在于保持事物的未完成形态——可能形态。

返归与守护原始的可能当然并不仅仅体现于物，这一原则同样与人自身的存在相联系。从"物壮则老，是谓不道"的前提出发，《老子》一再将婴儿视为人的理想状态：

专气致柔，能婴儿乎？（第十章）
知其雄，守其雌，为天下谿。为天下谿，常德不离，复归于婴儿。（第二十八章）

相对于人的成熟形态，婴儿更多地表现为一种可能的存在：作为人之初，它蕴含了人在以后的全部发展可能。然而，在《老子》看来，可能一旦展开，人便总是被限定于某种既成的"在场"形态，并同化于外在的特定文化模式，逐渐由壮而老，失去其内在生命力。《老子》要求复归于婴儿，无疑流露出对自然状态的向往，而其更内在的意向则是保持存在的可能形态、避免"在场"的归宿。

《老子》对可能之维的关注，很容易使人联想到海德格尔的某些看法。海德格尔对存在考察的引人注目之处，首先在于将时间视为存在的基本规定，海德格尔明确指出："一切存在论问题的中心提法都植根于正确看出的和解说了的时间现象以及它如何植根于这种时间现象。"① 而在时间的诸维中，将来又具有优先的地位："源始而本真的时间性的首要现象是将来。"② 就时间与存在的关系而言，将来往往与存在的可能之维相联系：可能的展开总是指向将来。这样，肯定将来在时间中的优先地位，便意味着突出可能性在人的存在中的意义，在海德格尔的如下断论中，便不难看到这一点："此在总作为它的可能性来存在。"③ 就其反对执着于既定的"有"或"存在者"，并将存在的可能形态视为本然的形态而言，海德格尔与《老子》似乎不无相通之处。

不过，稍加分析便不难注意到，二者对可能的理解又存在着重要的差异。如前所述，《老子》要求从"有"复归于"无"、从人化的存在复归于婴儿状态，就存在的内涵而言，"无"、婴儿意味着无具体规定但又包含各种可能向度；就时间之维而言，这种复归具体表现为从现时向过去的回溯。这样，在《老子》那里，可能似乎主要与过去相联系。相形之下，海德格尔更多地将可能这种存在形态与将来联系起来，并着重突出了可能向将来敞开这一面："只有当此在是将来的，它才能本真地是曾在。曾在以某种方式源自将来。"④ 尽管海德格尔反对把将来仅仅理解为一种尚未来到之在，但它确实又不同于向过去的回溯。

由肯定可能的将来维度，海德格尔进而将筹划引入了存在。作为可能的存在，人不同于既成的、被规定的存在，而具有未定的性质，可能的展开与超越未定形态是同一过程的两个方面。按海德格尔的看法，人一旦被抛掷到世间，便面向着未来，他必须为自己筹划，并通过筹划以塑造自己的未来："此在是委托给自己的可能之在。""此在作为此在一向已经对自己有所筹划。只要此在存在，它就筹划着。"⑤ 这种筹划内在地关联着选择与实现可能的过程，它使可能之"在"成为现实之"在"，而这种选择筹划又贯穿于此在的整个展开过程："筹划始终关涉

---

① 《存在与时间》，三联书店1987年版，第24页。
② 同上书，第390页。
③ 同上书，第53页。
④ 同上书，第386页。
⑤ 同上书，第176—177页。

到在世的整个展开状态。"①

较之《老子》对可能状态的守护,海德格尔无疑更注重可能的实现过程,前者对应于回溯过去这一时间向度,后者则构成了向将来敞开的具体内容:正是在世过程的筹划活动,使"此在在生存论上向来所是的那种可能之在,有别于空洞的逻辑上的可能性。"② 可以看到,在时间的不同侧重(回归过去与敞开将来)之后,是对可能的两种态度。海德格尔以选择、筹划等方式展开此在内含的可能,既表现了近代哲学家的自信,也在哲学的层面上展示了存在的可能之维与存在的历史性之间的现实联系。

与海德格尔将可能理解为存在的出发点有所不同,《老子》似乎多少把可能本身视为存在的某种终极形态。这种看法在逻辑上与其无为的立场彼此一致,事实上,在《老子》那里,向"无"等可能形态的复归,与无为意义上的静,常常联系在一起,所谓"归根曰静"(第十六章),便表明了这一点。然而,从更内在的层面看,《老子》对可能的执着与守护,同时还具有另一重意义。与存在相联系的可能,并不仅仅是一种逻辑上的无矛盾状态,它总是有其现实之源,并构成了发展的内在根据;离开植根于现实的可能,存在便缺乏自性,发展亦将仅仅成为外在的变迁。就此而言,《老子》要求保持与守护以"无"、婴儿状态等形式表现出来的可能,显然又意味着注重存在与发展的内在根据:守护可能,同时也就是守护存在的根据。也正是在同一意义上,《老子》一再强调"深根固柢"(第五十九章),并以此为达到存在恒久性的必由之道。

从超越"在场"(存在的既定性),到守护可能,《老子》将存在的考察与时间之维联系起来,展示了对存在、时间、可能以及发展根据等问题的独特视域,尽管其中内含了多重理论限度,但它对存在的切入,无疑又在一定程度上超越了日常在"世"的规定而达到了一个较为深刻的层面。与道、天、地、人"四大"之说前后呼应,以上观念同时表现为《老子》形上之思的进一步展开。

---

① 《存在与时间》,三联书店1987年版,第178页。
② 同上书,第175页。

"'德'—'道'"理型与形而上学的中国形态*

樊 浩**

摘要 在《道德经》中，无论"德"、"道"的理念，还是"德"—"道"关系，都是兼具哲学形而上学和道德形而上学的双重本性。《道德经》的形而上学有两大基本特质："德"—"道"合一，开创"德"—"道"的形而上学传统；辩证法与形而上学合一，开创形而上学的辩证法传统。"'德'—'道'"理型建构了"尊道贵德"的形而上学的中国传统形态。它以对"普遍理性"和"伦理总体性"的追求为动力，而"道"与"德"的自然自由的本性，又使之具有拒绝形而上学恐怖的本性。《道德经》中哲学形而上学与道德形而上学、"普遍理性"与"伦理总体性"无中介、无过渡的生态同一，对解决现代文明的形而上学难题，解释现代西方哲学的伦理学转向，具有重要的资源意义。

关键词 《道德经》；德；道；哲学形而上学；道德形而上学

---

* 2005年全国哲学社会科学重大招标课题(05&ZD040)、2008年全国教育规划重点课题阶段性成果。

** 樊浩，本名樊和平，教育部长江学者特聘教授，中国伦理学会副会长。东南大学人文学院院长，教授，博士，博士生导师。在《中国社会科学》等杂志上发表学术论文近200篇，出版《道德形而上学体系的精神哲学基础》等独立专著10部。

一 解读方法的尝试:如何让文本作为"主体""在场"?

与西方 morality 或 ethics 相比,中国伦理传统和道德概念最基本也是最独特的人文意蕴在于"'道'—'德'"的哲学构造与意义结构,而这一传统最重要的文本源头之一是老子的《道德经》。虽然《道德经》并未将"道"、"德"合用而形成"道德"概念,但"'道'—'德'"的理论自觉和文化基因由此开展,当是一个可以成立的言论。

文本尤其是历史文本解读的难题在于主体缺场,因而很容易出现解读的暴力。现代解释学区分"解释"和"理解"、"含义"和"意义",就是试图规避解读中的暴力风险,但是,由伽达默尔开始的这一严谨的传统事实上只是规避了解释主体的伦理风险,因为它在作出"含义"不可知的预设的同时,为文本解读中的"意义"建构提供了无限可能,由此完全开脱了解读主体的伦理风险,但是,解读的学术风险却未丝毫消除。在这个意义上,现代解释学只是将解读的暴力从"解释"置换为"理解",从本原性的"含义"转移到建构性的"意义",暴力不仅依然存在,而且在"理解"和"意义"的庇护下被赋予彻底的伦理自由。比起由孔子开始的"温故而知新"的中国解释学传统,现代西方解释学无论在伦理还是学术方面都显得缺乏足够的坦诚。毕竟,孔夫子坦言或直言"知新"是"温故"的目的,而不是承诺某种对于文本来说不可能得到的彻底的尊重。

可见,现代西方解释学根本上只是为解释确切地说为解释主体辩护,而不是为文本辩护。诚然,文本一旦成为解读的对象,已经显示出解读主体对它的尊重,问题在于,如何在解读中让文本维护自己必要的尊严?于是,便需要继续进行方法论上的尝试。一种可能的尝试是:让文本"在场"。在解读中,文本一般被当作解释的对象或客体,因而只是主体缺场的"他在"。文本在场的必要努力,就是要使它从客体变为主体。但是,文本的既定性和历史性又注定了它难以成为真正的主体。于是,可能的努力,便在解释中建立某种"主体间"的关系,在"主体间"的对话关系中使文本成为具有自我辩护和自我申言能力的主体。这种解释的方法论的尝试,用一句话表达,就是:在"对话"中文本作为"主体""在场"。

本文的基本立论是:《道德经》的最大哲学贡献,是确立了形而上学的中国形态,即"'德'—'道'"的形而上学理型或形而上学传统。这一传统对破解现代西方哲学所遭遇的形而上学恐怖,对推进哲学形而上学与道德形而上学的现代整合,具有重要的资源意义。对《道德经》解读和研究的关键词是"对话":体系内部对话——"德"与"道"在《道德经》文本中对话;同一传统内部对话——"'德'—'道'"理型与中国哲学传统对话;不同传统之间对话,尤其与西方哲学传统对话;与现代对话——追究在"形而上学死了"的时代,"'德'—'道'"传统的复活有何现代意义;不同学科之间对话,着重探讨"'德'—'道'"理型如何由哲学形而上学转换为道德形而上学;与未来对话,不仅关注文本的未来命运,而且更关注文本对人类未来命运的可能贡献。显然,本文的主题和方法的要旨不是比较,而是通过对话,在这个"被"字盛行的时代,建立《道德经》在"被解读"中的主体地位和主体性话语能力。

二 何种中国形态?"'德'—'道'"的形而上学类型

《道德经》对中国哲学、中国道德哲学尤其是中国形而上学的最大贡献,不是"道"的理念,也不是"德"的理念,而是二者合一的"'德'—'道'"理型。《道德经》开创的形而上学的中国形态和中国传统是什么?就是"德"—"道"的形而上学。"德"、"道"及其相互关系,至今仍是中国哲学尤其是中国道德哲学发展的前沿。

"道"与"德"是《道德经》的两个核心概念和基本构造,当是不争的事实,因为这部经典就是由"道经"和"德经"构成的。应当追究的问题是,"道经"和"德经",与此相关联,"道"和"德"的关系如何?

已经清楚的事实是:《道德经》由"道经"和"德经"两篇构成,在先前许多文本包括一些权威文本中,"道经"为上篇,"德经"为下篇。从河上公《老子章句》、《王弼集校释》,到陈鼓应的《老子注释及评价》,都以此为结构。但1973年马王堆出土的帛书《老子》给老学研究带来震撼,出土的甲、乙两种版本都是《德经》在前,《道经》在后，并且不分章；郭店楚墓竹简《老子》的版本也是如此。它们是距今最早、最可信的真本，2006年10月，被埋地宫两千多年的帛简本以《老子·德道经》为名，由中央编译局出版社出版。由此，《道德经》在文本上便事实地被正名为《德道经》，只是由于《道德经》的说法已经流行太久，特别是它与作为中国文化最基本概念的"道德"二字相关，所以《道德经》的提法才在流传中约定俗成。

从《道德经》到《德道经》，到底改变了什么？其中潜在着何种重大哲学发现？

从《道德经》到《德道经》，其意义决不局限于文本正名或结构倒置，最具革命意义的是对于中国文化源头关于"道"—"德"关系的哲学反正，因为文本及其结构背后深藏的是文明"轴心时代"关于"道"—"德"关系的基因密码。在《道德经》和《德道经》的两个文本和两种结构中，"道"和"德"的意义内涵都未发生重大变化，"道"的本体地位也没有任何改变，甚至可以说，"道"和"德"的关系也未产生实质性颠覆，唯一改变，却是至关重要的改变是：对"道"—"德"关系的把握方式发生重大倒置，由此导致哲学上的再次发现。

如果确认"道"是形上本体，"德"是本体的主体形态或生命形态，或由本体世界向现象世界落实的概念，那么，《道德经》[1] 所建构的就是一种形而上学。形而上学不仅是《道德经》的气质特征，是"道"—"德"关系的意义域，而且是它对中国文化的最大贡献点之所在。《道德经》向《德道经》反正的真谛是：在老子的哲学中，道与德，到底何者更具优先地位？两种可能并且事实上已经出现的观点是：《道德经》以"道"为重心，《德道经》以"德"为重心。两种观点都不够彻底，两个文本结构事实上体现两种完全不同的哲学路向：是由"道"而"德"，还是由"德"而"道"？因此，根本的问题发生于"道"和"德"的关系之中。如果用儒家的话语表述，《道德经》体现

---

[1] 虽然马王堆帛书已经将《道德经》正名为《德道经》，但由于《道德经》的提法已经通用，所以本文仍沿用这一名称，只是在特指帛书版本，或强调"德"—"道"关系时，采用《德道经》这一名称。

的是由天及人、由天道而人道的形而上学类型或"'道'—'德'"理型;《德道经》体现的是由人及天、由人道而天道的形而上学类型或所谓"'德'—'道'"理型。

《德道经》所开创的形而上学传统有两大气质特征:其一,"德"、"道"合一,开创"'德'—'道'"的形而上学传统;其二,辩证法与形而上学合一,开创形而上学的辩证法传统。

《道德经》"'德'—'道'合一"的形而上学有三个关键点。第一,它是"德"—"道"一体的形而上学。与西方寻找"始基"的本体论形而上学传统不同,在《道德经》中,不是"道",也不是"德",而是"道"与"德"的合一,才是中国形而上学的最高本体或最高概念,"德"与"道"是《道德经》形而上学本体的两个阴阳结构,如果说《道德经》也建构了某种具有始基意义的本体,那么只能说它是一个辩证的复合体,而是西方式的"唯一"。第二,它是哲学形而上学与道德形而上学的同一体。在《道德经》中,无论是"德"、"道"的概念,还是"德"与"道"的关系,都兼具哲学形而上学和道德形而上学的双重意义。它以哲学形而上学为基色,却以道德形而上学为内核,并在道德形而上学的刺激下完成,在这个意义上可以说是一种伦理型的形而上学。第三,它是由"德"而"道"的形而上学。《德经》在前,《道经》在后的体系,《道德经》的整个言说方式,是由"德"而"道"、以"道"说"德"的哲学理路。虽然人们对《道德经》的文体性质提出诸多质疑,认为它是警句集、哲理诗,甚至是多人的对话集,但无论如何,"德"在先,"道"在后,体现了一种特殊的价值逻辑与哲学取向。一句话,《道德经》建构和表达了"'德'—'道'合一"形而上学类型或形而上学形态。

按照现行文本,《德道经》有"德经"44章,"道经"37章。《德经》开卷即言:"上德不德,是以有德。下德不失其德,是以无德。"(第三十八章)这段话表面是说"德"的两种境界,实质是揭示"德"的真谛——"不德"。"不德"与"有德"是理解"德"的关键。如果将它与第五十章相关联,可以理解得更清楚些。"道生之,德畜之,物形之而器成之,是以万物莫不尊道而贵德。道之尊也,德之贵也,夫莫之爵而恒自然也。……生而不有,为而不恃,长而不宰,是谓玄德。"

显然，无论"德经"是否在"道经"之前，"道"总是"德"的话语前提。"道"是体，"德"是用；"道"是万物的本体，"德"沟通"道"与万物，或本体世界与现象世界的环节，是本体化生万物，万物分享、显现本体的本性或能力。或者说，"德"是"道"与万物合一的概念，是现象世界中"道"的现实形态。本体的"道"因为"德"而成就万物，万物因为"德"而获得"道"的整体性与合法性。"上德不德"，"德"的真谛和最高境界，是"道"的显现，而不是万物得"道"。"德"是"道"的意义形态和生命形态，是"道"所以生生的本性。"道之尊也，德之贵也，夫莫之爵而恒自然也。"这句话应当重新解读，"爵"可以解释为地位或秩序，但"莫之爵"的对象应当指"道"与"德"的关系，而不是只指"道"与"德"二者。其意是说，"道"与"德"及其相互关系都是"自然"。由此才可以理解"生而不有，为而不恃，长而不宰，是谓玄德"。"道"即是"玄德"，"玄德"即是"不德"的"上德"，是元德，亦即是道本身，"道"与"德"是形上本体的一体两面，或者说是本体的两种表现形态。

"道"作为最高形上本体的地位不像"德"那样有待辩证。《道经》开卷即言："道，可道也，非恒道也；名，可名也，非恒名也。无名，万物之始；有名，万物之母也。"（第一章）但必须特别注意的是，无论在《道经》还是在《德经》中，"道"和"德"都是两个相互对待、不可分离的概念。虽然在《道经》中"德"字出现较少；同样，在《德经》中"道"字出现较少，但是，在《道德经》中，二者事实上是相互诠释的关系，或以"道"说"德"，或以"德"说"道"，但无论如何，"道"与"德"总是两个形而上学的概念，《道经》第二十一章言："孔德之容，惟道是从。"《道德经》的形而上学与西方传统不同的气质特征是，西方形而上学一般只是追究或预设一个最高本体，如水、气、理念等，但这个最高本体如何成就万物之性，却缺乏一个"生生"或化育的环节，或缺少一个"德"的环节。"德"就是"道"与万物之间化生、化育关系，或用西方哲学的话语表述，即"外化"的概念。在这个意义上，"道"与"德"结合，才是中国形而上学的基本概念，而西方形而上学却缺少这个"德"的环节和概念，在这个意义上可以说，《道德经》的形而上学比西方传统更为精致。

"道"与"德"首先是一个形而上学的概念或形而上学的存在。但必须注意的另一个特点是：在《道德经》中，阐述得最多的并不是哲学意义而是具体的社会生活尤其是道德哲学意义上的"道"与"德"。这就使《道德经》的形而上学具备了另一个重要特征：它不只是一种哲学的形而上学，而且是甚至更重要的是一种道德形而上学。《道德经》一方面在哲学意义上"尊道贵德"，另一方面，更是通过它们在现实生活中的显现和外化，由"道"与"德"的哲学的形而上学进展为道德的形而上学。《道德经》中揭示和彰显的那些大智慧，如"无为而无不为"、"无为不争"、"以柔克刚"等，体现出哲学形而上学与道德形而上学合一的强烈取向。

但是，"德"与"道"合一，哲学形而上学与道德形而上学合一，是透过另一个努力，即辩证法与形而上学的合一或"合流"。"合流"不是一般地说《道德经》中具有丰富而深刻的辩证法资源，而且强调它的形而上学透过辩证法才得以完成，并且，形而上学与辩证法的合一或合流，具有明显的文化个性。在西方哲学史上，也有哲学形而上学与道德形而上学合一、形而上学与辩证法合流的传统，黑格尔就是代表。他的《精神现象学》、《法哲学原理》，就是合一与合流的经典。但仔细考察就会发现，黑格尔体系与《道德经》不同。第一，黑格尔以伦理道德为精神发展的特定阶段，是客观精神的表现，道德形而上学只是哲学形而上学的一部分，是哲学形而上学自我运动的特殊阶段的产物，从根本上说道德形而上学服从和服务于哲学形而上学；而《道德经》则不同，虽然"道"比"德"更具终极性的形上意义，但如果没有"德"，"道"将完全失去现实性，可以说，"道"与"德"是本体的两种形态，即存在形态和发用形态、总体形态与分殊形态，"道"在具体事物中"显现"的能力、形态与合法性，就是"德"。更重要的是，伦理意义、道德意义上的"德"与"道"的形而上学，始终是老子形而上学关切的焦点，甚至是前提与归宿，这便是一些学者所揭示的《道德经》的秘密："推天道以明人事。"当然，这一主题是潜在的和深藏的。第二，黑格尔辩证法与形而上学的合流，建构的主要是一种体系的辩证法，或形而上学体系的辩证法，由于他的体系本身头足倒置，最终其革命性的内涵往往被窒息，马克思正是看到了这一点，对其进行了革命性改造，但保留了其思想的辩证法。《道德经》辩证法与形而上学结合所建构的，主要是思想的形上辩证法，即"德"辩证法，"道"的辩证法，但更重要的是"德"—"道"关系的辩证法。"道"化生万物的辩证过程是："道生一，一生二，二生三，三生万物。"（第四十二章）"德不德"、"道无名"的辩证法是："大方无隅，大器晚成，大音希声，大象无形，道隐无名。"（第四十一章）《道德经》在形而上的层面谈论辩证法，又用其解释和解读形而下的生活，使道德辩证法具有形而上的基础，哲学辩证法具有道德辩证法的现实性，开创了哲学辩证法与道德辩证法结合的传统，"道"与"德"的合一，哲学形而上学与道德形而上学的合一，就是在辩证法的推动下完成的。

综上可知，《道德经》开辟了形而上学的中国形态，这就是"德"—"道"的形而上学类型。"德"—"道"合一、辩证法与形而上学合一的价值真谛是"尊道贵德"，哲学本质是天人合一，所谓"道不远人"。在这个意义上，也可以将"德"—"道"的形而上学表述为天人合一的形而上学。"尊道贵德"，"尊道"只是悬设，"贵德"才是内核所在；表象是"德"合"于"道，人合于天，而真谛却是"道"基于"德"，天明于人。这种由人及天、由人道推天道的传统虽然在日后的发展中几经流变，但事实上万变不离其宗。在先秦，由人及天的天人合一的形而上学是主流形态；两汉以后，天人之间的形上沟通透过诸如天人感应的蒙昧主义与神秘主义建构，是形而上学传统的异化；到宋明理学，"天理"概念的提出，标志着"德"与"道"、哲学形而上学与道德形而上学合一、辩证法与形而上学合流的形而上学的中国形态的完成，也标志着形而上学的中国传统形态的终结。"天理"之中，"天"是哲学的形而上学，"理"是道德的形而上学，"天"与"理"两种形而上学合流的内在推动是辩证法。宋明理学建立了完整的形而上学体系，但它同样是哲学形而上学与道德形而上学的合一：既在道德形而上学的推动下完成，又以道德形而上学为核心。在这个意义上，宋明理学的体系不仅是儒道佛的辩证综合，而且是《道德经》所开辟的形而上学传统的复归与完成。

三 "'德'—'道'"理型因何成为
形而上学的中国形态？

在"形而上学死了"的现代，有待追问的是，《道德经》为何需要建构"'德'—'道'"的形而上学？道德形而上学为何与哲学形而上学一体，而不像西方传统那样将二者分离？在文明发展中，"'德'—'道'"理型为何未产生西方式的形而上学恐怖或形而上学暴力？

什么是哲学形而上学？"所谓哲学的'形而上学'，就是寻求'最高原因的基本原理'的'同一性哲学'。"[①] 形而上学的哲学本质是追求同一性，包括世界的同一性，理性的同一性，行为的同一性，等等，追求建构和达到同一性的"最高原因"及其"基本原理"。为什么需要形而上学？孙正聿先生认为，形而上学有两个基本目的，即"普遍理性"和"伦理总体性"[②]。应该说，"普遍理性"和"伦理总体性"是两个很具解释力和表达力的概念。事实上，它们不仅是形而上学追求的目标，也是形而上学的两种基本存在形态，二者一体相通，"普遍理性"是"伦理总体性"的前提，"伦理总体性"是"普遍理性"的客观化。

黑格尔哲学就是"普遍理性"和"伦理总体性"的体系。在《精神现象学》中，"普遍理性"就是所谓"精神"，而"伦理总体性"则有实体和主体两种形态。在伦理世界中"伦理总体性"表现为家庭、民族等伦理性的实体或伦理实体；在道德世界中，它显现为道德性的主体。在人的行为中，"伦理总体性"的表现是："伦理行为的内容必须是实体性的，换句话说，必须是整个的和普遍的；因而伦理行为所关涉的只能是整个的个体，或者说，只能是其本身是普遍物的那种个体。"[③]

[①] 孙正聿：《辩证法：黑格尔、马克思与后形而上学》，《中国社会科学》2008 年第 3 期，第 31 页。本文中辩证法与形而上学"合流"的提法，也出自此文。

[②] 参见孙正聿《辩证法：黑格尔、马克思与后形而上学》，《中国社会科学》2008 年第 3 期。

[③] [德]黑格尔：《精神现象学》下卷，贺麟、王玖兴译，商务印书馆 1996 年版，第 9 页。

在黑格尔体系中,"伦理总体性"的实体和"普遍理性"的精神本性是相通的。"实体就是还没有意识到其自身的那种自在而又自为地存在着的精神本质。至于既认识到自己即是一个现实的意识同时又将其自身呈现于自己之前(意识到了其自身)的那种自在而又自为地存在着的本质,就是精神。"① 在这个意义上,黑格尔的精神现象学也是哲学形而上学和道德形而上学一体的形而上学体系,两者之间的相通透过辩证法与形而上学的"合流"(孙正聿语)实现。在他的体系尤其是《精神现象学》体系中,他先预设了作为绝对存在的"精神",意识、自我意识、理性、精神、宗教、哲学等都是"精神"辩证运动的环节,其中意识、自我意识、理性是潜在形态;到客观精神即伦理道德阶段,"伦理总体性"建构;但只有到哲学的"普遍理性"中,才得以绝对地实现和完成。"普遍理性"高于"伦理总体性",这是黑格尔形而上学的基本特征。

康德的形而上学似乎走了另一条路,这就是认识论与形而上学的结合,而不是像黑格尔那样辩证法与形而上学合流。康德认为,世界的规律既是自然的规律,又是自由的规律;因而哲学应当有两种,即自然哲学与道德哲学。"这样就产生了双重的形而上学的观念——自然形而上学和道德形而上学。"②康德认为,实践哲学必须预先假定和需要一种道德的形而上学,以为人的行为的合法性和道德准则提供"先天原理"。所以康德的三部主要的伦理学著作中便有两部以道德形而上学命名,即《道德形而上学》,《道德形而上学原理》。康德将他的道德形而上学置于认识论的庞大体系中,又将关于道德准则的形而上学预设即道德形而上学作为实践哲学的第一原理,著名的三批判就体现了他的认识论形而上学体系的特征。

康德、黑格尔的形而上学与古希腊的形而上学传统存在根源性关联。古希腊形而上学传统的特点是寻找宇宙的"第一原理",即"始

---

① [德]黑格尔:《精神现象学》下卷,贺麟、王玖兴译,商务印书馆1996年版,第2页。
② 康德:《道德形而上学原理》,转引自《康德文集》,改革出版社1997年版,第54页。此书将该著译为《道德形而上学的基本原则》,但通行翻译是《道德形而上学原理》,这里通行译名。

基",关于人及其行为是"第一原理"的逻辑结果。所以古希腊的自然哲学远远早于道德哲学,至苏格拉底古希腊才发生以向人的转向为标志的重大哲学革命,而到亚里士多德,真正意义上的道德哲学才得以建构,但亚里士多德的《尼各马可伦理学》还不能算是严格意义上的道德形而上学,其地位更像孔子的《论语》。老子的《道德经》显然是另一个谱系。如果用康德式的思维表达,《道德经》事实上试图建构了三种形而上学:"德"的形而上学,所谓"伦理总体性";"道"的形而上学,所谓"普遍理性";"'德'—'道'"的形而上学,即"伦理总体性"与"普遍理性"的合一。但是准确地说,《道德经》只建构了一种形而上学:"德—道"的形而上学,即由"德"而"道","道"、"德"一体,"普遍理性"与"伦理总体性"合一的形而上学。必须追问的是:《道德经》为何既需要建构"德"的形而上学,又需要建构"道"的形而上学,而且在结构上"德"比"道"具有形而上学的优先地位?

《德经》和《道经》共同特点是:开卷就对"德"和"道"进行概念规定。《德经》的第一句是:"上德不德,是以有德。下德不失其德,是以无德。"(第三十八章)《道经》的第一句是:"道,可道也,非恒道也;名,可名也,非恒名也。无名,万物之始也;有名,万物之母也。"(第一章)显然,两个开卷语从句式到意境都高度一致。同样一致的是,这两句之后,分别揭示"德"与"道"的两种存在形态,即本然形态和世俗形态。"道之实"的"上德"和"道之华"的下德;"无欲"和"有欲"的两种观"道"镜像。应该说,这是《道德经》中关于"德"和"道"及其相互关系的具有纲领意义的两章。

细心考察便可发现,《道德经》有严密的逻辑体系,不像一般所谓的语录。《德经》由三部分构成。第三十八至四十二章是第一部分,第四十三至五十一章是第二部分,第五十二至八十一章是第三部分。《道德经》第三十八章是《德经》的总纲,开卷即澄明"德"有两种形态或两种境界:"上德"与"下德",前者是"道"之厚和"道"之实,而后者则是"道"之薄和"道"之华。"不德"才是"德"的真本性,仁、义、礼诸德都是"道之华而愚之始"。第三十九至四十二章对其进行展开。第三十九章揭示"德"的本质,即"得一"。"道"是"一",

"德"是"道"的存在形态，同样是"一"，现象世界"得道"是得"道"的全体，而不是部分，因而"德"的真谛是"得一"。"天得一以清，地得一以宁。"（第三十九章）第四十章揭示"道"化育万物、"无中生有"的两大规律："道之动"的"反"与"道之用"的"弱"。"反也者，道之动也。弱也者，道之用也。天下之物生于有，有生于无。"第四十一章揭示由"闻道"而成"德"的真境界："上德若谷……大器免成……夫唯道，善始且善成。""不德"就是"道"的"善始善成"。第四十二章揭示"道"化生万物的规律："道生一，一生二，二生三，三生万物。"第四十三章至第五十一章哲学地阐释"反"与"弱"的"德"—"道"辩证法，至第五十一章得出结论"尊道贵德"："道生之，德畜之，物形之而器成之，是以万物莫不尊道而贵德。""道"与"德"同一，是"生而不有，为而不恃，长而不宰"的"玄德"。第五十二章至最后，是修德或用生用世的"德"—"道"经。第五十二至五十六章可视为用生的"德经"，重要立论是："含德之厚，比于赤子。"（第五十五章）第五十七到八十一章阐述用世即国家治理的"德经"，最后归结为"小国寡民"的伦理政治理想（第八十章）和"利而不害"、"为而不争"的天人之道（第八十一章）。

《道经》有一个特点非常强烈，那就是"由天道说人道"。几乎每一章的风格都是由道的本性推出圣人的本性。用宋明理学的话语，如果说"道"是太极，圣人是"人极"，那么，《道经》的基本立意便是"由太极而人极"，而最深刻的主题不是"立太极"，而是"立人极"。《道经》与《德经》的结构非常一致。第一章至第六章是第一部分，第七章至第十七章是第二部分，第十八章至最后是第三部分。第一章是总纲，从两个方面总述"道"的形上本性。一是"可道非恒道"、"可名非恒名"的辩证的概念本性；二是"道"的两种现象形态，即作为"万物之始"的"无名"形态和作为"万物之母"的"有名"形态。"无名"即"无欲"或"无为"的形态，是本真状态，此时现其"妙"，亦可观其妙；"有名"即"有欲"或"有为"的形态，此时"观其所激"，即"道"化生世间万物的过程。"有名"与"无名"、"有欲"与"无欲"，是"道"的两种存在形态。第一章的这一言说结构对理解《道经》有重要意义，因为其后各章几乎全沿着这个结构展开。第二、三章分别阐述"道"的"有名"与"无名"、"有欲"与"无欲"的哲学辩证法，第四、五章揭示"道"的"同"与"玄"的本性，第六章引出"道"为"天地之根"的结论。第七至十七章揭示"道"的辩证法，由"道"的"太极"的辩证法，引出"圣"的"人极"的"道"的大智慧，无欲、无为、不争等。第十八至三十七章，阐述在"大道废"，即"道"的本真状态异化的背景下，如何修道救世，回归于道，第三十七章以"道恒无名"、"镇之以无名之朴"结束并与第一章相呼应。

从以上结构分析可以看出，"道"与"德"都是一个同时兼具"普遍理性"和"伦理总体性"的形上概念，"'德'—'道'"理型或"'德'—'道'经"体现和表达的是"尊道贵德"的价值诉求和形上冲动，它再次说明，"德"—"道"的形而上学，是哲学形而上学与道德形而上学的辩证同一体。当然，抽象地说，"德"的形而上学更偏向于"伦理总体性"的诉求，"道"的形而上学偏重于"普遍理性"的冲动，但无论如何，"尊道贵德"贯穿于整个《道德经》的主题，因而"普遍理性"与"伦理总体性"是形而上学的冲动的原动力。

在《道德经》中，事实上存在三个世界："道"的世界，这是本体世界；"德"的世界，这是价值世界；"物"与"器"的世界，这是现象世界。"道"是本体世界同一性的概念，是价值世界的根源；"德"是价值世界同一性的概念，是现象世界的合理性与合法性基础；而"物"与"器"则是现象世界的多样性概念，是"道"与"德"的外化及其现实性。三个世界或"道"—"德"—"物"、"器"之间的关系是："道生之，德畜之，物形之而器成之，是以万物莫不尊道而贵德。"（第五十一章）"尊道贵德"是出于对"物"、"器"的多样性现象世界的同一性追究。《道德经》的核心概念，并不像一般所理解的那样，只是一个"道"，更重要的还有一个"德"。甚至可以说，"德"不仅是《道德经》的形而上学区别于西方形而上学的概念，而且是《道德经》中更具有现实性的形而上学概念，甚至可以说，"尊道"只是一种本体的"悬设"或"悬置"，而"贵德"才是其着力点之所在。由此便可能解释，《道德经》中不仅"德经"在"道经"之先，而且"德经"的篇幅也大于"道经"。"推天道以明人事"，"道"是理性的同一性，"德"是伦理的同一性，"推天道"的动力是出于"明人事"的现实关切和现实追究。由于"物、器"即现象世界的偶然性与多样性，因而需要对作为其同一性的"德"的追究；而由于"德"有"上德"与"下德"的辩证，因而产生对本体世界"道"的同一性的诉求。《道德经》之所以产生形而上学的激情和冲动，其动力之源不是像从泰勒士到柏拉图等古希腊哲学家那样，出于对本体世界的偏好，而是源于寻找世界同一性、行为合理性的渴求。正因如此，"德经"与"道经"才有基本相同的三维结构或言说路径："德"、"道"的本性——"德"、"道"的辩证法——在用生用世尤其是国家治理中如何"尊道"，如何"贵德"。可以说，《道德经》之所以建构一种中国式的形而上学，这种形而上学之所以在日后的中国哲学发展包括中国道德哲学发展，以及中国人精神世界的建构中具有源头意义的地位，根本上是因为中国哲学和中国人的生活需要这种形而上学。

也许，这一理论假设从中国哲学尤其是中国道德哲学的历史发展中可以更为清晰地发现。孔子的体系，主导方面是以德说德，它悬置了一个"天"和"天道"概念，又对其敬而不论，以致子贡感叹"夫子之言性与天道，不可得而闻也"（《论语·公冶长》）。孟子建立了一个"尽性、知天、知命"的体系，但其重心对心与性的终极性追究，仍未建一个哲学甚至道德的形而上学。至《中庸》提出"尽己之性—尽人之性—尽万物之性—与天地参"的模式，标志着古典儒家由人及天、由人道及天道的天人合一的哲学模式和精神模式的建立。两汉以后，自董仲舒"天人感应"论的提出，凸显形而上的"天"对于"人"的绝对意义，但同时也标志着"天人合一"模式的异化，必然导致"天"的形而上学恐怖，进而失去其合理性。魏晋隋唐以后，无论是中国哲学、中国伦理还是中国人的精神，事实陷入一种危机之中，韩愈、李翱开始的儒学复兴运动，虽从道统说与复性论两方面作出了重要贡献，但人们终是对儒学难得其要领。直至二程"天理"概念的提出，才标志着新儒学的真正形成。"新儒学"最重要的"新"或创新，在于吸收了道家的本体论智慧，将彼岸世界"天"的本体，与此岸世界"理"的本体结合为体，从而建构了中国哲学、中国伦理的本体论，在相当意义上宣告了中国传统哲学、中国传统道德哲学的终结与完成。"天"与

"理"合一而成的"天理"概念,是天人合一的哲学形而上学和道德形而上学建立的标志,其中最重要的学术助力和学术资源就是《道德经》。仔细考察便会发现,"天"与"理"的形而上学,与"道"与"德"的形而上学具有哲学的内在一致性,最大的区别在于话语系统,"天理"概念是儒家哲学的话语及其在复兴运动中的时代表达。"天理"本体的切入点和着力点在于"理",就像"道德"本体的切入点和着力点在于"德"一样。宋明理学的历史合理性表明,中国哲学、中国伦理的发展不仅需要形而上学,而且需要"德—道"的形而上学。

如果以现代西方哲学为参照,那么,有待澄明的另一问题是,《道德经》是否必然导致西方式的形而上学恐怖或形而上学暴力?如果从宋明理学"存天理,灭人欲"的口号,以及它对中国封建社会变革的阻滞力考察,它确实导致了形而上学的恐怖与暴力。但是,这种恐怖和暴力并不是《道德经》所固有的,因为《道德经》的形而上学已经经过"大理"的颠覆性改造。在《道德经》中,无论"道"、"德",还是"尊道贵德",其真谛都是自然无为。"道"的本性是"无",不仅无为,而且无名;"德"的本性是"不德","上德无为";"道之尊也,德之贵也,夫莫之爵而恒自然也"(第五十一章)。虽然"道"为万物之始,万物之母;虽然对现象世界及其多样性来说,"道生之,德畜之",但"道"与"德"的真谛却是"生而不有,为而不恃,长而不宰"(第五十一章)。"道"与"德"、"德"—"道"关系的本质,不仅是自然,而且是自由。"人法地,地法天,天法道,道法自然"(第二十五章)。"道"的本性是自然;"生而不有,长而不宰"的"玄德",对万物来说是自由。这种自然自由的形而上学,当然不会产生形而上学的暴力与恐怖,因为包括暴力与恐怖在内的任何有为都与它的本性相悖。在《道德经》中,"道"与"德"的形而上学,与其说是"物"与"器"的现象世界多样性的本体同一性与价值同一性的根源,不如说是对多样性的现象世界同一性的解释和追究。因此,如果将《道德经》作为中国哲学和中国道德哲学形而上学传统的根源,那么,宣布"形而上学死了",或产生形而上学恐怖,不仅没有必要,而且是唐·吉诃德式的"与风车搏斗"。

四 哲学形而上学与道德形而上学的生态同一

《道德经》的另一重要资源意义在于：不同学科，具体地说，哲学与伦理学、哲学形而上学与道德形而上学之间的概念移植与学术对话。

显然，《道德经》产生于那个学科未分化的文明时代，但这并不意味着它所开辟的传统对解决现代文明的难题没有启发意义。现代文明与现代学术的重要难题，一方面是学科高度分化而造成的碎片化与学术壁垒；另一方面是学科对话及其理论与概念移植中所导致的意义和价值的异化。哲学与伦理学、哲学形而上学与道德形而上学的关系就是如此。严格说来，当今的中国传统，既稀缺哲学形而上学，也稀缺道德形而上学。更令人担忧的是，在西方"形而上学死了"诅咒的影响下，我们会将这种稀缺视为必然甚至"进步"。事实是，西方在"形而上学猖獗"或"形而上学恐怖"的背景下宣布准确地说诅咒"形而上学死了"，而对我们这个缺乏形而上学建构的学术体系来说，形而上学的缺场，不仅会造成哲学与伦理学的理论残缺，而且会导致人的精神的残缺，终极根据与信念信仰的缺乏就是表征之一。在中国学术体系中，伦理学属于哲学，因而方法论方面必须解决的难题是：伦理学如何"是哲学"？如何"有哲学"？哲学形而上学与道德形而上学如何生态同一？在哲学与伦理学的学科对话中如何合理地进行概念与理论的移植？《道德经》的"'德'—'道'"形而上学可以提供一种哲学形而上学与道德形而上学生态关联的原初模式或中国传统，它不仅可以诠释中国形而上学的伦理性质，而且更可以为现代西方哲学的伦理学转向提供某种跨文化的参照和历史传统的支持。

《道德经》的形而上学真谛，不是将道德形而上学提升到哲学形而上学，也不是将哲学形而上学落实为道德形而上学，而是"道"与"德"本身就兼具道德形而上学和哲学形而上学，是二者同一的概念。因此，理解《道德经》中哲学与伦理学、哲学形而上学与道德形而上学关系的关键，是"德—道"如何变为"道德"，其中"德"的理解和诠释至为重要。因为，"德"是哲学形而上学通向道德形而上学的枢纽，不理解"德"不仅不理解《道德经》，而且不理解中国形而上学。

"'德'—'道'"的形上理路，哲学形而上学与道德形而上学的生态关联，在《道德经》中从两个维度得到阐释。一是"道生之，德畜之"的"尊道贵德"的价值取向；二是"失道而后德，失德而后仁，失仁而后义，失义而后礼"的道德现象学。关于"道"与"德"的关系，第二十一章言："孔德之容，唯道是从。"第二十三章言："同于德者，道亦德之；同于失者，道亦失之。""道"与"德"，只是普遍物或同一性的两种存在形态，"道"是本体形态或自在形态，"德"是价值形态或自为形态，两者之间具有根本的一致性或同一性。"德"在本性上唯道是从，但与"道"又有不同的功能。"道"生万物，所谓自强不息；"德"畜万物，所谓厚德载物。然而，无论是"道"还是"德"，其核心都是人之"道"或"道"内在于人而形成的人的普遍性即德性本体。正由于人和人事的这种核心地位，所以"德经"的开卷在"上德不德"的哲学形而上学规定之后，便以道德形而上学诠释道德，这种诠释构成它的道德的精神现象学。"故失道而后德，失德而后仁，失仁而后义，失义而后礼。夫礼者，忠信之薄而乱之首也。"（第三十八章）"大道废，焉有仁义。智慧出，焉有大伪。六亲不和，焉有孝慈。国家昏乱，焉有贞臣。"将"礼"当作不道德的根源无疑有倒因为果之嫌，但它对"道—德—仁—义—礼"发展异化过程的描述，与黑格尔的精神现象学哲学地相通。"道"与"德"相应于黑格尔的伦理世界，在精神发展的这一阶段，个体与实体自在地同一；而"仁—义—礼"则是伦理世界经过教化世界的异化，或者说为拯救教化世界中个体与实体的精神分裂而建构的道德世界。伦理世界是精神的自然状态或本体状态，其本性是自然无为；一旦有为，精神便异化了，分裂为个体与实体两极对立的教化世界；最后通过"仁—义—礼"的道德世界，重建伦理秩序，但它已经是有为，是"德"之华而不是"德"之实。与黑格尔不同的是，在《道德经》中，"道"与"德"的本体状态不仅是伦理世界，而且是世界本身，人得道或失道，便产生生活世界的现实性与偶然性，"德"不仅是由本体世界向现象世界转换的枢纽，而且是由哲学形而上学向道德形而上学过渡的桥梁。

《道德经》中哲学形而上学与道德形而上学的这种可名又不可名的

关系，在宋明理学中被表述为"理一分殊"。"道"是"理一"，是绝对和自然；它透过"德"则产生"分殊"，即包括道德在内的多样性的现象世界，"道"在多样性现象世界的显现就是"德"。"理一"和"分殊"的关系即"月映万川"，"一月摄一切水月，一切水月一月摄"，"摄"就是"生而不有，长而不宰"的"玄德"。其中，"德"与"道"的关系是全息性的"映"，是"道"的此岸性和现实性。对现实伦理关系与道德生活来说，"德"展现为多样性的道德规范，"德"的"普遍理性"与"伦理总体性"要求在诸德之中找到一种"全德"。于是，朱熹接过张载"理一分殊"的传统，但又向前推进，将它落实为"仁包五常"、"兼统四者"。在仁义礼智信的五常中，仁之德既是一种德，又是一切德；作为一种德，它是分殊的道德规范；作为一切德，它是五常之"理一"。由此，哲学形而上学便在道德形而上学中得到贯彻落实。

作为"轴心时代"的作品，《道德经》中哲学形而上学与道德形而上学、哲学与伦理学的关系，表现为无过渡、无中介、无移植的生态同一。这种同一，是"道"和"德"的同一、"普遍理性"与"伦理总体性"的同一，其根本哲学意向，是天与人的同一。第二十五章言"四大"："道大，天大，地大，王亦大。域中有四大，而王者居其一焉。人法地，地法天，天法道，道法自然。"道、天、地，最后都落实为人，四者通过所谓"法"一体相通。所以，《道德经》论述的重心，往往是所谓"王者"，准确地说是王者的"德"，王者因为得"道"而为王。哲学形而上学与道德形而上学的同一，在《道德经》的结构中得到充分体现。在宏观结构中，如上所述，无论是《德经》还是《道经》，都有三大结构，第一部分提出和规定"德"与"道"的理念和概念，第二部分阐述"德"与"道"的辩证法，第三部分，也是篇幅最大的部分，论述王者的"德"和王者的"道"，呈现为"德—道—人（王）"统一的结构；在宏观结构中，大量的篇章都是先论"德"与"道"，提出"德"与"道"的"普遍理性"或"伦理总体性"，然后依此直接论人或王者的"德"或"道"。如第七章先阐述"天长地久。天地所以能长且久者，以其不自生，故能长生"的"普遍理性"或所谓"道"，紧接着便演绎出"是以圣人后其身而身先，外其身而身存。

非以其无私邪，故以'成其私'"的"伦理总体性"或所谓"德"。第二十二章从"曲则全，枉则直；洼则盈，敝则新；少则得，多则惑"的"普遍理性"，直接推出"是以圣人抱一为天下式。不自见，故明；不自是，故彰；不自伐，故有功；不自矜，故能长。夫唯不争，故天下莫能与之争"的"伦理总体性"。这些都明显地表现出"道"与"德"直接同一，哲学形而上学与道德形而上学直接过渡，"普遍理性"与"伦理总体性"生态合一的哲学特性。

总之，《道德经》的形而上学是"德"—"道"一体的形而上学。它不是道德形而上学，但以道德形而上学为核心并直接通向道德形而上学。它是哲学形而上学与道德形而上学合一的中国传统的最早的自觉表达，因而成为中国伦理型形而上学的源头性资源，对解决现代文明的形而上学难题具有重要的资源意义。

大道的失废

范志军[*]

(东南大学 人文学院)

摘要 《道德经》里讲,当仁义礼智出现的时候,大道就废了,当人们讲求仁义礼智的时候,大道就被人们丢弃了。然而大道何以废,何以失?何为大道?大道本身是不是就蕴含了其失废的可能,大道的发生和运行过程是不是就埋下了它之死的种子?本文试图深入《道德经》的文字里面,从大道之无—有的二重结构和机能入手,通过分析大道发生和运行的机理回答上述问题。

关键词 大道的失废;一无一有之谓道;道德—自然状态

一 大道废了

迄今人们对老子《道德经》的研究大多集中在对道、德、自然等几个核心概念的内涵与意义的阐发上,现代新儒家像金岳霖和熊十力直接把道拿过去,加以新的发挥,以致隐藏在文本中的一些问题被耽搁,未被深思。这些问题就是,我们在什么情况下才能谈论大道,今天我们讨论道还有无意义,无论作为最高本体、本源,还是原理、规律,大道

---

[*] 范志军,河南潢川人,哲学博士,东南大学人文学院副教授,博士后,研究方向:西方道德哲学。

在现代条件下是否还在发生和运行，天下有道还是无道等。只有搞清楚了这些问题，并带着这些问题进入《道德经》的文本，对它的解释才是有力的，才能激活古老的文字，让其开口"道说"，我们方能领受教诲，在现代"道可道"。

我们怎么样读《道德经》？从第一章"道可道"开始，一章一章地往下读，抑或相反，倒着读，先从德经读起，然后回头读道经。这只是其中两种读法而已。我们不妨选择性地来读，先从中间读，从那些和道、德相对立，道、德成为问题的篇章开始读，然后带着它本身所隐含着的问题回头仔细反复来解读《道德经》。

先让我们反复仔细阅读《道德经》第十八、十九、二十三和三十八章，看看大道在发生运行过程中到底发生了什么问题：

大道废有仁义；智慧出有大伪；六亲不和有孝慈；国家昏乱有忠臣。（第十八章）

上德不德，是以有德；下德不失德，是以无德。上德无为而无以为；下德无为而有以为。上仁为之而无以为；上义为之而有以为。上礼为之而莫之应，则攘臂而扔之。故失道而后德，失德而后仁，失仁而后义，失义而后礼。夫礼者，忠信之薄，而乱之首。前识者，道之华，而愚之始。是以大丈夫处其厚，不居其薄；处其实，不居其华。故去彼取此。（第三十八章）

希言自然。故飘风不终朝，骤雨不终日。孰为此者？天地。天地尚不能久，而况于人乎？故从事于道者，同于道。德者同于德。失者同于失。同于道者道亦乐得之；同于德者，德亦乐得之；同于失者，失亦乐得之。信不足焉，有不信焉。（第二十三章）

绝圣弃智，民利百倍；绝仁弃义，民复孝慈；绝巧弃利，盗贼无有；此三者以为文，不足。故令有所属，见素抱朴，少私寡欲，绝学无忧。（第十九章）

从这四章中，我们可以读出这样几层意思：其一，大道并非总是在运行着，它可能会"废掉"，也不是我们总能获得的，我们有可能失去它。大道不是无条件地在天下发生和运行，我们也不是总可以得道而有德；大道会"死"（正如尼采在现代宣称"上帝死了"一样），也会隐遁，远去，不可得。因此天下有有道的时候，也有无道的时候，人有有德之时，也有求德而不能之时。所谓"从事于道者，同于道。德者同于德。失者同于失"。

其二，什么情况下大道被废黜，人们失去它？当仁义兴，智慧出，有孝慈和忠臣的时候，大道就死了，仁义智慧和道是背离的，此消彼长的。当天下仁义智慧通行的时候，则天下无道。这或者是因为出现了仁义智慧，所以大道就废了，或者是因为大道废了，仁义智慧才通行天下。而从第三十八章来看，应该是后者。道作为形而上的存在，落到形而下层面的时候，自然地在递减，不断在减损："失道而后德，失德而后仁，失仁而后义，失义而后礼。"因为大道在为人们所得的过程中，不是增益的，而是不停地损失，因此道有所损之后才有了德，德有所损之后才有了仁，以至逐步减损到礼。大道减损到仁义礼智的时候，也就彻底失去了，再不可得了。德实际上得的已经不是完整的大道，而是有所损的道，真正全道而得的，只有"上德"，即"无德之德"。

其三，引申开来，在天下无处不在谈论仁义礼智，孔子到处呼唤人们行仁义礼智的时候，从《道德经》的视角来看，恰恰证明了这时天下已经无道很久了，大道既不运行于天下，天下人也得不到大道，而儒家之极力推行仁义礼智，是在大道废了，天下无道之际，不得已采取的"平天下"之略。《道德经》本质上没有否定儒家思想，相反证明了儒家思想的合宜性。后来仁义礼智法遍行天下，正是大势所趋。但这样一来，从《道德经》来看，中华之历史不就是蜕化的历史，历史之展开不就是因为天下无道吗？整个几千年的历史不过是无道，大道隐遁，人离开道的历史。

其四，由此应当引起我们深思的问题就是，大道何以废，为什么失？大道死了之后，能否复活，失去之后能否失而复得，大道远去之后能否复返？事实上当时老子已经面临、面对这个问题。当他谈到仁义智慧兴出的时候，他就处在大道废，天下无道的世代；如果大道行，天下有道，他就会浑然不知大道的运行和存在，正是大道已废，得道而不能才使得大道的行与在成为问题，大道方才显现出来。面对天下已无道的实情，老子想到了如何才能恢复天下之有道，天下人何以复得道而有德。但是老子并没有深思大道何以废和失的深层原因,《道德经》只是提出了一条复返大道的道路,展示了大道发生和运行的本然状态。他也没有告诉我们大道之废失是因为大道自身运行的结果,还是因为人自身偏离大道,背离大道的产物,还是两者都是。只有搞清楚何种原因导致大道失废,我们才能思考大道之复兴如何可能。

其五,老子提供的恢复大道的路子是消极的,不是往前而是向后退却,是减损而不是增益。"绝圣弃智,民利百倍;绝仁弃义,民复孝慈;绝巧弃利,盗贼无有;此三者以为文,不足。故令有所属,见素抱朴,少私寡欲,绝学无忧。"大道因仁义礼智而废,因人多私贪欲而失,因此复兴大道就是断绝仁义,抛弃礼智,"少私寡欲"。问题是,人还能不能、愿不愿退回到大道发生时的原初状态。事实上那是不可能的,人们也很少愿意回到原初的过去,而即使复归于大道运行的状态,也应该是在更高的层面上回归。关于这一点,《道德经》提供给我们的思想是稀少的,因此对于我们来说,必须独立地思考在现代恢复大道,得道而为德的可能性。

让我们回到当下我们自己所处的位置。上述《道德经》第四章意味着我们应该倒着去读它,从大道已废的现实历史境遇出发去理解《道德经》在精神上的努力。根本上说,《道德经》是逆时而上的;首先是面对天下已无道的事实,然后才知大道已去,才能逆势而看大道运行和发生的情形。返归自身,我们自己必须承认,我们生活在天下无道的状态,大道毋庸置疑不为我们所得,因为在当下,不仅儒家之仁义礼智被废,更何谈大道、上德的兴替?然而使得大道、上德失废的仁义礼智不是被"绝弃"了吗?这是不是也提供了一个契机,为我们迎接进入大道降临,显现,重返大道、上德发生运行之自然状态铺好了道路呢?而我们今天是像老子那样,逆流而上回到大道发生运行的自然状态,还是上行、前行去接应大道的再次来临,只有搞清楚了《道德经》首次为我们道出的天下有道的原初自然状态是个什么样,我们才能回答这个问题。

二 道的二重性与大道之废

大道的失废一方面可以从其本身的理路和结构中寻找原因,另一方面也可以从大道的运行状态即自然状态的内在机理中去探明缘由。

什么是道？大道是如何发生的？大道在发生时是如何显示自身的，我们可以直观到它吗？这是我们必须思考的问题。

《道德经》对道的言说，往往"正言若反"，用一组对立的语词，甚至用一些否定的词语来呈现道的真义。何以如此，对道的言说为什么不能用日常的语言，必须笨拙地用辩证的语言呢？不是不行，也不是不愿，而是不能。对道的言说只能用看似悖论、两极对反的语言，因为大道明显具有两极对反的二重性质，当我们就其二重性来解说道是什么，大道的发生和运行的时候，只能"正言若反"地言说。

《道德经》第一章就直呈道的非一重性及其两极合一的二重性：

道可道，非常道。名可名，非常名。无名天地之始；有名万物之母。故常无，欲以观其妙；常有，欲以观其徼。此两者，同出而异名，同谓之玄。玄之又玄，众妙之门。（第一章）

"道可道，非常道。名可名，非常名。"常道是不可用日常语言也不能用逻辑语言言说的，日常语言或逻辑语言对常道的言说是不充分的，用日常语言或逻辑语言去称呼大道实乃并非所指，张冠李戴。这源于日常语言或逻辑语言只能言说单一性，一重性的事物，有确切属性，有限的东西，我们的语言足以"道可道"，"名可名"。道为什么不可道，不可名，是因为它是二重性、两极性的存在，其性质只能用两极化的对反语言，自我否定的陈述加以显示，它不是那种有限的，也非单纯无限的东西，乃是既存在又不存在，既有限又无限的东西，是有限的无限，无限的有限，存在的非存在，非存在的存在，是生成的整体。"存在者存在，非存在者不存在"，希腊哲人巴门尼德的这种逻辑思维和语言不适用对道的思维和表述，这种陈述式只适合道说，命名单一性、一重性的东西。而道是"玄之又玄"，需要在是其不是，不是其是的非逻辑化语言中才能明白其意蕴的。

"无名天地之始；有名万物之母。故常无，欲以观其妙；常有，欲以观其徼。此两者，同出而异名，同谓之玄。"道是什么？道既是无也是有，既是非存在也是存在，既具有无性也具有有性，它是"常无"

和"常有"的合体,即无—有或有—无,或者道即无有、有无。无、有系"同出",从道中分出,但它们本质上是同一个东西,而不可思议的玄妙之处正在于无和有,两种完全对立矛盾的东西共属一体,有无一体之道完全是个自我否定、自我消解、自生自灭的东西。必须超越知性思维逻辑才能领悟,无呈现的是道的不可穷尽的奥妙,有显示的是道的"徼"、限度,大道的妙和徼,无穷和限度在其无有,有无中自我显现。

道虽然是无有,有无,但也是"一",整体,它不是分为两半,而是一体,全体,无和有乃是其一体之两面。道一分为二,既是无也是有,但这种分是逻辑上的,或结构上的分而不是生成论上的分;就其内在理路脉络,基本结构来看,道是无—有,有—无,只要道现出来,它就是同时现出无—有,所谓"同出"也,不是先无而后有,不是历时性的,而是共在性,不是时间性的而是结构性、构成性的,无—有即道之二重结构上的因子,道之出现也就是无—有的出场。

但道的二重结构不是静态的,一边无一边有,而是动态的,道是在无—有相互牵引下显现出来的。道不是一具空壳,而是充溢的,无所不有的,在无的深渊含藏了万有,"道冲,而用之或不盈。渊兮,似万物之宗;湛兮,似或存。吾不知谁之子,象帝之先"(第四章)。道体为无,但不是空无,而是虚,潜能,里面藏有大天地,它是宗,母,含育不绝子孙、生命。道实乃原始本源,开端,先于一切而在,在它之上乃空无,它自己是自体、自因,自己是自身的根据。一切都藏而未发,待现而出。它什么都不是,又什么都是,"似或存"而已:"视之不见,名曰夷;听之不闻,名曰希;搏之不得,名曰微。此三者不可致诘,故混而为一。其上不皦,其下不昧。绳绳兮不可名,复归于物。是谓无状之状,无物之象,是谓惚恍。迎之不见其首,随之不见其后。"(第十四章)

在大道实际发生,天地万物产生之前,大道已经在涌动,形成为有和无的混合物,"有物混成,先天地生"。而"道之为物,惟恍惟惚"。道作为浑然一体的鸿蒙之物,似有似无,即有即无,鸿蒙待开而未开,无中生有,有中显无,在有无的激荡渗透下,或者"惚兮恍兮",或者"恍兮惚兮"。一无一有之间,道显象,"其中有象",成物,"其中有物",从无到有,道即将喷涌而出,涌现出来。周易讲"一阴一阳之为道",那还是在生成论、现象生物上说道的二重结构和发生机理,而《道德经》则讲"一无一有之为道",由物性层面之万物阴阳二重性上升到原始本体,本源道性层面之道有无二重性,说出在天地万物产生之前,道就以其无—有之二重结构、二重因子的相反相成而自我发动运转起来,成为自转的圆轮,从无到有,从有到无,永恒回返和循环:"寂兮寥兮,独立而不改,周行而不殆,可以为天地母。吾不知其名,强字之曰道,强为之名曰大。大曰逝,逝曰远,远曰反。"(第二十五章)

大道作为"独立而不改,周行而不殆"的永恒自转的圆环,进一步我们可以引申出,大道就是原始的力能,原初的生命,无名质朴的冲动:"窈兮冥兮,其中有精;其精甚真,其中有信。"(第二十一章)幽暗中的"精质"实乃最原始的生命,在一无一有中孕育的生命才从中诞生了天地万物,大道才成为生养天地万物的生"母"。《道德经》使用了很多女性特征的词语,如母,玄牝,阴、雌等表白道乃至万物自然主义的原初生命迹象。然而在《道德经》里面,母,玄牝与阴、雌又是有区别的,前两者是道说命名大道的,后两者是言说天地万物的;道作为母,玄牝,是最原始的生命,是自性、无—有同体的,在它之外没有另外一个父、玄牡与之相对,而是在其内,母含有父,玄牝含有玄牡,因此大道是自生自长,自我生育的,它"独立而不改,周行而不殆",自我化育,自我运行,无求于外,与一个他物求和,像万物那样需要阴阳和合,自然生命那样需要雌雄相配、男女交合。道之为母,玄牝是超然于阴阳、雌雄对立和合之上的,是无—有合体,并且产生了后者。

"人法地,地法天,天法道,道法自然。"(第二十五章)法—道—法—自然。何为法—自然?首先"法道"即是效法道,道起着法一样的功能,因此道就是法,天地人之法,天下万物之法。这一层意思在法家韩非那里被发挥,反倒被后来道家遗忘得干净。同样道理,道—法—自然,即道效法自然,自然起着和法一样的功能,因此自然即法,自然为道立法,而实质上道即自然,自然为道立法,也就是道自我立法。道之无为之为,无为而无不为,乃源于它已经为天地人、天下万物立法,天下大法既立,何尝劳它烦神为之,万物遵法而自行就是了,还需要大道为之吗?道是法,又为天地人立法,但这种立法不是外在的而是内在的，它是把自己作为天下之法立为天地人应遵循的大法，法作为法，实是无法，道乃无法之法，即自然。法作为自然，内在于道自身，万物本性之中，自然即法，法即自然。自然是自己而然，自生自化，而在自己而然，自生自化中，法就在其中了，法不外于自然，自己而然即成法，因此法—自然，自然—法，是一个意思，自然是无为，法是无法，自然无为而无不为，法是无法而无不法，法在道性中、物性中、人性中。所不同者，道性自然，自己而然，是独立而不改，周行而不殆的自转的圆轮，自我生育的本源生命，它自己为自己立法，并为天地人立法，它立的是无法之法，自然之法，道就是天下自然法，而天地人，天下万物，无须刻意为之，只是尽其自然，率性而发，即是行无法之法，自然之法，则"大道氾兮，其可左右"，天下运行，天下有道。

一无一有之为道，无—有，正反、两极的东西混合为一，混成为物。道是动的，在自转，永恒自我回返，"反者道之动"也。道之如水，总是由低到高，"为大于其细"，由幽深到微明，由隐到显，从无到有、有无相混相生把自己显现出来。道在一无一有之际涌现出"象"、"状"，但那是"无状之状，无物之象"，道在似显似隐的"恍惚"中动变流行。《道德经》虽然讲无—有两极混合归于"太极"，但在两极之中，《道德经》突出强调的是其中一极，无—有的二重结构并不是平衡的，其潜能也不是对等的。《道德经》倾向于无这一极，无—有结构里，无是根本的一极，是无先于有，无生有，有被笼罩于无中。"道隐无名。"（第四十一章）道喜欢隐藏自己，深藏不露。"明道若昧，进道若退，夷道若纇。""大音希声，大象无形。"（第四十一章）"大成若缺，其用不弊。大盈若冲，其用不穷。"（第四十五章）这些句子都是用"正言若反"的方式，把对立的两极混合为一，只是在明—昧、进—退、夷—纇、大音—希声、大象—无形、大成—缺、大盈—冲的两极中，消极的否定的那一极占据主动，是积极肯定的那一极的条件，而不是相反。道是以昧为明，明同于昧，以退为进，进同于退，以纇为夷，夷同于纇。即使本来是明道、进道、夷道，却最终以昧道、退道、纇道为前提，后者使前者得以显现出来；肯定的那一面通向否定的那一面，显性的有归于隐性的无。"弱者道之用"，道是柔弱的，总以"弱者"显示其用，越弱越强，越无越有，居于无以达于有，退守无以防有，而有终将复归于无，有是不能长久的，无胜于有，"柔弱胜刚强"。"大成若缺，其用不弊。""大成"无成，因其无成，有缺而成其大成，历久弥新；"大盈若冲，其用不穷"。大盈无盈，因其无盈，空虚而成其大盈，妙用无穷。"大音希声，大象无形。"道乃大音，大象，但是无声之音，无形之象，在无声，无形之中呼唤，现象。

"致虚极，守静笃。"（第十六章）道作为无—有二重性的两极存在，在一无一有之际并没有真正混合为一，归于"太极"，而是偏于无极、"虚极"，在无—有两极结构中无极、"虚极"是主导性因素，主宰了有极，也决定了整个道。无为道根，静为道态，"静为躁君"，道虽然是涌动不息，自转的圆轮，可是就其根本而言，静仍然是道运行、流动之归宿，静为动根，"归根曰静"。道"周行而不殆"，永恒复归，但复归于无，返回于静。

一无一有之为道，道是原始力量，大能，是涌动的原始"精质"、生命，从虚到盈自我显现的原初冲动。"将欲歙之，必故张之；将欲弱之，必故强之；将欲废之，必故兴之；将欲取之，必故与之。是谓微明。"（第三十六章）这里的"道"理在于，无须主动"歙之"，"弱之"，"废之"，"取之"，而是相反，先"张之"，"强之"，"兴之"，"与之"自然就能将其"歙之"，"弱之"，"废之"，"取之"，也就是说道之"张之"，"强之"，"兴之"，"与之"是不会长久的，是短暂流逝的，必将归于"歙之"，"弱之"，"废之"，"取之"，柔弱总将胜刚强，无胜于有，道之作为"精质"和原始生命总归是柔弱的。道之大能的根基是空虚的。

综上所述，我们看到，道的二重性结构是失衡的，无—有的混合为一不是和谐的、均衡的；道的自我运转是趋于柔弱的，偏向两极中的一极，由两极趋向单极，而不是在无—有，虚—盈，缺—成，明—昧，进—退，夷—纇，大音—希声，大象—无形，弱—强，废—兴，歙—张的两极中形成一种富有张力的双向相反相成的和合关系结构和机理。《道德经》对大道的解说是有失偏颇的，它一方面在无—有两极性中言说大道，大道就是无—有混合为一的"周行而不殆"的自转的圆轮，生育万有的原始精质和生命，是从无到有，由虚充盈的自我显现的大能；而另一方面却又在遏制大道的永恒的自我涌现，道之显象成物被埋没在虚静、无根的"恍惚"之中,大道在自我显象成物的同时又在自我消解、自我毁灭,终结于虚无深渊,无为的潜在。正如在沙滩上嬉戏的孩童,刚堆起的沙堆就被海水冲倒,湮灭于无。在显隐之间,大道更喜欢隐藏自己而不是倾力显露自己。由此看来,大道之隐遁无名,两极结构的失衡,动静盈虚的失和与极端化埋下了大道失废的可能性,因为大道脆弱的结构,两极的单极化趋向都使得大道的自我涌现和运行是不稳定的,或者显而不隐,或者隐而不显,而那种显而隐、隐而显的二重双极张力性的和合为一的涌现和运行状态的发生将是十分罕见的。当大道由形而上形态向形而下形态发生,生成了天下万物时,天下有道的状态的脆弱性更使得大道之失废成为必然。

三　自然状态:天下有道与失道

　　道不仅是二重两极构成性的,也是潜在的力能,自我流动生成的,它就是自转的圆轮,涌动的本源生命和原始冲动,能够把自己外化出去,生成天下万物。然而道能够生成是一回事,为何挣脱自我复返的圆环,将自己喷射出去则是另一回事。《道德经》告诉我们大道的外化、脱离内向的自转外向抛洒、客观化自己已经发生,但没有向我们交代大道何以出离自己、外显自己。道是潜藏的大能,外显自己是为了释放过剩的能量?道是原始的冲动,外化自己是为了认识自己?道是本源的生命,外现自己是为了繁衍和实现自己?或者大道之发生乃一种势之必然?抑或道之外化自己仅仅是由于一次偶然的运行失误?具体是哪一种或是哪一种都不是?《道德经》没有言明,但我们可以说,大道的发生乃是一种自我复制。

　　"道生一,一生二,二生三,三生万物。万物负阴而抱阳,冲气以为和。"(第四十二章)大道无一有两极混合而为一,然后分裂自己为二,衍生出阴阳二气,阴阳和合为三,阴阳合体即一再分裂而生成万物。大道的发生是由形而上到形而下,由源到流,由无一有到阴一阳。这个过程是大道的自我复制的过程,它作为原始生命,它的发生就是生命的自我分裂,而每次分裂它都把自己完整地复制出来。大道的发生因此是整体性的，由大道生成的万物无不完整地分有整个道即一。大道是原型，万物是模仿、仿制大道的摹本，大道是母，万物是子。大道具有无—有的二重结构，"万物负阴而抱阳"，万物也具有无—有，阴—阳的二重结构，大道和万物是同构同质的。当然，《道德经》所言大道—万物、原型—摹本、母—子的关系不同于西方哲人柏拉图理念—万物、原型—摹本的关系，前者是生成性、自我复制性的，而后者是机械性的，需要外在第三方建立两者的关联。

大道作为原初的大能，本源的生命，能够复制自己，而随着它的自我复制、生育万物，天下万物无不分有道，道就在万物之内。道不远物、外物。"道泛兮，其可左右。万物恃之以生而不辞，功成而不有。衣养万物而不为主，可名于小；万物归焉而不为主，可名为大。"（第三十四章）万物因道、得道而得以生成、生长和成熟；道所以为小在于"衣养万物"、生育万物而又不支配它们，所以为大在于万物归一而又不为它所控制，大道之于万物如同母子，道之生物不是为了干涉它而是给予它力量，让其自我成长，任其自然，然其然。大道孵育的是一个纯粹自然而然的世界，天下万物不受干预地自在地生长和成熟，道其道。

道生物，物得道而成德，物畜德而成形，顺势而成物："道生之，德畜之，物形之，势成之。是以万物莫不尊道而贵德。道之尊，德之贵，夫莫之命而常自然。"（第五十一章）道和德是一个东西，德即内在、内化的道。万物都是道—德的，道—德是万物得以产生、成长的条件和根据，没有道德的物是空的。但万物之道德是纯粹自然意义上的，并不具后来儒家伦理之含义。物之道—德实乃物之自然天性，道德状态就是纯粹的自然状态。物之尊—贵道—德是因为其得以成为自己，"故道生之，德畜之；长之育之；成之熟之；养之覆之"（第五十一章）。"天得一以清；地得一以宁；神得一以灵；谷得一以盈；万物得一以生；侯王得一以为天下正。"（第三十九章）这是讲天下万物得道而形成的德性状态，天、地、神、谷得道而显出清明、宁静、灵妙和充盈之德，物、王得道而有生生之德和不偏不倚之正义之德；天下有道，万物各得其德，各秉其性。天下得道的状态即是万物有德的自然状态，万物各顺其性，各彰其德；天下自然，既清宁灵盈，深幽和平，又含育勃勃

生机，各正其命："天地之间，其犹橐龠乎？虚而不屈，动而愈出。"（第五章）

《道德经》所言的道既是超越的又是内在的；作为最高的原始本源、本体，它是超越的，作为天下万物的德性，随着它自己的自我复制而内化于天下万物之内。大道是涌动着的，遗传了道性的万物也是生成和流动着的；大道是自转的圆环，永恒地自我复归，天下万物的生成流动也是循环的，"万物并作"是自我回复的："夫物芸芸，各复归其根。归根曰静，静曰复命。复命曰常，知常曰明。"（第十六章）万物并作不是无常的，而是有常的，万物各有其命，从哪里来终究还是回到哪里去，由动复归其静，由盈复归于虚，由有归于无。

复制了道性的万物承传了道体的无一有二重本性和无一有混成的机理，在一无一有之际显示自己的德性。"天下万物生于有，有生于无。"天下万物既生于无也就分有无性，既有也无。"有无相生，难易相成，长短相形，高下相盈，音声相和，前后相随。恒也。"（第二章）天下万物无不在有一无，难一易，长一短，高一下，音一声，前一后之间混合、混生为一，既是一，也是二，在两个极端之际相反相生，相克相成。"三十辐，共一毂，当其无，有车之用。埏埴以为器，当其无，有器之用。凿户牖以为室，当其无，有室之用。故有之以为利，无之以为用。"（第十一章）万物都有其功用，然而物之功用，显示出来的东西却以无为条件，没有无，就没有有之功用，有之功能的发挥需要无；物之无一有相互利用，但《道德经》置无于有之上，无用之用使得有用之用凸显出来。

大道发生而为天下万物，之后，大道并没有退隐而是作为天下万物之德性而运行于天地之间，另外，天下万物莫不尊道贵德，自己而然，自我生长和成熟并复归于初。人在这个道德世界中如何存在？天下有道，道运行于人类是一种什么情况？在这方面，《道德经》有大量的言述，由此足见老子写《道德经》的真正意图是关怀人事。

天下有道，大道运行天下之际，人们处在自然状态。"道法自然。"大道作为无法之法，自然法运行于人们之间。道内在于原初状态的人们之中，人们尊道而行，自在遵循无法之法，自然法。这种状态下的人们不受干涉，自己而然，自己而生，自作自息。但是《道德经》所述人类自然状态绝非和是社会相对的，非社会的纯粹自然状态，如西方近代哲人所设想之前社会的自然人状态，而是社会性的自然状态，人既是自然人也是社会人，人们在大道发生和运行之际就被抛入自然性的社会之中。这样的自然社会是王制型的社会；《道德经》一再提到圣人，而所谓圣人乃"道成肉身"，即道的化身，是现实的道的体现，道的运行在圣人的无为而治中显示出来。

圣人以道观天下，以道治天下："执大象，天下往。"然而他之治天下实际是无治。他不是依靠立法，建立制度来治理天下，如果那样，只会适得其反："天下多忌讳，而民弥贫；人多利器，国家滋昏；人多伎巧，奇物滋起；法令滋彰，盗贼多有。"（第五十七章）圣人是"以道莅天下"，以无法之法行自然之治：不去强制人们做什么，也不去改造改变人们什么，而是"处无为之事，行不言之教"，"为无为，事无事，味无味"，去除外在的阻碍，让人们心中的"无为而无不为"的道自然运作，任其自我化育："道常无为而无不为。侯王若能守之，万物将自化。"（第三十七章）"侯王若能守之，万物将自宾。天地相合，以降甘露，民莫之令而自均。"（第三十二章）"故圣人云：'我无为，而民自化；我好静，而民自正；我无事，而民自富；我无欲，而民自朴。'"（第五十七章）

"天地不仁，以万物为刍狗，圣人不仁，以百姓为刍狗。"（第五章）"圣人常无心，以百姓心为心。"（第四十九章）圣人虚己以待，按照"天道无亲，常与善人"（第七十九章）的原则，摒弃仁义亲疏、利害、贵贱之别，视天下皆然，天下"玄同"。"天之道，损有余而补不足。"（第七十七章）因此圣人、有道者致力于"高者抑之，下者举之；有馀者损之，不足者补之"（第七十七章），使天下趋向均等，此乃自然之道。自然社会因此是个大同的社会。

在大道自然运行其中的自然社会中，人们的欲望、情感和思想是极度稀有的，是"损之又损的"，在一定程度上人和自发的、自动的无意识、无情感的动物没什么差别。道是柔弱的，因此自然状态的人"专气致柔，能如婴儿"。人们都处在无私无欲、天真无邪的婴儿状态，"沌沌兮如婴儿之未孩"，无求自觉自识，但求"昏昏"，"闷闷"。圣人之治就是要保持百姓自然质朴的天性，像婴儿一样对待他们："圣人

在天下，歙歙焉，为天下浑其心，百姓皆注其耳目，圣人皆孩之。"（第四十九章）

人们因道而得德，而人们的德行是婴儿一般的德行："含'德'之厚，比于赤子。"（第五十五章）人们"持而保之"的德性有三种："一曰慈，二曰俭，三曰不敢为天下先。"（第六十七章）道德自然状态的人们总是柔弱相示，"守弱曰强"，两端之间以固守弱端为"常德"："知其雄，守其雌，为天下溪。为天下溪，常德不离，复归于婴儿。知其白，守其辱，为天下谷。为天下谷，常德乃足，复归于朴。知其白，守其黑，为天下式。为天下式，常德不忒，复归于无极。"（第二十八章）

自然状态是和平的，"天下有道，却走马以粪"。"天之道，利而不害；圣人之道，为而不争。"（第八十一章）人们追求自我保存，有利于自己的东西，但人们并不因为"利"而相互迫害和争斗，而是为利而相互言和，战争不是最佳的手段："以道佐人主者，不以兵强天下。"（第三十章）"夫兵者，不祥之器，物或恶之，故有道者不处。"（第三十一章）

然而天下有道的自然状态最终呈现出来的不过是一幅远古时代的图景："小国寡民。使有什伯之器而不用；使民重死而不远徙。虽有舟舆，无所乘之，虽有甲兵，无所陈之。使民复结绳而用之。甘其食，美其服，安其居，乐其俗。邻国相望，鸡犬之声相闻，民至老死，不相往来。"（第八十章）而圣人之无为而治被证明不过是一种愚民之治："古之善为道者，非以明民，将以愚之。民之难治，以其智多。故以智治国，国之贼；不以智治国，国之福。知此两者亦稽式。常知稽式，是谓'玄德'。'玄德'深矣，远矣，与物反矣，然后乃至大顺。"（第六十五章）

从《道德经》言述的道德自然状态来看，它并不是一个完美的状态，而是一个十分不稳定的状态，任何细小的变化都可能打破它的平衡，使它不复存在，从而天下失道。

在人类原初状态，是道在统治，而不是人在统治；虽然人类自然状态也是社会状态，圣人在统治，但圣人之治是无为而治，他并未为天下立法，而是以道治天下。道即自然，自然即法，以道治天下即是以自然、自然法治天下，而道、自然乃无法之法，是不需要立的，它就内在于每个人之中，道就运行于天下，天下皆自然，每个人皆曰"我自然"；"我自然故我在"。人人各自道其道，自然其自然，无须外在的强制，不需要圣人的外在立法来成其自然，道成其身，仅凭自己就能、就在然其然，道其道。然而人民百姓然其然，道其道，并不是"是其所是"，那是需要自我意识、自我知识的，只有知其所是，才能是其所是，而人民之然其然，道其道却是以没有自我意识，自我知识，甚至是消除自知自识为前提的，是以人民的返璞归真为条件的，这就意味着人民的然其然、道其道只是出于一种动物式的本能，像一架自动的机器，是其然而不知所以然；浑浑噩噩，以其不知不觉，愚蠢愚昧，以其不智不明。这样的人还能称之为人吗？人与万物、人与动物的区别何在？道行天下，天下大同，一切高低等级不复存在，天下齐平。道之运行，圣人之治，难道是在让人成其为人吗？何为人？非也，是在把人导向非人，人不成其为人，人一无所是。人民之然其然，道其道，不是说人民是自由、自为、自主的，而只是说人民处在一种"自化"、"自正"、"自富"和"自朴"的自在状态，一切都出乎人民无意识的必然，而非人民自己为其然而然，为其道而道，自然和道不过是无，然其然，道其道就是无之无化。道和自然对于人而言因此不是积极的而是消极的，为其然，为其道不是肯定人的生命，而是消解人的生命，对生命损之又损。但这不合乎物性的事实，更不符合人性的事实，这种像物一样的人，畜群一样的社会是难以为继的，历史上也从来不会有这样的人和社会存在。《道德经》讲柔弱胜刚强，"贵以贱为本，高以下为基"，下贱为高贵之基本，这是与物性，人性事实反其道而相背离的，至少是片面的：刚强也有胜柔弱之可能，亦有非以低贱为基本的高贵，况且人不可能总停留在柔弱状态，也不可能始终以下贱为基本，而人一旦脱离柔弱、下贱的状态，天下大道也就失废了。

　　道—自然状态里，人们是少私寡欲，"欲无欲"的，人人都如同木头，无情无欲，麻木冷漠，蜕化成无邪的婴儿。自然社会能否始终保持在这种婴儿状态？不可能，人类必将有朝一日走出其婴儿状态。这一点《道德经》也是承认的。圣人之治人民，也不只是虚弱其心志，不也还是要强实其腹骨吗？而当人民腹骨强实了时，还能虚弱其心志吗？"大道甚夷，而人好径。"道是道，人是人，人往往脱离平坦大道另辟蹊径，人并不总是与天道一致。"天之道，损有余而补不足。人之道，则不然，损不足以奉有余。"天道和人道也不是完全相合的，"人之道"甚至是背离"天之道"的。"五色令人目盲；五音令人耳聋；五味令人口爽；驰骋畋猎，令人心发狂；难得之货，令人行妨。"外部感性的世界是丰富的，多姿多彩的，而人的感觉与之响应共鸣，要人无知无欲岂不是把人隔离起来，"塞其兑，闭其门"，与世界决裂？然而"塞其兑，闭其门"又如何可能！

总之，在《道德经》里，已经暗示了人脱离大道的可能性，大道运行落空的现实性。人是很难更不用说永久待在褓襁一样的自然状态里的，人一旦试图、打算走出婴儿状态走向成熟，成人，大道也就与人渐行渐远了。我们今天是走在走向成熟的道上，还是仍然躺在圣母的怀抱里，抑或留念褓襁里的时光？大道还在运行吗？如果大道运行，天下有道之际，普天之下显现出来的即是婴儿之未孩，未人时的状态，那么毫无疑问迄今普天之下已失道很久了。大道哪里去了，永久不会再发生、运行了吗？抑或原来的大道死了，新的大道发生了，它将要在普天之下运行？这是我们今天值得加以深思的问题。

名家论经——《老子》解读

经典探微

《道德经》"私"的释论

许建良[*]

(东南大学 人文学院)

摘要 审视中国哲学研究的现实,不仅存在着对道家思想重视不够的倾向,而且对道家本身的概念也有忽视的现象,诸如老子的"私",就是遗憾又必须惊醒的事实。因此,以老子的"私"为切入口,通过"私"与"身"的联系,以及"身"与"我"、"吾"实际相同的用例,使我们清楚地认识到,不仅"私"的本义与我们现在使用的"偏"相异而表示我自己的意思,而且在人际关系里,"私"的价值追求取向是"与人己愈多",这一倾向与儒家形成鲜明的差异。这些无疑对深入道家老子思想的研究,精确把握道家的特征,在世界汉学范围里显示道家思想的精髓,具有重大的价值意义。

关键词 私;身;吾;我;万物;自然

我国以孔子《论语》为中国文化之最的看法,似乎基本排除了中国文化里其他思想星座的存在价值,这显然不是科学合理的做法,只能

---

[*] 许建良,江苏宜兴人,日本国立东北大学哲学博士,东南大学教授,博士生导师。中国社会科学院应用伦理研究中心客座研究员,西南政法大学应用伦理研究中心客座教授,日本东北中国学会会员,日本伦理研究所会员,国际哲学家协会会员(美国)。主攻中国哲学,中国道德,中、日、西方道德哲学比较,社会应用伦理研究等。已出版专著《道德教育论》、《魏晋玄学伦理思想研究》、《现代化视野里的经营伦理——日本文化的背景》、《先秦道家的道德世界》等。主编《修身学》、《中国伦理文化宝库》、《中国历代家训大全》等。

说是长期以来儒家思想"儒教化"特点的现实反映。不说别的，儒家成为中国事实上的"圣经"，并非完全自然筛选的结果所致，其中政治因素的作用是无法否定的，尤其是汉代，这是不言自明的事实。另外，1815年至今，中国道家创始人老子在西方受到格外的重视，《道德经》的各种译本已达300多种，仅次于《圣经》而排列第二的位置。《道德经》受到西方人如此的厚待，而我们为什么不能乘势宣扬中华民族的道家文化呢？却要死守住儒家文化单一教条的选择不放，并且到处成立"孔子学院"呢？其实，既然是推扬中国语即汉语，那为什么不叫"中国语学院"或者"中国汉语学院"的名称呢？我想这样似乎更能够壮大我们的国威。

与儒家思想研究相比，国内的道家研究自然要少得多。审视现实的研究，我们仍然能够发现许多没有开垦的处女地，[①] 这一现实要求我们的研究者切实立足中国文化自身的轨道，不追逐时尚，脚踏实地地做好基本的研究工作。本文就是在这样的运思之下，对不为大家所重视的《老子》的"私"作一分析，以就教于同人。

一

"私"和"公"作为一对范畴，这是中国哲学文化本身的内容；现实生活里公私不分、损公肥私、假公济私等用语，自然也是古代文化延续发展的必然结果。审视老子的哲学思想就不难发现，它们虽然也是一个重要概念，但由于在我们今天的语境里，它们没有太大的价值意义，因此总是为人所忽视。形成这一现实的深层原因，关键在于老子"私"和"公"的概念本身，并不具备我们今天一般意义上的立论基点。换言之，老子"私"和"公"概念的价值意义，不在一般意义的理解维度，而在他自身独有的系统里。因此，只有在明确了这一前提的情况下，才会对老子"私"的概念进行揭秘形成可能的条件。

综观通行本《老子》，"公"字一共有4例，其中"王公"、"三

---

① 诸如"因循"、"万物"以及"自然"的多维度研究还很难发现。

公"2例不属于这里讨论的范围①;"私"字约有3例。为了彻底明辨其含义,下面以从"公"到"私"的演进形式来具体进行分析。

(一)"容乃公;公乃王"

关于"公",主要集中在"致虚极,守静笃;万物并作,吾以观复。夫物芸芸,各复归其根;归根曰静,是谓复命;复命曰常,知常曰明。不知常,妄作凶;知常容,容乃公;公乃王,王乃天;天乃道,道乃久,没身不殆"(《老子》第十六章,第35—37页;以下仅标章数)。虚静是大道的本质精神,"致"和"守"是人的行为,显然这里不限于单讲大道,而主要是张扬统治者与大道关系的重要性。也就是说,如果统治者能够对大道采取"致"和"守"的行为对策,那么,万物就一定能够得到各自的顺利生长。所谓顺利,意思是万物在各自本性的轨道上获得合本性特征发展的一切条件,使得各自的生长发展呈现规律性,并实现本性的最大限度的发展。

这里的"复"是复归的意思,即复归本性的本有轨道而行为。因为在现实生活里,万物依顺自己本性轨道而生活的事情,并不是天经地义就能够得到保证的,往往会受到外在因素的干扰而使本应有的发展趋于夭折,诸如老子对"大道废,安有仁义;慧智出,安有大伪;六亲不和,安有孝慈;国家昏乱,安有正臣②"(第十八章,第43页)的感叹,说明仁义等现实道德的出现,是因为"大道"的虚静状态遭到了破坏;虚伪的产生,是因为巧用智慧的原因;孝慈成为现实的需要,则是由于"六亲"关系失却协和的要求;忠臣的应运而生,是因为国家进到混乱的状态所使。总之,现实失去了原有的平衡,为了保证人们的正常生活秩序,所以制定了仁义等规范,这是人类社会最初的礼仪制度,是形下的

---

① 参照"万物负阴而抱阳,冲气以为和。人之所恶,唯孤寡不谷,而王公以为称,故物或损之而益,或益之而损"(《老子》第四十二章,(魏)王弼著,楼宇烈校释:《王弼集校释》,中华书局1980年版,第117页)、"道者,万物之奥;善人之宝,不善人之所保。美言可以市尊,美行可以加人。人之不善,何弃之有。故立天子、置三公,虽有拱璧以先驷马,不如坐进此道"(《老子》第六十二章,第161—162页)。

② 据崔仁义《荆门郭店楚简〈老子〉研究》(科学出版社1998年版)第38页《老子A》第四组改定。

有名,①这种"有名",其依据不在万物的本性,而在社会的现实需要。在这个前提下,我们更可以推测到"观复"的价值追求。

万物旺盛生长,这是因为他们复返自己本性轨道的结果,本性就是万物的生命之"根",依归本性而行为,就能够获得安静的生活,这是自身性命本色的真正回复、回归。②万物能够获得这样的生活就是一种恒常的现象即"常"。所以,对人而言,认识这种"常"就是神明的表现,如果不懂万物的常规而肆意妄为的话,万物一定会遭遇险恶的境遇。认识明了万物的"常"的神明,对人益处无穷。具体而言,认识万物的"常",就会包容他物,包容他物就趋于公正无偏的境地;③公正无偏地行为就能成为民众的领袖而称为"王",而一旦成为事实上的民众领袖,就势必通达天下而毫无阻挡;畅通天下则势必与大道合德而成为真正的体道者,最终实现与天地同长久的客观效果。

显然,"容乃公;公乃王"的两个"公",显示的意思是一样的,就是对万物的包容和宽容,这是建筑在万物完全平等基础上的立论,显示的是公正无偏的特点,这是老子"公"的原本意思。下面再来检查一下"公"的一般词义,以便精当审定与老子"公"的关联性。

在词义上,"公"是会意词,是一个小篆字形,上面是"八",下面是"厶"("私"的本字)。要弄清"公"的本义,先有必要明辨一下"八"和"私"的意思。"八"是象形词。甲骨文象分开相背的样子,是汉字部首之一。《说文解字》曰:"八,别也;象分别相背之形。"段玉裁注曰:"此以双声叠韵说其义,今江浙俗语以物与人谓之八,与人则分别矣。"(第48页下左)④因此,在一般的意义上,从

---

① 参照"始制有名,名亦既有,夫亦将知止,知止所以不殆。譬道之在天下,犹小谷之与江海"(第三十二章,第82页)。"所以"、"小谷"、"与"据高明撰《帛书老子校注》(中华书局1996年版)第399—401页和《荆门郭店楚简〈老子〉研究》第42页《老子 C》第三组改定。

② 河上公解释"各复归其根"为"言万物无不枯落,各复反其根而更生也"(王卡点校:《老子道德经河上公章句·归根第十六》,中华书局1993年版,第62页),显然是一种误读,应该引为注意。

③ 河上公解释为"无所不包容,则公正无私,众邪莫当"(《老子道德经河上公章句·归根第十六》,第63页),这显然不符合《老子》的原意,因为,《老子》里没有肯定意义上"无私"的用例。

④ (汉)许慎撰,(清)段玉裁注:《说文解字注》,上海古籍出版社1981年版。

"八"的字多与分解、分散、相背有关。关于"私",《说文解字》曰:"私,禾也,从禾厶声。北道名禾主人曰私主人。"段玉裁注曰:"盖禾有名私者也,今则假私为公厶。仓颉作字,自营为厶,背厶为公。然则古只作厶,不作私"(第321页下左)。"私"的本义是庄稼,庄稼是人种的,自然有所归属,显然不是所有人的财产,而是私有财产。

现在再回过来看"公",上面是"八",下面是"厶"。由于"八"是分别相背的意思,所以,在完整的意义上,就是与"厶"相分相背,即与作为庄稼而有所归属的私相区别,也就是把"私"的偏于某个人的所属,变为归所有人所属。正是在这个意义上,《说文解字》曰:"公,平分也,从八厶。"(第49页下左)"八厶"就是背私的意思,平分给所有有关系的人,因此,是公正无偏的意思,显然不是"公正无私"的意思。私是公的必然内容之一,最大的理由是"公"的下面本身就是"厶",没有下面的"厶",就不是"公"了,只是在价值取向上与"厶"相背。

不难推测,"私"的本义虽然是私人财产,但有偏即偏于个人是其主要特点,也是其引申的意义。这是从词义上作出的结论,无疑对我前面"公正无偏"的结论是一个最大的支撑。

(二)"能成其私"

下面再来分析《老子》的"私"的情况。老子认为:"天长地久。天地所以能长且久者,以其不自生也,故能长生。是以圣人后其身而身先,外其身而身存。非以其无私邪?故能成其私"(第七章,第19页),"绝圣弃智,民利百倍;绝仁弃义,民复孝慈;绝巧弃利,盗贼无有;此三者,以为文不足,故令有所属,见素抱朴,少私寡欲"(第十九章,第45页)。天地的情况是,不有为于自己的生,即能够顺应自然而生活,就能够实现长生;圣人"身先"、"身存"的客观结果,是靠"后其身"、"外其身"的实际行为得到的,并不是他们"无私";圣人不为自己的身所左右,所以能实现成就"身先"、"身存"的"私"。"无私"在这里是否定意义上面的用法,这是应该注意的。从文章前后的情况看,后面的"私"就是前面的"身",两者是可以置换的,指的都是圣人,这是非常清楚的。"少私寡欲"的情况也一样,讲的也是如何少一点自己的问题,和上面的意思也相互统一，就是反对"无私"①。

在上面的分析里不难得出，在老子这里，"私"使用的正是本义，即私人的意思；在具体的语境里，表示身、我、吾等的意思。所以，"公"、"私"就不是简单的是正是偏的问题，而是在人际关系里如何处理自己与他人关系的问题，因此，要弄清"私"的含义，就必须明晰老子思想里身、我、吾等的具体情况。

二

在上面分析的老子"私"的具体用例里，"身"与"私"互相置换，所以，全面理解其"私"的意义，就不得不审视"身"的情况。《老子》里"身"约有 23 见，其中有 4 见是在"没身"和"终身"的意义上使用的，② 这不是这里讨论的范围。综观其他 19 个用例，似乎可以把它们分为三种情况来讨论。

（一）"以身观身"

虽然"私"就是自己的"身"，对个人而言，是最宝贵的财产。但在老子的思想里，"身"并非天生就宝贵，它也离不开后天的修炼。老子说："善建者不拔，善抱者不脱，子孙以祭祀不辍。修之于身，其德乃真；修之于家，其德乃余；修之于乡，其德乃长；修之于邦，其德乃丰；修之于天下，其德乃博。故以身观身，以家观家，以乡观乡，以邦观邦，以天下观天下。吾何以知天下然哉？以此。"③（第五十四章，第

---

① 钱穆认为："足老子心中之圣人，乃颇有其自私者。彼乃以无私为手段，以成其私为目的……抑且专为实利，不为虚名，其所欲得，又必实属己有。如此之圣人，实一巧于去取之圣人也。"（《道家政治思想》，钱穆著：《庄老通辨》，三联书店 2002 年版，第 115 页）显然，这一结论与老子思想的实质存在着巨大的差异，应该引为注意。

② 参照"夫物芸芸，各复归其根；归根曰静，是谓复命；复命曰常，知常曰明；不知常，妄作凶。知常容，容乃公，公乃王，王乃天，天乃道，道乃久，没身不殆"（第十六章，第 36—37 页）、"天下有始，以为天下母。既得其母，以知其子；既知其子，复守其母，没身不殆。塞其兑，闭其门，终身不勤。开其兑，济其事，终身不救"（第五十二章，第 139—140 页）。

③ 参照《帛书老子校注》第 85—89 页和《荆门郭店楚简〈老子〉研究》第 40—41 页《老子 B》第三组。

143—144页)"善建"和"善抱"讲的都是以道立身、以道立志的事宜。对人来说,立身、立志都是非常重要的事务,只有把这个做扎实了,家业才能兴旺,即"子孙以祭祀不辍"。"不拔"就是不为外力引而拔之的意思,"不脱"是不为外力解脱的意味,两者都具有稳固的味道。所以,"修之于身"的"之"的所指,理当是"道",也不可能是别的什么。[①] 如果通过修炼,真正能够体悟"道"的真谛,内在德性就能真诚信实;如果一个家庭都能够谨修大道的话,一定道德满园而丰润有余;修大道于乡的话,那该乡的道德水准一定会得到长足的发展;修大道于国家的话,那国家的道德水平一定会得到提高,道德仿佛芬芳满园的果树,果实丰硕而香飘万里;修大道于整个天下的话,那整个天下的道德水准会从此博大精妙,德满人间。所以,要知道天下道德水准的情况,在最终的意义上,只要通过一个具体的人或者家庭的道德状况就能够略知一二了。换言之,道德不是书面文章,而是可以通过视觉器官来观摩和审察并从而得出结论的。

在此,最基本的是修大道于身,没有这个,其他一切都仿佛空谈。一个人真正成"道"的使者以后,一切就会自然地按照"道"的规律来行事,并且自觉处理好自身与外在他人的关系。

(二)"以身后之"

在现实生活里,自己的身是一个客观的存在,无法无视它,所以如何处置它就变得非常重要。老子的智慧是"后其身",这在上面已经讨论。大家知道,老子所推崇的"三宝"之一就是"不敢为天下先",原因在于这样"能成器长"[②]。他说:"江海所以为百涡王,以其能为百涡下,是以能为百涡王。圣人之在民前也,以身后之;其在民上也,以言下之;其在民上也,民弗垔也;其在民前也,民弗害也。天下乐推而不厌,以其不争也,故天下莫能与之争"[③] (第六十六章,第170页)、

---

① 河上公正是用"道"来理解和注释的,可以参考《老子道德经河上公章句》,第207页。
② 参照"天下皆谓我道大,似不肖。夫唯大,故似不肖。若肖,久矣其细也夫。我有三宝,持而保之。一曰慈,二曰俭,三曰不敢为天下先。慈,故能勇;俭,故能广;不敢为天下先,故能成器长。今舍慈且勇,舍俭且广,舍后且先,死矣!"(第六十七章,第170—171页)
③ 据《荆门郭店楚简〈老子〉研究》第44页《老子C》第五组改定。

"勇于敢则杀，勇于不敢则活。此两者，或利或害。天之所恶，孰知其故？天之道，不争而善胜，不言而善应，不召而自来，坦而善谋。天网恢恢，疏而不失"①（第七十三章，第181—182页）、"上善若水，水善利万物而不争，居众人之所恶，故几于道。居善地，心善渊，予善天，言善信，正（政）善治，事善能，动善时。夫唯不争，故无尤"②（第八章，第20页）。

江海成为"百涡王"的原因在于它的"能为百涡下"，即处下，所以能够包容百川而成为真正的强者。圣人的情况也是这样，居于一般民众之上，在于他的谦逊即日常"言下之"的行为选择；站在一般民众之前，在于他平时"身后之"的行为累积。正因为这样，所以在现实生活里，圣人身处民众之上而民众并不过分看重他，处在民众之前而民众并不害怕他的存在。民众拥戴他，时时把他推在前面，不但不以此为厌恶，反而以此为快乐。这是圣人"下之"和"后之"等不争行为的自然效应，不争形成的客观效果是：其他的存在无法与他竞争，无法的原因是没有相抗衡的能力，即"天下莫能与之争"。③

不争行为的最高表现就是"功遂身退"，老子视此为"天之道"（第九章，第21页）；另一方面，"不争而善胜"也同样是天道的内容，在这个意义上，"功遂身退"就不失为"善胜"的一个决策，而这些正是"生而不有，为而不恃，长而不宰，是谓玄德"（第五十一章，第137页）精神的体现。所以，圣人实际上就是"道"在现实生活里的具象。而之所以能够实现"功遂身退"，这还为圣人对万物具备自为机能的坚信，"身退"本身就是自然无为的行为④。

---

① 参见《帛书老子校注》，第184—187页。
② 同上书，第253—258页。
③ 参见"大国者，下流也，天下之牝。天下之交也，牝恒以静胜牡。为其静也，宜为下也。故大国以下小国，则取小国；小国以下大国，则取于大国。故或下以取，或下而取。故大国者，不过欲兼畜人，小国者，不过欲入事人，夫皆得其欲，则大者宜为下"（第六十一章，第159页；参照《帛书老子校注》，第121—126页）。
④ 参见"太上，下知有之。其次，亲而誉之。其次，畏之。其次，侮之。信不足焉，有不信焉。悠兮其贵言，功成事遂，百姓皆谓我自然"（第十七章，第40—41页）。
参见"持而盈之，不如其已；揣而梲之，不可长保；金玉满堂，莫之能守；富贵而骄，自遗其咎"（第九章，第21页）。

(三)"及吾无身,吾有何患"

"后其身"、"功遂身退"虽然体现了不争的特点,而且能够得到非常惊人的现实效应。但是,毕竟还是没有离开自己的身,因此仍然是"有其身"的状态。在老子那里,这仍是存在限制的情况,只有"无身",才具有最高的意义。

首先,"知足不辱"。在《老子》的系统里,外在的物欲能使人偏离正常的轨道,即"五色令人目盲,五音令人耳聋,五味令人口爽,驰骋畋猎令人心发狂,难得之货令人行妨。是以圣人为腹不为目"(第十二章,第28页)。"五色"、"五音"、"五味"、"驰骋畋猎"等都能激发人的物欲,而使人趋向"目盲"、"耳聋"、"口爽"、"心发狂"的境地,所以,圣人只追求基本物质需要,而不求过分的满足①,即"为腹不为目",从而保证使自己行进在正常的情感轨道上。老子又曰:"名与身孰亲?身与货孰多?得与亡孰病?是故甚爱必大费,多藏必厚亡。知足不辱,知止不怠,② 可以长久"(第四十四章,第121页)、"天下有道,却走马以粪;天下无道,戎马生于郊。罪莫大乎甚欲,祸莫大乎不知足,咎莫憯乎欲得。知足之为足,此恒足矣"③(第四十六章,第125页)。身与名、身与货、得与亡等的"孰亲"、"孰多"、"孰病"的问题,是非常重要的。对人而言,"甚爱"、"甚欲"、"多藏"势必会产生"大费"、"大罪"、"厚亡"的结果,所以,它们本身就是最大的罪恶、最大的祸患、最大的灾害。对人类而言,"知足"一旦成为"足"的一种样态,乃就是"恒足"。在现实生活里,"知足"不仅能免遭屈辱,使自己保持长久,而且它本身就是一种财富,能使人处于富裕。④ 所以,知足对个体来说,是非常重要的。

其次,"贵以身为天下"。对普通的人来说,容易趋于"生生"的

---

① 参见"持而盈之,不如其已;揣而棁之,不可长保;金玉满堂,莫之能守;富贵而骄,自遗其咎"(第九章,第21页)。
② 据《荆门郭店楚简〈老子〉研究》第45页《老子C》第六组改定。
③ 参照《帛书老子校注》第46—50页和《荆门郭店楚简〈老子〉研究》第44页《老子C》第五组。
④ 参见"知人者智,自知者明。胜人者有力,自胜者强。知足者富,强行者有志,不失其所者久,死而不亡者寿"(第三十三章,第84页)。

原因之一，就在于"有身"。老子说："人宠辱若惊，贵大患若身。何谓宠辱若惊？宠为下也。得之若惊，失之若惊，是谓宠辱若惊。何谓贵大患若身？吾所以有大患者，为吾有身，及吾无身，有何患。故贵以身为天下，若可以托天下矣。爱以身为天下，若可以寄天下矣①。"（第十三章，第29页）"有身"能给人带来"大患"，假如能做到"无身"，就无所谓祸患。在"身"与天下万物的关系上，如能不为外在他物所干扰并以此为轻，就能与天下万物同一。②

应该注意的是，这里的"无身"显然不是真正的驱除自己的有形之身体，而是对自身不能为外在物欲所左右的强调，把自身等同于天下，把天下看成自身，换言之，自身与天下相比，没有什么特殊，这为爱护自己一样爱护天下设定了理论的依据，而真正的爱身在于对天下的实际爱护之中才能获得。显然，这与上面所说的"功遂身退"是紧密联系的，退身而显示出天下的重要和价值，实际上这是为真正的"贵以身为天下"、"爱以身为天下"提供现实的可能。显然，老子的"无身"与庄子的"万物与我齐一"的境界有一定的相似性，但不完全相同，因为在老子这里，实际上，"贵以身为天下"等也是不争的具体推进方法之一，而不争又事实上与"善胜"的效果紧密相关，与庄子万物同一是为了真正实现对现实名利等的超越，而获得心灵上的宁静，具有异曲同工之妙。

三

上面所说的"吾有身"、"吾无身"，也直接显示了"身"与"吾"所指对象的同一性，这也正是"私"的另一种情况，所指就是我、吾的意思。大家知道，在《老子》那里既没有第二人称"你"的用例，也没有第三人称"他"的用例，但有第一人称"我"（约19个）、

---

① 参见《帛书老子校注》第276—281页和《荆门郭店楚简〈老子〉研究》第40页《老子B》第二组。

② 参见"重为轻根，静为躁君。是以圣人终日行不离辎重。虽有荣观，燕处超然，奈何万乘之主，而以身轻天下？轻则失本，躁则失君"（第二十六章，第69—70页）。

"吾"（约 22 个）①的用例。显然，我们有充分的理由推断，在人际关系里，老子使用"我"时，我以外的他人就是"人"，这时人我相对，这也符合一般的认识进化规律，人最初并没有关于自己与其他人相区别的意识，当第一次看到自己以外的他人时，才发现有与自己相同物类的存在，这时就把自己从"人"的概念里区分出来了，产生了人我的概念。鉴于"私"与"我"的关系，所以，在此想结合"人"的概念一起讨论。

（一）"我愚人之心"

在上面分析"身"的问题时，已经谈到"以身观身"，明辨了社会道德淳厚的关键在于个人道德的信实，这是基础，没有这个一切都等于零；而对此起制约作用的是日常的修道实践。修道到位了，"后身"、"无身"就具备了通向可能的条件。当然，以上的分析是一人之身在社会层面里应有的存在之方的问题。在另外的意义上，我作为一个人，虽然与他人具有相同的族类性，但是，不能没有"我之所以为我"的本质特征，缺少这个就不可能成为完整的我。因此，老子也注意到了"我之所以为我"的规定性。他说："众人熙熙，如享太牢，如春登台。我独泊兮其未兆，如婴儿之未孩，儽儽兮若无所归。众人皆有余，而我独若遗。我愚人之心也哉！沌沌兮。俗人昭昭，我独昏昏；俗人察察，我独闷闷……众人皆有以，而我独顽似鄙。我独异于人，而贵食母。"（第二十章，第46—48页）我与人处在不同的位置上面。"熙熙"是追逐淫欲的情景，仿佛春情涌动而无法停止；"有余"指的是由于追求物质欲望的满足，所以敛财丰裕；"昭昭"是彰显耀眼的情景；"察察"是急而快的意思，即飞快地奔跑的样子；"有以"即有为的意思；这是一幅奔忙于有为途径上的图画，是众人和俗人情况的反映。我的情况正好与此相反。"独泊兮其未兆"是泊然安静的境地，情欲没有丝毫外现；所以，现实的状态仿佛缺少某些东西而显得不足，而且保持低调，

---

① 参见"吾言甚易知，甚易行，天下莫能知，莫能行。言有宗，事有君。夫唯无知，是以我不知。知我者希，则我者贵，是以圣人被褐怀玉"（第七十章，第176页）。这里"吾言甚易知"、"是以我不知"就充分说明，"吾"与"我"是互换的，完全是一个意思。只是应该注意的是，在老子的时代，"吾"只能做主语，不能用做宾语，而"我"则两者皆可。

静默不出声。总之，我不随从时尚，坚持无为的行为之方，保持自己的"愚人之心"，即素朴之心，这是"我之所以为我"的所在，并且以此与他人区别，其真正的原因在于我"贵食母"，即以大道为自己的食粮。

（二）"以百姓心为心"

在经验的层面上，我的"愚人之心"，就是"以百姓心为心"。老子说："圣人无常心，以百姓心为心。善者，吾善之；不善者，吾亦善之；德善。信者，吾信之；不信者，吾亦信之；德信。圣人在天下歙歙焉，为天下浑其心。"（第四十九章，第129页）作为圣人的我，虽然没有"常心"，但以"百姓心"为自己的心，自己的常心。尽管在现实生活里，百姓中既有"善者"，也有"不善者"，但我都能道德化地对待他们即"德善"他们；百姓中既有"信者"，也有"不信者"，我都能信实地对待他们即"德信"他们。这是真正以民众之心为自己心的表现，而自己心愿的实现就在于如何"德善"、"德信"民众，而"浑其心"就是最好的行为之方。

（三）"我无为而民自化"

我之所以要以百姓民众之心为自己的常心，还在于对人之所以为人的规定性的认识，这就是万物具有自为、自能的内在机能。老子说："以正治国，以奇用兵，以无事取天下。吾何以知其然哉？以此。天下多忌讳，而民弥贫；民多利器，国家滋昏；人多伎巧，奇物滋起；法令滋彰，盗贼多有。故圣人云，我无为而民自化，我好静而民自正，我无事而民自富，我欲不欲①而民自朴"（第五十七章，第149—150页）、"道常无为而无不为，侯王若能守之，万物将自化。化而欲作，吾将镇之以无名之朴。无名之朴，夫亦将无，欲不欲以静，天下将自定"（第三十七章，第91—92页）。万物具有"自化"、"自正"、"自富"、"自朴"的能力，因此，不需要对它们有意推行什么，只要因循它们的本性自然而为就足够了，这样的话，天下社会就能够"自定"。这就是

---

① 参见《帛书老子校注》，第106页。

"无事取天下",就是"无名之朴",就是以"不欲"为虚静,这是真正的"正",遵循的是"道常无为而无不为"的精神。而依靠主观臆想有为的话,只能适得其反。①

由于人具有自能的机能,所以,我即使以民众之心为心,也一样能够实现万物应有的发展,社会应有的安定秩序,这也就是老子所说的大道的"无为而无不为"的魅力所在。不过,一般的人是不容易认识这种美妙的。②

(四)"与人己愈多"

老子对我的"愚人之心"的设定,除有以"百姓心"为心的运思外,还有人具有自为机能的设定,并且在外在的方面,还有我对无为行为的抉择,但在最终的意义上,还在于我的"与人己愈多"的人己关系上的价值定位。老子说:"信言不美,美言不信;善者不辩,辩者不善;知者不博,博者不知;圣人不积,既以为人己愈有,既以与人己愈多。天之道,利而不害;圣人之道,为而不争。"(第八十一章,第191—192页)圣人自己是不累积占有的,为人的发展创造条件,输出自己的所能越多,自己就越发拥有;把自己拥有的给予他人,成就他人的合本性发展,自己就能够越发更多地拥有。天道总是利益万物,而不对万物造成任何损害;圣人之道也一样,顺从自然而为,不与他人相争。虽然圣人"为而不争",却反而能够得到"为人己愈有"、"与人己愈多"的客观效果,这也正是不争行为的魅力所在。

在老子那里,从"我愚人之心"开始,到"以百姓心为心",再到"民自化",最后到"为人己愈有",这是一个严密的链子,环环相扣。可以说,"我愚人之心"是价值坐标的起点,"以百姓心为心"是个人走向社会实践的切入口,"民自化"等自能机能的设定是装备的价值体系的动力机,而"为人己愈有"等则是价值系统自然运作以后的客观

---

① 参见"将欲取天下而为之,吾见其不得已。天下神器,不可为也,为者败之,执者失之。故物或行或随,或歔或吹,或强或羸,或挫或隳。是以圣人去甚,去奢,去泰"(第二十九章,第77页)。

② 参见"天下之至柔,驰骋天下之至坚。无有人无间,吾是以知无为之有益。不言之教,无为之益,天下希及之"(第四十三章,第120页)。

效应。不得不注意的是，对"我"而言，"为人己愈有"之所以有意义，还在于我自己从来不敢"为主"，而愿意"为客"，而"为人己愈有"也就是"为客"的最现实的写照。① 在价值取向的追求上，这是一个从他人到自己的方向，这种方向不仅表现在语言的形式表达上，而且显示在思想的实质上，它与儒家的"己所不欲，勿施于人"的思想形成鲜明的对照。因为，儒家无论在思想实质上，还是语言形式上显示的都是从自己到他人的价值取向，这是不能忽视的。② 德国思想家马克斯·韦伯也洞察到了老子"为人己愈有"的特点，认为："'道'在孔子那里同老子那里含义一样，并且都是重要概念。不过，儒家不是神秘主义者。热衷于通过冥想可以达到的神所中意的状态，可能使老子完全摆脱了作为一种宗教得救之源的世俗文化，神秘主义往往如此，在某种程度上确实也是这样。因为老子也认为，最高的得救是一种心灵状态，一种神秘的合一，而不是西方那种禁欲式的通过积极行动证明了的受恩状态。从外部看，这种状态同一切神秘主义一样，并不是理性的，而仅仅以心理为前提：普遍的无宇宙论的仁爱心情，是这种神秘主义者处在无动于衷的忘我状态中的无对象的快意的典型的伴生现象。这种无动于衷的忘我状态是他们所特有的，可能是老子创造的。"（《正统与异端：正统与异端的学派对立》，第 232—233 页）③

四

老子关于"私"的论述，最初是与"是以圣人后其身而身先，外其身而身存。非以其无私邪？故能成其私"直接联系的，所以，上面分析的"我"、"吾"，在一定的意义上，也就是圣人的代名词。但是，

---

① 参见"用兵有言，吾不敢为主而为客，不敢进寸而退尺。是谓行无行，攘无臂，扔无敌，执无兵。祸莫大于轻敌，轻敌几丧吾宝，故抗兵相加，哀者胜矣"（第六十九章，第 173—174 页）。

② 参见许建良《自己本位——儒家道德的枢机》，《人文杂志》2006 年第 2 期，第 66—71 页。

③ [德] 马克斯·韦伯著：《儒教与道教》，王容芬译，商务印书馆 1995 年版。

毕竟在一般的词义上，"私"就是"私"，不一定非得要圣人，"我"、"吾"的情况也一样，如果真要局限于圣人来理解老子，无疑是最大的误解和曲解。就是在《老子》的文典里，我们也能找到一般性的论述，诸如在前面提到的"绝圣弃智，民利百倍；绝仁弃义，民复孝慈；绝巧弃利，盗贼无有；此三者，以为文不足。故令有所属，见素抱朴，少私寡欲"（第十九章，第45页），虽然可以理解为这是圣人的运思，因为都是有关民众的事情，即如何使民众淳朴、社会秩序淳厚，总之是如何才能使全社会的素朴永存的问题，而老子提出的方案是"少私寡欲"。"少私寡欲"在郭店楚简里是"少私须欲"①，这显然是圣人针对如何解决全社会素朴常存的问题而提出的解决方案，而且揭示了要解决"少私"的问题，绝对不是寡欲或者无欲，而是"须欲"，即通过一定欲望的满足来达到"少私"的目的。"少私"就是少一点自我、自己的意思。在这个前提下，老子的"私"无疑在以下几个方面给我们以无限的启迪。

首先，对万物的责任意识。老子是宇宙的视野，万物的坐标原点，而"私"始终是万物之中的一个存在，"私"的价值的实现，并不在于自己有什么，而在于"以身观身"、"后其身"、"无其身"，也就是说，"私"的价值的最终实现在其他万物的价值实现之中才能得到最终的完成，此外别无他途。"私"始终对万物抱有强烈的责任意识，诸如"是以圣人处无为之事，行不言之教，万物作焉而不辞……"（第二章，第6页）就是具体的反映。这里"处无为之事"和"行不言之教"相对，两者完美运作的结果，就是"万物作焉而不辞"，即万物的良性生长。显然，"处无为之事"是超越人类社会而包括其他物类实践的行为，而"行不言之教"是限于人类社会的行为。正是这种对万物的责任意识，对我们解决今天所面临的生态危机，难道不是有益的启示吗？！人再也不能仅仅着眼于自己，自己的价值实现只能在其他物类价值得到实现的过程里才能完成，诸如我们生存环境的美丽，不是依赖于整个地球环境的美丽吗！

其次，对他人的责任意识。人生活在人际关系里，这是无法逾越的

---

① 参见《荆门郭店楚简〈老子〉研究》第43—44页《老子C》第五组。

一道自然风景线。其实，在对万物显示出责任意识的过程里，已经就折射了对他人的责任心，诸如"行不言之教"，就显示了对他人本性的重视，对他人权利的尊重；给予他人合本性发展的最大自由空间。另外，在"善行者无辙迹，善言者无瑕谪，善数者不用筹策，善闭者无关钥而不可启也，善结者无绳约而不可解也。是以圣人常善救人，而无弃人，物无弃材，是谓袭明。故善人，善人之师；不善人，善人之资也。不贵其师，不爱其资，虽智大迷，是谓要妙"①（第二十七章，第71—72页）里，也可看到强烈的责任心，"救人"的行为始终行进在"无弃人"、"无弃材"的轨道上面，即使是"不善人"，对"善人"仍然存在学习等借鉴资助的价值，所以，应该的选择是"爱其资"，在对人宽容的氛围里，显示了无限的责任义务意识。

再次，理想性与现实性的统一。圣人是老子所设定的一个理想人格类型，自然不同于儒家的圣人人格（这方面也有待于进行深入的研究）；《老子》"人"的概念约出现85次，其中圣人概念的用例约达29次，可见老子在圣人身上所倾注的情意和追求。因此，在老子的体系里，圣人是天道在人类社会的现实使者，"圣人之道"的"为而不争"，正是"天之道"的"利而不害"的精神的具体体现，因此，圣人仿佛是天道与人道之间的桥梁。② 虽说它是理想的形象，但又是现实的；其理由是"我愚人之心"直接以"百姓心为心"；"贵以身为天下"、"爱以身为天下"也充分显示了圣人与他人同一，而对他人的宽容心和责任心，在客观上自然确定了"处上而民不重，处前而民不害"的态势，所以，客观呈现的始终是天下"乐推而不厌"的景象。因此，老子的

---

① 参见《帛书老子校注》，第361—369页。
② 参见"对于道家，正是通过抛弃社会试图使你确信的你所享有的习俗与抱负，你才发现了你的自然倾向。此外，理想的道家社会是一种社会共同体，鼓励自然倾向的自然流向，而不是通过把它概念化为你的'知识'而毁灭它，圣人用他的'德'培育你，而不是为了你自己的幸福而强制你。在以前的章节中，我们已经追述了从神农乌托邦经过《老子》直到《庄子》的原始主义和杨朱学派的篇章。讨论（老子）的'无为'，我们注意到它的理想社会的图景，一方面需要非常简朴的生活方式，另一方面需要一个圣人，使百姓对于使文明变得日益复杂的多重的欲望追求无知无识。我们也注意到，这与道德哲学的传统保持一致，这种传统始于这样的价值，即不是自然本身而是有充分知觉的自然的价值，而是其一定主张扩展知觉或者收缩经验于知觉的限度内"（《天人分途》，见[英]葛瑞汉《论道者：中国古代哲学论辩》，张海晏译，中国社会科学出版社2003年版，第346—347页）。

"私"虽与圣人直接联系,但通过分析身、我、吾等实际的演绎,可以得出这里的圣人并非乌托邦里的存在,而是理想性与现实性相统一的存在体。[1]

最后,不得不说的是,在日本语里,"私"的意思是"我"。我们有充分的理由说,日本人在唐代经过朝鲜半岛把中国的汉字带回日本时,就是用"私"的本义来具体表达"我"的意思,这种表达法至今还在使用。而这种情况与老子使用的"私"的意思完全是一样的,这方面的详细情况,有待进一步研究。

总之,道家老子"私"的思想,是老子思想不可分割的一部分,不仅包括我对自己的责任,即由"修之于身"而获取的宽容、不争等品性,在人际关系上演绎为我与万物为一,我与天下为一,以他人为中心,把自己的快乐和价值完全建筑在他人快乐和价值的实现上面,"为人己愈有"、"与人己愈多",显示的是以他人为价值中心的存在的特点,而这一切都在我是万物之一的存在的价值基点的设定上,这是宇宙价值观的威慑力所在,是我们构筑团体主义、集体主义的真正良性的资源,也是唯一的资源,但这一资源一直没有得到有效的利用,乃至至今这种观点也并非为多数人所认同,这也是长期以来人们把儒家思想作为构筑集体主义法宝的误区之所在。所以,我们至今没有形成科学合理的眼中有人、目中有他的价值实践机制,因为"我们所有的是自我主义,一切价值是以'己'作为中心的主义"[2]。这也是我们应该引起警醒的地方!

---

[1] 圣人也是人,在本质上是"人法地,地法天,天法道,道法自然"(第二十五章,第65页)。

[2] 费孝通:《乡土中国》,三联书店1985年版,第26页。

论《道德经》中自然的内涵

杨家友[*]

（东南大学　人文学院）

摘要　学术界在概念老子的自然时出现了同义反复和循环定义等逻辑问题，这源于对自然概念缺乏批判和反思，只是把自然当作形容词或抽象的名词去分析。《道德经》中的自然是一个发展变化的概念，自然的起点和归宿都是人及其社会，因此自然是一个富含人文性的概念。主要体现在：自然在其历史的起点上是人类早期文明所形成的无为的生活状态的描绘，在此基础上抽象出来的"道"，成为万物的本源以及万物按照无为的原则生存与运行的规律。如果把"道"作为真理的话，自然则是指引"道"生成、运行、发展的绝对真理。作为绝对真理的自然在其外化和现"象"的过程中，发生了变化：在伦理阶段，它保持着素朴的本体世界的真理本性，指引着价值世界和生活世界的运行，使人类社会成为一个共同体；自然在教化阶段，本体世界的"道"异化为"德"与"不德"，失去了最高的指引功能，导致价值世界失去规范和生活世界失去秩序；自然在道德阶段，本体世界回复其至善的指引作用，引导价值世界和生活世界向"玄德"乃至向自然之道回归，最终达到"道""德"与自然的和谐。

关键词　自然；道；现"象"；德

---

[*] 杨家友，河南商城县人，东南大学人文学院伦理学博士后，武汉纺织大学人文社科学院美学副教授，主要从事伦理美学研究。

论《道德经》中自然的内涵　　175

秉持"知者不言，言者不知"①（56，280）理念的老子，据说是在被关尹强逼的情况下写出了他一生中唯一的著述——《老子》，后人又称之为《道德经》。《道德经》的核心概念是"道"，中心思想是"道法自然"，已得到学术界的公认。但在"自然"的理解与阐释上学术界出现了很多不如意的地方，本文拟在前人解读的基础上提出自己对"自然"内涵的理解。

一　学术界的研究现状及问题的提出

"自然"在《道德经》中出现 5 次，为了下文论述方便，在此先行全部列出：

（1）"太上，不知有之；其次，亲而誉之；其次，畏之；其次，侮之。信不足焉，有不信焉。悠兮其贵言。功成事遂，百姓皆谓：我自然。"（17，130）

（2）"希言自然。故飘风不终朝，骤雨不终日。孰为此者？天地。天地尚不能久，而况于人乎？故从事于'道'者，同于'道'；'德'者，同于'德'；失者，同于失。同于'道'者，'道'亦乐得之；同于'德'者，'德'亦乐得之；同于失者，失亦乐得之。信不足焉，有不信焉。"（23，157）

（3）"有物混成，先天地生。寂兮寥兮，独立而不改，周行而不殆，可以为天地母。吾不知其名，强字之曰'道'，强为之名曰'大'。大曰逝，逝曰远，远曰反。故'道'大，天大，地大，人亦大。域中有四大，而人居其一焉。人法地，地法天，天法道，道法自然。"（25，163）

（4）"'道'生之，'德'畜之，物形之，势成之。是以万物莫不尊'道'而贵'德'。'道'之尊，'德'之贵，夫莫之命而常自然。故'道'生之，'德'畜之；长之育之；亭之毒之；养之覆之。生而不有，为而不恃，长而不宰。是谓'玄德'。"（51，261）

---

① 陈鼓应：《老庄新论》，上海古籍出版社 1992 年版，第 25 页。

（5）"其安易持，其未兆易谋。其脆易泮，其微易散。为之于未有，治之于未乱。合抱之木，生于毫末；九层之台，起于累土；千里之行，始于足下。民之从事，常于几成而败之。慎终如始，则无败事。是以圣人欲不欲，不贵难得之货，学不学，复众人之所过，以辅万物之自然而不敢为。"（64，309）

学术界对老子的自然概念进行了文字学、语法学、训诂学、文献学、逻辑学等方面的理解和阐释，有代表性的观点如下：

（1）陈鼓应先生作为道家研究的杰出代表，曾经对老子的自然概念阐释说："'自然'一词，并不是名词，而是状词。也就是说，'自然'并不是指具体存在的东西，而是形容'自己如此'的一种状态；《老子》书上所说到的'自然'，都是这种意思。……所有关于'自然'一词的运用，都不是指客观存在的自然界，乃是指一种不加强制力量而顺任自然的状态。"[1]

（2）对老子的自然概念有深入研究的当数刘笑敢先生。他先是1996年在《中国社会科学》上撰文认为"老子之自然的古典意含是自己如此，本来如此，通常如此，势当如此，其现代标准是发展动因的内在性，外力作用的间接性，发展轨迹的平稳性与总体状态的和谐性"[2]。2006年他又在其专著《老子古今：五种对勘与析评引论》中进一步阐释了自然的内涵与外延，其要点如下：一是，"自然"属于名词。二是，"自然"不是大自然或自然界，因此不属于自然观、本体论或形而上学，自然也不是一般的伦理学、政治哲学、历史哲学的概念，更难以归入认识论或语言哲学或方法论。将自然定义为中心价值不但符合西方哲学中的价值理论，而且道的原则或根本也是自然。三是，要将常识中的自然和老子之自然区别开，将老子之自然的核心意义定义为"人文自然"，也就是说，老子的自然主要关心的是人类社会的生存状态。四是，概括说来，老子所说的自然包括了自发性（自己如此）、原初性（本来如此）、延续性（通常如此）和可预见性（势当如此）四个方

---

[1] 陈鼓应：《老庄新论》，上海古籍出版社1992年版，第25页。
[2] 刘笑敢：《老子之自然与无为概念新诠》，《中国社会科学》1996年第6期，第136页。

面。可概括为两个要点,即动力的内在性和发展的平稳性。而更概括的说法则是总体状态的和谐。①

(3)王庆节先生通过对老子的"自然"观念的重新解读,展现了老子的自然观念中的两方面的意义,即"让自身的自己而然"的"肯定意义"与反对任何对"自身的自己而然"进行干涉的"消极意义"。老子"自然"观念中这一消极意义又通过老子的"无为"概念表达出来。无为的核心和要害均在于让"他者"、任"他者"或者辅"他者"自己而然。老子"自然"概念在哲学上予"他者"以合法性,为"自我"设限,建立起"他者"的界域并要求对之加以尊重。②

(4)关于老子自然的研究的最新的代表成果是谢扬举先生的《老子"自然"概念的实质和理论》,他认为,老子的旨趣在于研究万事万物,包括社会历史的可能态势,归趋则在认识最佳态势上。最佳态势既是事物变化的最优趋势,也是存在的最优条件。"最佳"指的就是"正常态",简言之为"常态",常态的本质就是自然态。老子的"自然"是指这种正常、稳恒、优化、动态平衡的态势。所谓老子哲学,可以说是关于事态或态势的哲学,而"自然"的理念旨在倡导掌握和服从最佳变化趋势。③

上述对老子自然概念解读的四种代表性的观点或多或少地都出现了逻辑上的矛盾。观点(1)出现的是同义反复:"关于'自然'一词的运用,都不是指客观存在的自然界,乃是指一种不加强制力量而顺任'自然'的状态","自然是一种顺任自然的状态",几乎没有透露任何额外的有用信息,两个"自然"是同义反复。观点(2)在逻辑上的问题是定义的内涵不明确:"自然的古典意含是自己如此,本来如此,通常如此,势当如此","如此"到底指什么、怎么样或者像什么,这里很不明确。其实,观点(1)里面也存在着这个问题,"'自然'并不是

---

① 刘笑敢:《老子古今:五种对勘与析评引论》(上卷),中国社会科学出版社2006年版,第289—292页。

② 王庆节:《老子的自然概念:自我的自己而然与他者的自己而然》,《求是学刊》2004年第6期,第41页。

③ 谢扬举:《老子"自然"概念的实质和理论》,《湖南大学学报》(社会科学版)2009年第1期,第16页。

指具体存在的东西，而是形容'自己如此'的一种状态"，"自己如此"也是一个模糊的回答。观点（3）的阐释有点玄虚："让自身的自己而然"到底是什么含义？它与自然有何区别？观点（4）在逻辑上循环定义："常态的本质就是自然态。老子的'自然'是指这种正常、稳恒、优化、动态平衡的态势"，这句话在界定"自然"时先用"自然"解释"态势"，而马上又用"态势"解释"自然"，这是一种明显的循环定义。

　　以上分析的是四种观点在逻辑上的矛盾，出现这些逻辑上的问题在于他们对自然内涵的理解没有取得大的突破，所以在阐释时出现了同义反复或循环定义的逻辑矛盾。其实，它们和传统上对自然的理解没有多大差别与创新，之所以如此，就是因为他们对老子的自然观缺乏反思和批判。传统的自然观认为，自然就是反对人为，即"无为"，即遵循事物的本性，让其自然而然。"所谓自然，皆系自己如尔之意。"[1] 其实，这种自然观中悄然隐含着"性善论"的先验唯心主义观点，只要让其自然而然，就能带来我们想要的理想结果。结合西方人性论（人性是自由的，有可能善也有可能恶）以及汶川大地震的巨大破坏力，任何人都应该会对这种自然观保持充分的警惕，可见，"性善论"的自然观有可能沦为伪善并带来极大的恶果。而"崇尚自然的学说，首唱于老子。老子认为宇宙之一切，都是自然的，人亦应当顺其本来的自然，不可有意作为"[2]。从而奠定了影响至今的暗含"性善论"的自然观，我们不能因为王弼说"自然者，无称之言，穷极之辞也"[3] 就仅仅对这种自然观进行全盘继承与接受，而放弃对其进行继续解读与批判。如果那样，就是我们当代学术的无能和"无为"（不作为）。

二　自然概念的名词性内涵

　　从上面观点的梳理可以看出，老子《道德经》中的自然不是我们

---

[1]　张岱年：《中国哲学大纲》，中国社会科学出版社1982年版，第18页。
[2]　同上书，第421页。
[3]　王弼著，楼宇烈校释：《王弼集校释》（上册），中华书局1999年版，第65页。

现代意义的大自然，现代意义的大自然在《道德经》里是以天、地、人等词汇来指代，它是一个高度抽象的哲学名词或概念。① 而从刘笑敢先生的"老子所说的自然包括了自发性（自己如此）、原初性（本来如此）、延续性（通常如此）和可预见性（势当如此）四个方面"这句话里我们虽然还不知道自然到底是什么，但从"自发性"→"原初性"→"延续性"→"可预见性"的发展历程来看，自然只有为一个不断变化的动词才能如此。这里就有了疑问，自然到底是名词还是动词？其实，对于一个发展变化中的事物来说，动词是其处于发展或外化亦即现"象"过程中的形态的称呼，名词是对其开端与现"象"这个过程中的任何一个点的称呼。

明确了自然的词性，接下来的任务就是要分析并揭示其内涵，首先从其名词性内涵入手。因为自然可以是其开端与终结这个过程中的任何一个点，所以我们选取其中一个特殊点——自然的开端处进行考察。对自然开端处的名词性内涵的探讨可以从历史和逻辑这两条途径入手。我们先从历史的途径入手。

老子哲学的出发点和归宿都是人，是对人生现实的深切关怀和忧虑，以及对人生理想境界的不懈追求。"人法地，地法天，天法道，道法自然"中"地"、"天"、"道"只是自然与人联系的桥梁，亦即自然概念的历史内涵也必须从人的历史那里寻找。② 面对着春秋时期血腥的兼并与常年的战乱，寻找一条定国安邦乃至统一天下的途径成为摆在老子和孔子这些先贤们面前的主要任务。"如果说迄今为止人类已经经历了五种社会形态、四次具有根本意义的社会转型，那么，最具决定意义、对各民族发展产生最深刻影响的社会转型，便是由原始社会向文明社会即奴隶社会转型。在这个历史上发生的第一次社会转型中，人类面

---

① 上述所引四种观点中，有些观点不承认自然是一个名词，只承认自然是一个状词（也因此造成了很多文字学、语法学或逻辑学的矛盾，例如前文所引老子论述自然的第3句中"人法地，地法天，天法道，道法自然"，根据古汉语语法，"自然"是与"地"、"天"、"道"一样同属名词，但陈鼓应先生认为《道德经》中的5个"自然"全部属于状词）。承认并论证出自然的名词内涵同时也就解决了其状词的内涵。因为根据汉语的语法，名词是可以做状词来使用的，而状词却不可以做名词使用。

② 这个观点得到了上述所引四个观点的作者的共同认可。中国哲学习惯性思维是推人道及天道，以天道言人道，其出发点和归宿都是人。

临的共同难题是：如何对待在迄今为止最为漫长的历史发展即整个原始社会中所形成的氏族社会的文化资源尤其是它的社会体制。"[1] 中国的先哲们很好地解决了这个问题，因为他们把寻找的目光投向了人类这段过去的历史，并在其中汲取了丰富的思想资源。孔子在周公的思想中找到了办法。在周公思想中，其思考的核心问题是一个王朝兴衰的最后原因是什么，他找到的答案是一个王朝的命运取决于天命并顺应民意，但是"天命靡常"，殷鉴不远。王朝的兴衰就看这个王朝是否有"德"，因为"鬼神非人实亲，惟德是依……皇天无亲，唯德是辅。……黍稷非馨，明德惟馨。……民不易物，惟德系物。如是则非德，民不和，神不享矣。神所冯依，将在德矣"[2]。为此，周公提出了"以德配天"的思想。孔子对周公的观点非常佩服："周监于二代，郁郁乎文哉！吾从周。"[3] 孔子的"仁治"思想就是从周公的"德治"思想发展而来，它激励着孔子周游列国，"知其不可而为之"。而老子则将目光投向了更为遥远的史前原始社会。因为"执古之道，以御今之有。能知古始，是谓道纪"（14，114），他提出的"道"、"不知谁之子，象帝之先"（4，75）更是把时代指向了远古。陈鼓应先生也认为："老子'自然无为'的主张，是有他的历史背景的，在上古'日出而作，日入而息……帝力于我何有哉'的安闲自足的社会。"[4] 然而，这种"安闲自足的社会"不是一朝一夕的产物，它是经过漫长的历史发展才形成的，因为史前的原始社会"是一个巨大而缓慢的过程。这一切事情都是在无意识之中进行。人虽然已经成为人，但仍紧紧地附属于自然。人类的联合是与他们对其他人类的联合的注视而一起产生的。人们相互认识观察。人类的扩散在冲突中逐渐合在一起，它开辟了形成更大的团体的道路。这是向历史的过渡，它以文字记载而明确开始"[5]。人类学家已经

---

[1] 樊浩：《道德形而上学体系的精神哲学基础》，中国社会科学出版社2006年版，第516—517页。
[2] 杨伯峻译注：《论语译注》，中华书局1980年版，第28页。
[3] 《四书五经·春秋·僖公五年》，北京古籍出版社1996年版，第1170页。
[4] 陈鼓应：《老庄新论》，上海古籍出版社1992年版，第30页。自然内涵起源于原始社会文化更详细的论述可参见陈鼓应、白奚《老子评传》第二章第三节"老子思想与原始宗教文化"的内容（南京大学出版社2001年版，第40—60页）。
[5] [德]卡尔·雅斯贝斯：《历史的起源与目标》，魏楚雄、俞新天译，华夏出版社1989年版，第51—52页。

发现并指出，在史前的原始社会，蒙昧状态的重要表征之一，是在人的意识和现实生活中只有实体和作为第一人复数的"我们"，而没有个体和作为第一人称单数的"我"。在长达几万年的原始社会中，人类极低的征服自然和改造自然的实践能力决定着人类的意识和思维能力基本上处于实体状态，因为那个时代的个体无法维系自身的生存与发展，人一出生就处在族群或氏族中，他只能也必须在得到族群或氏族的保护和照顾的情况下才能存在与发展。人们的劳动和实践必须依靠氏族或集体的力量才能取得成功，所以人的思维和意识都是以氏族集体利益为目的和手段。这样，氏族就成了个体皈依的实体。这时的人类处于淳朴的状态，"这个时代的新特点是，世界上所有三个地区的人类全都开始意识到整体的存在、自身和自身的限度。人类体验到世界的恐怖和自身的软弱。他探询根本性的问题。面对空无，他力求解放和拯救。通过在意识上认识自己的限度，他为自己树立了最高目标。他在自我的深奥和超然存在的光辉中感受绝对"①。这样，原始先民们逐渐形成了以氏族为绝对实体，过着平淡的生活，他们无欲、无私、见素抱朴、柔弱谦恭、致虚守静。每时每刻都处在没有剥削、没有压迫、我为人人、人人为我的平等互助的共同体的状态中。这种"人类共同体从根本上与本能的无意识的昆虫王国不同。与较高级动物中存在主从地位的情况及其群体构成相比，人类共同体的建立是以自觉的意图为基础的。直到国家形成前，人类社会生活似乎还以一种只是人所特有的现象为基础：通过强有力的团结战胜性嫉妒。在动物中，要么存在完全临时性的群体，它们在每次发情季节出现分裂，要不就存在由大多数无性成员组成的持久的群体。只有人类才能够不放弃性生活而形成一个强有力的友好团体，他们之间非常丰富的作用力使历史生活成为可能"②。原始先民们几万年甚至几十万年的原始的共同体生活经历，经过漫长的历史积淀，逐渐形成了荣格的精神分析学所说的"集体无意识"，这种"集体无意识"就是人应该过着平等、无私、无欲的素朴生活，这种生活就是人类几万年甚

---

① ［德］卡尔·雅斯贝斯：《历史的起源与目标》，魏楚雄、俞新天译，华夏出版社1989年版，第8—9页。
② 同上书，第50—51页。

至几十万年的自然而然的生活状态,它已经变成了习惯、习俗和风尚①,而且这种素朴自然的习惯和民风还应该持续下去。这样,在原始社会刀耕火种、生死相依的征服与改造自然的历史中,野蛮的生存环境催生了野蛮而淳朴的原始文明。冯友兰先生说得好:"此即老子之理想的社会也。此非只是原始社会之野蛮境界,此乃包含有野蛮之文明境界也。非无舟舆也,有而无所乘之而已。非无甲兵也,有而无所陈之而已。'甘其食,美其服',岂原始社会所能有者?可套老子之言也:'大文明若野蛮'。野蛮的文明,乃最能持久之文明也。"②

从以上对自然的开端处的名词性内涵的历史梳理的结果可以看出,老子的自然指的是一种漫长的原始文明生活所形成的"集体无意识"的平等、无私、无欲的生活状态,用《道德经》里的无为③这个概念可以概括这些内涵。下面开始对自然的名词性内涵进行逻辑分析。老子的自然是一个抽象概念,抽象概念的来源一般都有一个感性认识的具象化的过程。幸运的是,《道德经》中很明确地给出了自然概念的具象化或抽象化的过程。前文所引老子论述自然的五句中蕴含着自然内涵的抽象与具象的过程。第2句和第1句相对应,第1句揭示出严刑峻法的高压政策徒然使百姓"畏之侮之",因而统治者不如"贵言",抽离政治权

---

① 黑格尔的一段话可以让我们更好地理解这种习惯和民风的作用,他说:"在跟个人现实性的简单同一中,伦理性的东西就表现为这些个人的普遍行为方式,即表现为风尚。对伦理事物的习惯,成为取代最初纯粹自然意志的第二天性,它是渗透在习惯定在中的灵魂,是习惯定在的意义和现实。它是像世界一般地活着和现存着的精神,这种精神的实体就这样地初次作为精神而存在。……在习惯中,自然意志和主观意志之间的对立消失了,主体内部的斗争平息了,于是习惯成为伦理的一部分,也像它成为哲学思想的一部分一样。"

② 冯友兰:《中国哲学史》(上册),中华书局1947年版,第238页。

③ "无为"是自然与道运行的基本原则,已得到学界的公认,但对"无为"的内涵却有颇多争议。笔者认为,"无为"不是无所作为,而是"有为"却不自认为"有为"或根本没有想到这是"有为",因为任何氏族成员为氏族作任何贡献都是自然而然的事情,"无为"的内涵中包含了原始的平等、无私、无欲等内容,所以,可以成为自然和道的基本原则。所以说:"'自然'就是自在的'无为';'无为'就是自为的'自然'。"(樊浩:《道德形而上学体系的精神哲学基础》,中国社会科学出版社2006年版,第539页)如果自认为是"有为",则是原始素朴的自然和道异化的一种表现。从下面这句话可以窥见异化之端倪:"上德不'德',是以有'德';下'德'不失德,是以无'德'。上'德'无为而无以为;下'德'无为而有以为。上仁为之而无以为;上义为之而有以为。上礼为之而莫之应,则攘臂而扔之。故失'道'而后'德',失'德'而后仁,失仁而后义,失义而后礼。"(38,212)

力而去辅助人民。第 2 句中老子再次标出"希言"的政治理想,"希言"就是"少声教法令之治",即是行"清静无为"之政;以不扰民为原则,百姓安然畅适,这才是合乎自然。若以法治禁令捆缚人民,苛捐杂税榨取百姓,就如同狂风急雨般的暴政是不会持久的。这在第 5 句中又得到进一步的体现,① 第 1、2、5 句揭示了自然在生活世界的功能,而第 2 句里还初步揭示了自然现"象"为"道"和"德",这一形式与内涵在第 3、4 句中得到更为明显的揭示。第 3、4 句中自然的形式和内容可以依次外显并体现为自然→道→天→地→人,这是自然的具象或现"象"过程;反之,人→地→天→道→自然,则是自然的抽象过程,这一抽象过程是人类认识和思维成长的过程的体现。在人类最初的生活世界里,天地等自然事物是作为对立面而出现的,这时的自然是人类恐惧的对象。随着人类征服和改造自然能力的提高,人类的认识和思维能力也得到了发展,自然变成了寄予认识、情感与崇拜的对象,因为人类在自然里面发现了类似人类自身生活的规律和法则。"万物作而弗始,生而弗有,为而弗恃,功成而弗居"(2,64),"天地不仁,以万物为刍狗"(5,78),"天道无亲,常与善人"(79,354),在老子那里,"天道"的品德突出地表现为公正无私、没有偏爱,对万物都是无爱无恶的一视同仁的态度。"天之道,利而不害"(81,361),天道还具有利他的精神,不存有任何相害之心。"天地相合,以降甘露,民莫之令而自均"(32,194),天道能对人类公平地施予与分配。"天之道,其犹张弓与?高者抑之,下者举之,有余者损之,不足者补之。"(77,346)这就是推人道及天道,由天道言人道的认识和思维模式:"原始氏族成员之间的这种天然形成的无偏无私的关系,被老子认为是'天'的品德,并上升到'天之道'的高度加以肯定和赞颂。在老子那里,人又是自然界的一部分,对于'天'来说,人和万物是同等的,万物之间也是同等的。"② 对天地的这种具象化的认识和思维很容易走向抽象化的认识和思维。所以,"上善若水。水善利万物而不争,处众人之

---

① 此章三句话逻辑联系很不连贯,学者们一致认为是错简所致。参见陈鼓应《老子注译及评介》,第 310—311 页。

② 陈鼓应、白奚:《老子评传》,南京大学出版社 2001 年版,第 29 页。

所恶，故几于道"（8，89），从"水"这种天地自然之物很容易就能想到一个"独立而不改，周行而不殆"的"道"的存在。虽然"水"这些自然事物能够"天长地久。天地所以能长且久者，以其不自生，故能长生"（7，87）。但实际上"天地尚不能久"（23，157），那么，还有什么比天地更为长久的呢？老子说："道乃久，没身不殆"（16，124），"道"比天地更为长久，因为"道"是"先天地生"的，它"可以为天地母"。虽然"不知其名"，但"强字之曰'道'"，所以老子十分重视"长生久视之道"（59，295），这样，在人、地、天及其他万物的规律的基础上老子抽象出一个"道"的概念来，这个概念来源于人、地、天及其他具象的自然万物，所以说"道法自然"。在"道"的概念走向抽象的基础上，自然这个概念也随之走向抽象，它不再仅仅指自然实物，而是指引着"道"成为事物生成、发展、运行的规律、规则等。如果把"道"作为一种真理的话，那么，自然就成了"道"后面指引着"道"运行和发展的一种抽象形式的绝对真理。自然概念开始走向抽象的起点是人及其社会生活，所以老子的自然概念自身蕴含着丰富的人文性。[①] 从自然的开端处的名词性的逻辑内涵来看，它是在人类社会及天地等自然事物的基础上抽象而成的指引事物按照平等、无私、无欲等规律、规则生成、发展、运行的一种绝对真理状态，用《道德经》里的"无为而无不为"（37，209），可以概括这种真理的内涵。

三　自然概念的动词性内涵

知道了自然的原初的名词。内涵只是解决了自然内涵的万里长征的第一步，因为自然不仅仅只有一个开端处的一个自然的点，它还是在发展、变化的现"象"过程中任何一个点所生成的无数个自然，正因为

[①] 笔者赞同刘笑敢先生的老子的自然包含人文性的观点，但将老子之"自然"的核心意义定义为"人文自然"，笔者不敢苟同，既然"自然"内蕴人文性，那么在"自然"的前面再加个"人文"来修饰和强调，于理于法都值得商榷。

如此，才产生了刘笑敢先生所说的"自然的自发性（自己如此）、原初性（本来如此）、延续性（通常如此）和可预见性（势当如此）四个方面"。只有对自然的内涵进行量变与质变考察才能彻底回答自然的这种内涵，而对自然的动词性内涵的分析可以解决这个问题。《道德经》中虽然没有明确的关于自然的发展阶段的论述，但是通过分析①与综合，自然作为抽象形式的绝对真理状态虽然不会改变，但它在外化和现"象"的过程中却有所变化，外化的自然在发展过程中主要体现在伦理、教化、道德三个阶段，而每个阶段的自然在本体世界、价值世界和生活世界又呈现出不同的形态。

第一个阶段：自然的伦理阶段②——道。

因为老子的自然的出发点和归宿都是人，所以我们分析自然的发展时主要集中在人及由人形成的社会的这个特殊的个体。前文对自然概念进行历史梳理时指出，自然概念的原初内涵起源于原始社会早期人的思维和意识，那时人的一切都是以氏族集体利益为目的和手段，这样氏族就成了个体皈依的终极实体。这种实体性是"至德之世，不尚贤，不使能；上如漂枝，民如野鹿，端正而不知以为义，相爱而不知以为仁，实而不知以为忠，当而不知以为信，蠢动而相使，不以为赐"③。这时的人类处于淳朴的自然状态，而人类的精神也只能处于伦理阶段，因为"伦理本性上是普遍的东西，这种出之于自然的关联本质上也同样是一种精神，而且它只有作为精神本质才是伦理的"④。精神的现实性是实体，实体的真理性是伦理，实体透过伦理才能建构与实现。伦理是达到

---

① 因为考察自然的发展史，所以我们采用历史实践的方法来分析；因为自然是一个形而上的抽象概念，只有通过人的精神意识才能把握，所以我们采用精神现象学的方法来分析。总而言之，我们将采用历史实践与精神现象学这两种方法对自然概念的动词性内涵进行分析。

② 刘笑敢先生认为，"'自然'不是大自然或自然界，因此不属于自然观、本体论或形而上学，自然也不是一般的伦理学、政治哲学、历史哲学的概念，更难以归入认识论或语言哲学或方法论"。他几乎否定了自己"人文自然"的最新研究成果，因为他的这个结论中，几乎全部否定了"自然"的人文性。从前文和下文的分析，笔者将得出和刘笑敢先生相反的结论："自然"属于自然观、本体论或形而上学，自然也是一种伦理学、政治哲学、历史哲学的概念，可以归入认识论或语言哲学或方法论。

③ 陈鼓应：《庄子今注今译》，中华书局1984年版，第327页。

④ ［德］黑格尔：《精神现象学》（下卷），贺麟、王玖兴译，商务印书馆1979年版，第8页。

实体的精神的本质和现象形态。因为伦理的本质和内容就是普遍与实体。"伦理行为的内容必须是实体性的,换句话说,必须是整个的和普遍的;因而伦理行为所关涉的只能是整个的个体,或者说,只能是其本身是普遍物的那种个体。"① 原始社会没有孤独的个体,只有氏族这个作为"普遍物的那种个体",即实体,所以自然的原初形态是一种伦理形态。这种伦理形态在"道"的身上得到最集中的体现。历代学者都把"道法自然"解释为"道性自然":"河上公注:'道'性自然,无所法也。董思靖说:'道'贯三才,共体自然而已。吴澄说:'道'之所以大,以其自然,故曰'法自然',非'道'之外别有自然也。童书业说:老子书里的所谓'自然'就是自然而然的意思,所谓'道法自然'就是说道的本质是自然的。"② 可见,道就是自然的一种形而上的体现与别称,③ 自然体现为一种抽象的绝对真理状态,它借助于道使自己显现为一个本体世界:"有物混成,先天地生。寂兮寥兮,独立而不改,周行而不殆,可以为天地母。吾不知其名,强字之曰'道'。"(前引第3句)"道冲,而用之或不盈。渊兮,似万物之宗;湛兮,似或存。吾不知谁之子,象帝之先"(4,75),"视之不见,名曰'夷';听之不闻,名曰'希';搏之不得,名曰'微'。此三者不可致诘,故混而为一。其上不皦,其下不昧。绳绳兮不可名,复归于无物。是谓无状之状,无物之象,是谓惚恍。迎之不见其首,随之不见其后"(14,114)。"道"这个形而上的真实的存在体,在宇宙间是唯一的、绝对的"万物之宗"与"象帝之先"。"道"又是一个变体,它本身是不断运动着的,所以说它"周行而不殆",不会随着外物的变化而消失,也不会由于外在的力量而改变,所以说它"独立而不改"。"道""视之不见"、"听之不闻"、"搏之不得"。"道"的这种形而上的特殊性,很容易否定"道"的实存性,使"道"成为虚无、空洞的非存在,虚无的

---

① [德]黑格尔:《精神现象学》(下卷),贺麟、王玖兴译,商务印书馆1979年版,第9页。

② 陈鼓应:《老子注译及评介》,中华书局1984年版,第168页。

③ 在《道德经》里,只有两个概念是强制命名:"道"与"自然"。王弼在解释"道法自然"时说:"道不违自然,乃得其性,'法自然也'。法自然者,在方而法方,在圆而法圆,于自然无所违也。自然者,无称之言,穷极之辞也。"参见王弼著,楼宇烈校释《王弼集校释》(上册),中华书局1999年版,第65页。

东西怎能作为世界的本原呢？这就必然意味着"自然"与"道"这种"无"要化成"有"，因为"天下万物生于'有'，'有'生于'无'"（40，223）。又因为"道可道，非常'道'。名可名，非常'名'。'无'，名天地之始；'有'，名万物之母。故常'无'，欲以观其妙；常'有'，欲以观其徼。此两者，同出而异名，同谓之玄。玄之又玄，众妙之门。"（1，53）可见，"无"作为"天地之始"的名称与作为"天地之母"的"有"都是指称"道"的两种属性，因为"道可道，非常'道'。名可名，非常'名'"，所以，"道"到底是什么不可说，只能说的是它的"无"与"有"的两种属性。所谓"天地之始"的"无"，是指"道"的形而上性，所谓"天地之母"的"有"，是指形而上之"道"蕴含着无限未显现的生机，最终要由形而上的世界生成形而下的世界并创生万物。在由"无"生"有"的过程中，"自然"与"道"也由其最初的自在形式变为自为的形式。

伦理阶段的自然概念还没有异化，所以它具有三重功能：它既保持着其原生态的本体的朦胧性而拥有至善的真理性，又具有给予价值世界和生活世界指引作用："大道泛兮，其可左右。万物恃之以生而不辞，功成而不有。衣养万物而不为主，可名于小；万物归焉而不为主可名为大。以其终不自为大，故能成其大。"（34，200）自然与道生养万物，使万物各得所需、各适其性而不加任何主宰。根据原生态的自然和道的"无为而无不为"原则而建立的理想的生活世界是一幅桃花源式的美好景象："小国寡民。使有什伯之器而不用；使民重死而不远徙。虽有舟舆，无所乘之，虽有甲兵，无所陈之。使民复结绳而用之。甘其食，美其服，安其居，乐其俗。邻国相望，鸡犬之声相闻，民至老死，不相往来。"（80，357）这种原始的"大同世界"就成了无数后来者可望而不可即的美丽乡愁。

第二个阶段：自然的教化[①]阶段——德或无德。

原始社会初期人类极低的实践能力决定着氏族成了个体皈依的伦理实体。随着人类实践能力的提高，以家庭甚至个人为单位可以完成原来

[①] "教化是自然存在的异化"见［德］黑格尔《精神现象学》（下卷），贺麟、王玖兴译，商务印书馆1979年版，第42页。

只有依靠氏族团体才能完成的任务，这就使家庭和个人也慢慢变成了人的意识和思维的对象。"精神在它的单纯的真理性中本是意识，它现在把它自己的环节拆散开来。行为将它分解为实体和对实体的意识；并且既分解了实体又分解了意识。"① 这里的"行为"在黑格尔那里虽然是指精神意识活动，但也完全可以包含人类的实践行动，它导致人类产生了实体（氏族因为和家庭相对，此时应该称为民族和家庭）和对实体的意识（民族意识和家庭意识）；还导致原来的自然的实体（原来的原始氏族）分裂为现在的民族、家庭等实体甚至个体；此外，实践还导致了意识的分裂，使原来单一的氏族意识分裂为民族意识、家庭意识甚至个体意识。"在意识这样分裂的过程中，单纯的实体一方面获得了它与自身意识的对立性，另一方面它因此在它自己身上也同样表现出了意识在其自身中自行分裂的本性，使自己成为一个分化为各个范围的世界。"② 在实体和意识已经分裂的情况下，个体如何选择（是选择民族还是家庭）成了一个棘手的问题。"自我意识就在它的行动中认识到实体所分裂而成的那两种势力的矛盾，认识到它们的相互摧毁，认识到它关于它的行为的伦理性质的知识与自在自为的伦理之间的矛盾，并因此而感受到它自己的毁灭。"③ 个体已经充分认识到实体的分裂及分裂双方不可调和的矛盾性，但是伦理精神的发展与实现的代价就是伦理实体自身的摧毁。所以，"在诸个体那里，普遍〔共体〕表现为一种悲怆情愫"。④ 而自然的伦理实体的摧毁和精神的延续又取决于个体自我作为一个公民的行动选择。"因为一个人只作为公民才是现实的和有实体的，所以如果他不是一个公民而是属于家庭的，他就仅是一个非现实的无实体的阴影。"⑤ 因为个体如果还执着于家庭和民族这种普遍性，他就成了"直接的自然的变化结果，不是出自于一种意识的行动"⑥，因此，"家庭成员的义务，就在于把〔意识的行动〕这个方面添加进去，

---

① ［德］黑格尔：《精神现象学》（下卷），贺麟、王玖兴译，商务印书馆1979年版，第5页。
② 同上。
③ 同上书，第6页。
④ 同上书，第30页。
⑤ 同上书，第10页。
⑥ 同上。

以便使他的这个最后的存在、普遍的存在也不仅属于自然，也不始终仅是一种非理性的东西，而成为一种由行动创造出来的东西，并使意识的权利在这种由行动创造出来的东西中得到确认"[①]。可见，实践是促使自然的伦理实体分裂并走向个体的最后因素，它促使个体精神的生长，这是精神发展必须经历的过程，精神发展的过程就是原初的伦理精神分裂的过程，也是异化的过程。因为"在伦理世界里还没有出现的自我的现实，现在由于自我已返回于个人，自我就赢得了这个现实；当初在伦理世界中是单一或统一的东西，现在以分化发展了的形式出现了，但发展了，也就是异化了"[②]。而在老子的《道德经》中，自然的伦理阶段发展到教化阶段的形式就是"道"异化或现"象"为"德"："孔德之容，惟'道'是从。'道'之为物，惟恍惟惚。惚兮恍兮，其中有象；恍兮惚兮，其中有物。窈兮冥兮，其中有精；其精甚真，其中有信。自今及古，其名不去，以阅众甫。吾何以知众甫之状哉？以此。"（21，148）"道"虽幽隐无形，不可感知，但并非空无所有，其中有"象"，有"物"，有"精"，有"信"，因而和虚无相比，又可以称之为"有"。唯其如此，"道"才能成为世界的本原，化生出天地万物。这样一个有与无的统一体，既恰当地强调了"道"的形而上的特殊性，体现了"道"与具体事物的区别，又恰当地突出了"道"的实存性，体现了"道"与具体事物的联系。而"孔德之容，惟'道'是从"中的"孔德"就是"道"由"无"生"有"的发展、现"象"的体现，变化就是一种异化，它已经否定了原来"道"的自在状态的抽象性，成为自为状态的"孔德"。但"道"异化或现"象"的产物更多的却是"无德"或"失德"："大道废，有仁义；智慧出，有大伪；六亲不和，有孝慈；国家昏乱，有忠臣。"（18，134）"上德不'德'，是以有'德'；下'德'不失德，是以无'德'。上'德'无为而无以为；下'德'无为而有以为。上仁为之而无以为；上义为之而有以为。上礼为之而莫之应，则攘臂而扔之。故失'道'而后'德'，失'德'

[①] [德]黑格尔：《精神现象学》（下卷），贺麟、王玖兴译，商务印书馆1979年版，第10页。

[②] 同上书，第38页。

而后仁，失仁而后义，失义而后礼。夫礼者，忠信之薄，而乱之首。前识者，道之华，而愚之始。是以大丈夫处其厚，不居其薄；处其实，不居其华。故去彼取此。"（38，212）"仁"、"义"、"礼"都是"下'德'"产生的，在老子的时代，它们已经演变为繁文缛节，为投机取巧、争权夺利者所盗用，成为"忠信之薄，而乱之首"的原因。那种原始的自发的平等、无私、无欲的"上德不'德'"的素朴生活已经成了历史，但"前识者，道之华，而愚之始。是以大丈夫处其厚，不居其薄；处其实，不居其华。故去彼取此"，那些所谓的"先知"们提倡的"仁、义、礼"不过是"道"与"自然"的虚华和异化的东西，这是愚昧的开始，真正的大丈夫绝不甘心屈身浅薄与虚华之下，他要立身敦厚、存心笃实，重新返回到自然与道的素朴状态。这就决定着自然的异化阶段只是一个过程，自然还会回归到原初的无为的道路上去。

教化阶段的自然概念已经异化，自然原生态的本体世界虽然存在着并拥有至善的真理本性，但已经丧失了其指导价值世界和生活世界的资格，在价值世界起着指引作用的却是其教化或异化状态下的"德"与"不德"。在这两种截然相反的价值指引下的自然的生活世界发生了信仰的严重分化："太上，不知有之；其次，亲而誉之；其次，畏之；其次，侮之。信不足焉，有不信焉。"（前引第1句）自然无为之治、德治和法治的分裂使人心离散，对统治者无法相信和拥护。"唯之与阿，相去几何？美之与恶，相去若何？人之所畏，不可不畏。荒兮，其未央哉！众人熙熙，如享太牢，如春登台。我独泊兮，其未兆；沌沌兮，如婴儿之未孩；累累兮，若无所归。众人皆有余，而我独若遗。我愚人之心也哉！俗人昭昭，我独昏昏。俗人察察，我独闷闷。众人皆有以，而我独顽且鄙。我独异于人，而贵食母。"（20，140）"五色令人目盲；五音令人耳聋；五味令人口爽；驰骋畋猎，令人心发狂；难得之货，令人行妨。是以圣人为腹不为目，故去彼取此。"（12，106）美丑是非、善恶贵贱等价值判断都颠倒了，有人熙熙攘攘，纵情于声色货利，有人却甘守淡薄、淡然无声。价值世界失去规范与生活世界失去秩序，人类处在一个两难选择的十字路口。

第三个阶段：自然的道德阶段——玄德。

人类实践能不仅能推动自然由原初的素朴状态走向异化，更能推动自然继续向前发展，最终摆脱其异化，进入道德阶段。异化阶段的个体作为公民通过行动否定了自己"是一个非现实的无实体的阴影"，成就自己是现实的和有实体的。个体的行动与"意识在有用性中找到了它的概念"，有用性体现为财产的占有性的个体欲望意识。"意识既以有用性为概念，有用的东西的对象性形式，事实上已经自在地被收回、被取消了，而且由于这种内在方面的变革，于是出现了现实方面的实际变革，出现了新的意识形态、绝对自由。"① 亦即个体意识由于有用性的作用很容易发展成绝对自由的意识，绝对自由的意识必然导致绝对恐怖和死亡。"普遍的自由所能做的唯一事业和行动就是死亡，而且是一种没有任何内含、没有任何实质的死亡，因为被否定的东西乃是绝对自由的自我的点；它因而是最冷酷最平淡的死亡，比劈开一棵菜头和吞下一口凉水并没有任何更多的意义。"② 这种异化的精神——绝对自由——既摧毁了自己甚至也能摧毁它背后的异化的实体——国家（如法国大革命期间的罗伯斯庇尔专政）。而绝对自由之所以称为绝对自由就体现在它既有可能摧毁一个包括自身在内的旧世界，又有可能建立一个涵盖自身的新世界。"正如现实世界的王国之过渡到信仰的和识见的王国那样，绝对自由也从它那摧毁着自己本身的现实王国过渡到另一个有自我意识的精神的王国，在这里，绝对自由带着这种非现实性被看成了真理；而精神，既然它现在是并且继续着思想，既然它知道这种封闭于自我意识中的存在是完全的和完满的本质，它就因为这种有关真理的思想而元气恢复，活力重振。这就产生了新的意识形态，道德精神。"③ 异化阶段只是精神的否定阶段，精神的否定之否定就进入了"对其自身具有确定性的精神"——道德阶段，它与异化阶段的精神最大的不同就是此时精神已经否定了异化而使个体与实体重新和谐与同一。这种同一需要个体意识提升到与实体相统一，此时的意识相当于一种道德意识。而"德毋宁应该说是一种伦理上的造诣"④，是在"单一物与普遍

---

① [德]黑格尔：《精神现象学》（下卷），贺麟、王玖兴译，商务印书馆1979年版，第114页。
② 同上书，第119页。
③ 同上书，第123页。
④ [德]黑格尔：《法哲学原理》，范扬、张企泰译，商务印书馆1961年版，第170页。

物"即个体与实体的统一中获得的那种自在自为的自由,即道德世界是个体获得自身的伦理实体性,并以伦理的实体性规定自身而形成的个体内在的实体性的世界。在老子的《道德经》中,自然由异化阶段发展到道德阶段就是"玄德"的状态:走出异化阶段的人类"绝圣弃智,民利百倍;绝仁弃义,民复孝慈;绝巧弃利,盗贼无有"(19,136)。他们的最终归宿是重新投入"自然"与"道"的怀抱,因为万物都是"'道'生之,'德'畜之,物形之,势成之",所以"万物莫不尊'道'而贵'德'。'道'之尊,'德'之贵,夫莫之命而常自然",在"自然"和"道"的怀抱中长期的浸润与熏陶下("'道'生之,'德'畜之;长之育之;亭之毒之;养之覆之。生而不有,为而不恃,长而不宰。是谓'玄德'"),养成了最高的道德——玄德:"'玄德'深矣,远矣,与物反矣,然后乃至大顺"①(65,312),道德的目的是回归"见素抱朴,少思寡欲"(19,136)的自然境界:"自然即在道德意识本身之中……道德本身,是行动着的自我所固有的一种和谐;因此,意识必须自己来创造这种和谐,必须在道德中永远向前推进。但是,道德的完成是可以推之于无限的;因为,假如道德真的出现了,则道德意识就会把自己扬弃掉。……道德的完成是不能实际达到的,而勿宁是只可予以设想的一种绝对任务,即是说,一种永远有待于完成的任务。"②"上德不德",自然、道都是人类追求的无限的终极目标,人类走在使道德规律向自然规律皈依的征程中。当这个过程完成时,人类就完成了与客观自然和主观自然的和谐,亦即完成了黑格尔所说的两个"公设":"第一个公设是道德与客观自然的和谐,这是世界的终极目的;另一个公设是道德与感性意志的和谐,这是自我意识本身的终极目的。"③

道德阶段的自然概念的本体世界又回复到其原生态的至善的真理本性,它使异化为"德"与"不德"的价值世界重新返回到自然的伦理状态之途:"知其雄,守其雌,为天下溪。为天下溪,常德不离,复归于婴

---

① 林希逸说:"大顺即自然也。"(陈鼓应:《老子注译及评介》,中华书局1984年版,第314页)陈著也从此说。

② [德]黑格尔:《精神现象学》(下卷),贺麟、王玖兴译,商务印书馆1979年版,第129页。

③ 同上书,第130页。

儿。知其白，守其黑，为天下式。为天下式，常德不忒，复归于无极。知其荣，守其辱，为天下谷。为天下谷，常德乃足，复归于朴。"（28，178）本体的真理世界还引导价值世界把以前雄雌不辨、黑白不分、荣辱不明等颠倒的价值判断重新向"常德"靠拢，并引导其最终"复归于婴儿"、"复归于朴"、"复归于无极"的伦理状态。至善的本体世界还指引着生活世界走向"孔德"乃至向至善的本体世界靠拢。整部《道德经》除了讲自然与道的本体世界以外，其他内容几乎都是反映至善的本体世界对生活世界的指引："不尚贤，使民不争；不贵难得之货，使民不为盗；不见可欲，使民心不乱。是以圣人之治，虚其心，实其腹，弱其志，强其骨。常使民无知无欲。使夫智者不敢为也。为无为，则无不治。"（3，71）"道常无为而无不为。侯王若能守之，万物将自化。化而欲作，吾将镇之以无名之朴。镇之以无名之朴，夫将不欲。不欲以静，天下将自正。"（37，209）"以正治国，以奇用兵，以无事取天下。吾何以知其然哉？以此：天下多忌讳，而民弥贫；人多利器，国家滋昏；人多伎巧，奇物滋起；法令滋彰，盗贼多有。故圣人云：我无为，而民自化；我好静，而民自正；我无事，而民自富；我无欲，而民自朴。"（57，284）"治大国，若烹小鲜。以道莅天下，其鬼不神；非其鬼不神，其神不伤人；非其神不伤人，圣人亦不伤人。夫两不相伤，故德交归焉。"（60，298）"侯王"和"圣人之治"如果能遵循"道常无为"的原则，就能达到"无不为"、"无不治"、"天下将自正"、"民自化"、"德交归"的效果。

以上所述是就以人为个体的自然概念的内涵分析，实际上自然不仅仅指人及其形成的社会，还有人之外的万物所形成的生态，所以自然不仅仅是一个人文概念，它更应该是一个具有生态价值的概念[①]（老子自然的生态内涵的梳理与论述超出本人能力范围，不再赘述）。

四 结论

学术界在概念老子的自然时出现了同义反复和循环定义等逻辑问

[①] "生态价值"和"价值生态"的概念与内涵可参见樊浩《伦理精神的价值生态》，中国社会科学出版社2001年版。

题，这源于对自然概念缺乏批判和反思，只是把自然当作形容词或抽象的名词去分析。《道德经》中的自然是一个发展变化的概念，自然的起点和归宿都是人及其社会，因此自然是一个富含人文性的概念，主要体现在：自然在其历史的起点上是人类早期文明所形成的无为的生活状态的描绘，在此基础上抽象出来的"道"，成为万物的本源以及万物按照无为的原则生存与运行的规律。如果把"道"作为真理的话，自然则是指引"道"生成、运行、发展的绝对真理。作为绝对真理的自然在其外化和现"象"的过程中，发生了变化：在伦理阶段，它保持着原初的本体世界的至善的真理本性，指引着价值世界和生活世界的运行，使人类社会成为一个共同体；自然在教化阶段，本体世界的"道"异化为"德"与"不德"，失去了最高的指引功能，导致价值世界失去规范和生活世界失去秩序；自然在道德阶段，本体世界回复其至善的指引作用，引导价值世界和生活世界向"玄德"乃至自然之道回归，最终达到"道"、"德"和自然的和谐。

参考文献：

1. ［德］黑格尔：《精神现象学》，贺麟、王玖兴译，商务印书馆1979年版。
2. ［德］黑格尔：《法哲学原理》，范扬、张企泰译，商务印书馆1961年版。
3. ［德］卡尔·雅斯贝斯：《历史的起源与目标》，魏楚雄、俞新天译，华夏出版社1989年版。
4. 陈鼓应：《老子注译及评介》，中华书局1984年版。
5. 陈鼓应：《庄子今注今译》，中华书局1984年版。
6. 杨伯峻译注：《论语译注》，中华书局1980年版。
7. 王弼著，楼宇烈校释：《王弼集校释》，中华书局1999年版。
8. 《四书五经》，北京古籍出版社1996年版。
9. 陈鼓应：《老庄新论》，上海古籍出版社1992年版。
10. 陈鼓应、白奚：《老子评传》，南京大学出版社2001年版。
11. 张岱年：《中国哲学大纲》，中国社会科学出版社1982年版。
12. 冯友兰：《中国哲学史》，中华书局1947年版。
13. 樊浩：《伦理精神的价值生态》，中国社会科学出版社2001年版。
14. 樊浩：《道德形而上学体系的精神哲学基础》，中国社会科学出版社2006年版。

15. 刘笑敢：《老子古今：五种对勘与析评引论》，中国社会科学出版社 2006 年版。
16. 刘笑敢：《老子之自然与无为概念新诠》，《中国社会科学》1996 年第 6 期。
17. 王庆节：《老子的自然概念：自我的自己而然与他者的自己而然》，《求是学刊》2004 年第 6 期。
18. 谢扬举：《老子"自然"概念的实质和理论》，《湖南大学学报》（社会科学版）2009 年第 1 期。

《道德经》中的民本伦理智慧与启示

李天莉[*]

(东南大学 人文学院)

摘要 道家伦理以尊道贵德为基本的价值视角和理论基点,主张遵从道德本性,依据辩证转换思路,鄙视权贵追求义利俱轻,要求统治者无为而治,希冀在众皆平等的基础上达成社会和谐,设计出政治伦理境界最高的民本治理模式。这种看似乌托邦式的设计,却提供了一个彻底解决矛盾的另类视角,其探索和智慧仍将对今天的社会治理有重要的参考意义。本文将从价值取向、实践理路和伦理追求三个方面阐述《道德经》中蕴含的民本智慧。

关键词 道家民本;价值取向;实践理路;伦理目标

在道家学说中,"道"为天地之始和万物之母,"德"是"道"的具体表现和功能效用。道家学说用道和德将人的精神生命与宇宙精神融合在一起,目的是对现实社会和人生问题作出合理的解释,也是为社会和人生寻找一种依托,寻求一种无限与永恒。道家伦理以尊道贵德为基本的价值视角和理论基点,其民本智慧里也始终贯穿着这一思想。

---

[*] 李天莉,女,河南镇平县人,东南大学人文学院副教授,主要从事伦理学、政治学研究。

一 道家民本思想争议之辨析

民本思想作为中国传统政治思想的核心，长期以来，一直受到学界和政界等多方的重视。但先贤学者在对民本思想的研究中却见仁见智，金耀基先生认为，古代有民本、非民本和反民本三派。民本思想起源于《尚书》"民惟邦本"之语，后经儒家继承发扬光大；非民本思想为老庄、杨朱一派，他们在哲学上极尽璀璨奇丽，但于现实政治影响不大；反民本思想以申韩、李斯等辈为健者，此派在嬴秦时称尊，厥后2000余年在思想上并未真正得势。① 夏勇先生认为，其实这"三派"人物在政治思想方面都是讲民本的，他们之间的不同，不过是讲法的不同，是关于民本的具体解释和政治方案的不同，其中，既有君权的讲法，也有民权的讲法。② 冯天瑜教授认为，民本学说在本质上不是民本位理论，而是一种明智的、眼光远大的君本位理论，但君与民究竟何为本末，不可一概而言。在讨论国家的来源、根本和基础的时候，人们认为"民为国本"，但在讨论政治的首脑、主体和关键的时候，人们又认为"君为政本"，实际的历史进程中，上述两种君主民臣本末观有时是并行不悖的。③

笔者认为儒、墨、道三家都蕴含着富有特色的民本思想，因为民本的内涵非常丰富，但其核心理念却如学者张分田所说，是以民为本，基本思路是立君为民、民为国本、政在养民，并认定由这三个基本思路可以推导出民本思想的全部内容。虽然儒家民本学说影响最大，但道家以尊道贵德为基本的价值视角和理论基点，要求统治者遵从道德本性，鄙视权贵看淡义利，重民爱民顺民，实行无为而治。希冀在众皆平等的基础上达成社会和谐，设计出的应是一个政治伦理境界最高的民本治理模式。这种看似乌托邦式的设计，却提供了一个彻底解决矛盾的另类视

---

① 金耀基：《中国民本思想史》，台北商务印书馆1993年版，第1页。
② 夏勇：《中国民权哲学》，三联书店2004年版，第2—3页。
③ 冯天瑜：《人文论衡》，武汉出版社1997年版，第279页。

角，其探索和智慧仍将对今天的社会治理有重要的参考意义。

二　道家民本的价值取向

老子认为治理天下要顺道而为，因为"道法自然"，人就应该效法自然之道，追求而不要占有，奉献而不要回报，人生的意义和价值就在于利他为公。统治者要想维持长治久安，就应当谦卑为怀，既自强不息又厚德载物，以刚健的精神律己自为，以虚怀若谷的态度待人接物，对民勿扰勿惊，才符合道德本性，也才能实现对社会的最好治理。

（一）效法自然的民本伦理依据

道家提倡尊道贵德，尊道贵德的价值追求，凸显的是道德的本然、权威、尊严和价值，必然要求人们把讲道德视为一种内在的义务，不以讲道德去谋取功名利禄或物质财货。人作为自然界的一部分，"少私寡欲"应是人性自然的基本特征和要求，因为五色缤纷使人眼花缭乱，五音纷杂使人听觉不灵，五味鲜美使人味觉失常，骋马狩猎使人癫狂放荡，难得的财货使人行为不轨，所以圣人治理天下，就应该不为外物所诱惑。要想"无为而治"，就要："不上贤，使民不争。不贵难得之货，使民不盗。不见可欲，使心不乱。"[①]（3，14）（其义就是：不推崇有才干的人，使民不争功名利禄；不看重稀有商品，使民不去偷盗；不显耀那些能诱发人贪欲的东西，使民的心性不被搅乱）其根本宗旨就是以"无为"的态度去处理世事，只有如此，才能使民心淳朴、社会安宁和谐。反过来说，社会上为什么人人争权夺利、盗抢成风、人心不稳？根本原因是管理者厚此薄彼，贪得无厌，不顾民众的死活。如果这样，不论制定出多么严厉的惩罚措施，社会的混乱也是不可避免的。所以道家认为儒墨两家竞相宣扬仁义礼智的道德理论，是一种"下德"，是一种"有为"，脱离道德的实然本质，以致成为贪利者的假借之器，

[①] 本文所引老子文本源自朱谦之《新编诸子集成：老子校释》（中华书局1984年版），文中只注章节与页码（逗号隔开）。

最终成为不道德。

老子说："将欲取天下而为之，吾见其不得已。天下神器，不可为。为者败之，执者失之。"（29，115）大意是：据我所知，想要依靠自己的作为将天下治理好这样的事情是没有的。治理天下这样的事情非常神奇，不是靠管理者的本事就可以做到的。如果以为只有靠自己的管理才能治理好天下，最终结果肯定是失败，即便一时取得成果最后还是会失去。基于此，首先要统治者自我约束，使社会的自管理能力得到发展和培育，使民众能够自在自然地生存，最终归于道的本性。其次必须限制管理者的权力，使之不能随便干涉百姓的生活。因为"民之难治，以其上之有为，是以难治"（75，292）。统治者滥用权力，祸害百姓，是造成许多社会祸害的根源。求得社会安逸的有效方式就是限制统治者的权力，使之不敢也不能胡作非为。最后要求统治者树立无形管理比有形管理更重要的理念，从自身做起引起上行下效。因为榜样、示范效应、社会文化环境及心理状态的作用深远而持久，还能使人主动为之，而管理机构、条例、章法、奖惩措施等是一种外在的强迫，往往会造成虚假繁荣的局面。发挥无形管理效用的方法，从根本上说，也就是要做到："圣人无心，以百姓心为心。善者吾善之，不善者吾亦善之，得善。信者吾信之，不信者吾亦信之，得信。圣人在天下，怵怵；为天下，浑其心。百姓皆注其耳目，圣人皆孩之。"（49，194—196）因为百姓注视着管理者的一举一动，如果管理者做到淳朴不狡诈，像父母爱护自己的孩子那样爱护百姓，成为百姓的楷模，"无为而治"也就可以实现了。这种用无为达至无知无欲最终达到无不为的观点，虽然带有某种缺陷，但在当时浇薄乖戾、物欲横流的时代，不失为一种积极的探索和尝试，是一种试图从精神理想层面杜绝贪婪纷争的根源，寻求彻底解决问题的良方妙药，也是一种最根本或最彻底的解决方案。

（二）辩证求治的伦理智慧

老子倡导统治者爱民治国无为而治，但无为并不是消极等待，而是要从老百姓的需要出发，为老百姓做有利的事情。这就首先要颠倒当时的善恶观念，从根本做起，让整个统治秩序回归自然。因为老子认为："大道废，有仁义。智慧出，有大伪。六亲不和，有孝慈。国家昏乱，有忠臣。"（18，72—73）善恰恰因恶而生，但真正的本然应是"上德不德，是以有德。下德不失德，是以无德"（38，150），从而否定儒家的仁义道德，要求统治者"居善地，心善渊，与善人，言善信，政善治，事善能，动善时"（8，32）。真正爱民治国，就要对被统治者一视同仁，使民众各顺其性、各安其生。

其次，因为万物之间既相互依存又互相转化，所以统治者必须顺道而为，完全按照自然法则的要求办事情。王的地位尽管至高至贵，但民是君的依托和基石，君虽居于雄、刚、强、先的地位，而民居于雌、柔、弱、后的方面，但这种关系不是一成不变的，因为天下之至柔，驰骋天下之至坚。君盲目自贵自高是取败之道，只能因循自然、利民行事，如此不仅可以使自己的德性充盈，而且可使人心素朴归一。"是以圣人抱一为天下式。不自见，故明；不自是，故彰；不自伐，故有功；不自矜，故长。夫惟不争，故天下莫能与之争。"（22，92—93）"圣人"用"道"作为观察天下命运的工具，如果不自我显示，反而能显明；不自以为是，反而能显著；不自我夸耀，所以能有功劳；不自高自大，所以能长久。正因为不跟人争，所以天下没有谁能真的赢他。得民之道和得天下的关系恰如"江海所以能为百谷王，以其善下之，故能为百谷王。是以圣人欲上人，必以言下之；欲先人，必以身后之。是以圣人处上而人不重，处前而人不害，是以天下乐推而不厌"（66，267—268）。在老子看来，甘居下流，不与民争，顺民而行才是得民之道。

再次，统治者与被统治者之间的关系是生态关系，此消彼长，所以有效的统治应该适度恰当，有时需要反向而行。圣人治理国家，有规范而不过分强制，廉洁而不伤害民众，直率而不放肆，有光泽而不耀眼，圣人不妄为就不会失败。"将欲翕之，必故张之；将欲弱之，必故强之；将欲废之，必故兴之；将欲夺之，必故与之，是谓微明。柔胜刚，弱胜强。鱼不可脱于渊，国有利器，不可示人"（36，142—145），也就是说，要合拢，必须先张开；要消灭它，必须让它强大；要废除它，首先要使它兴盛；要从中获取，就首先资助它，这样才能获得长久发展。君主明白这个道理，就会谦虚地对待下民，争取民众的拥护和辅助。深知什么是强雄，却安于柔雌的地位，深知什么是荣耀，却安于卑辱的地位，永恒的"德"才得以充足，"是以圣人终不为大，故能成其大"（63，257）。统治者要善于把握形势和事物发展的度，顺势而为，进退得当，近道达道。一切顺其自然，实行无为而治，不仅能保证自己的幸福和安逸，而且能够为民众带来利益，成为人们效法和模仿的对象。因为"其政闷闷，其人醇醇；其政察察，其人缺缺"（58，234—235）。如果管理者实施察察之政，苛民扰众，政治残酷黑暗，民风也会狡黠欺诈，长此以往必定使社会处于混乱动荡的境地。而实施"闷闷之政"，虽然暂时没有给管理者带来很大的效益，但政治宽厚清明，民风就会淳朴无邪；能使民众安抚，社会安定，有利于统治秩序的持续运转。

最后，圣明之人应依靠修行道德取得和巩固其社会地位。君位的取得应通过修行道德而来，最高的道德就是无为的天德。所谓天德，就是"万物作而不辞，生而不有，为而不恃，成功不居"（2，10—11）的境界。这要求统治者"见素抱朴，少私寡欲"（19，75）。修行道德的结果，不仅可以完善自身，同时也可赢得四方之民的归服。高明的管理者应该反对强制妄作及虚假私欲，回复真性，以自身的模范行为影响社会的共同价值观，做到"不令而行"。同时"道之为物，唯恍唯忽。忽恍中有象，恍忽中有物。窈冥中有精，其精甚真，其中有信"（21，88—89）。正因为道具备这种精微高远、缥缈又真切的特性，所以道德的追求不会有终极的目标，道德的修养也不会有绝对的顶点，不同时代的人只能近似或相对地把握和体悟道德，从而为统治者的无为而治设计一个精深的目标，给予他们靠近和践履民本以无限的精神动力，为道德提升寻求一道可以依赖的屏障，为道德培育铺垫一块坚实的基地，为社会的清明和谐奠定形上的根基。

三 道家民本伦理的实践理路

儒、墨、道、法诸家虽然主张用不同的方式对社会进行治理，但其中心都放在国家治理和人心安顿上，都希望促成民安治和。但其治理的价值取向又有所不同，道家伦理在现实中的核心体现是想利用鄙视权贵、轻视义利的方式达到无为而治的目标。

（一）道家民本的实践方略

道家伦理主要是想冲破当时的社会秩序和道德秩序，重在培植人们的道德真诚以抵抗世俗的虚伪，追求心灵的解放和道德自由，教人从道德束缚中挣脱出来，过一种真正符合人本性的自由自在的生活。他们笑傲王侯，不为权贵羁绊，鄙视功名利禄，认为儒、墨所提倡和鼓吹的仁义道德皆属人为做作，非但无益于人心的稳定与平静，相反会导致人与人之间的纷争与仇恨，不仅使人产生求名的欲望，而且使人产生诈伪，只有钳儒、墨之口，绝仁弃义，才能使大盗不起，实际上提出了以道德做钓饵去牟取功名利禄这样一个十分严肃、事关道德纯洁性的大问题，号召人们不仅应当反对行为功利主义，尤其应当注重反对道德功利主义。

这种严厉的警告和尖锐的批评，表达和反映了人民的愿望和心声。虚无恬淡、清净无为的目的正是促成天下大治，造成人的身心和谐、内外平衡。尽管这种克服社会弊端、解脱人生桎梏的特异理论不可避免地带有乌托邦的色彩，但触击到了社会的物质文明进步与道德水平下降、个人利益追求与社会冲突加剧、善恶斗争的复杂莫辨等深层次和带有整体性的问题，并试图揭示伦理的实质和人生的真相，这无疑是难能可贵的。儒家想借用仁义道德这种反功利主义方式来达成维护宗法人伦关系的功利目的，道家却不执着于是非善恶的争论，把世俗的尊贵卑贱等量齐观，通过摆脱形式而朝向实质的道德，从超道义论的价值基点迈步趋向的正是一种高远恢宏的道义论。

因为仁义道德主要由权贵者垄断，对仁义道德的批判必然演化为对统治权贵的抨击。首先斥责统治者横征暴敛如同大盗。老子说："大道甚夷，而人好径。朝甚除，田甚芜，仓甚虚，服文彩，带利剑，厌饮食，财货有余；是谓盗夸。非道也哉！"（53，211—212）在这些言论中，老子尽管没有明确提出要薄赋敛，但他对统治者奢靡与厚敛的批判，却明确地显示了这方面的意义。其次尖锐批评了统治者的刑杀，"法物滋彰，盗贼多有"（57，232），盗贼多是法令严苛造成的。这种观点的确悖于常理，但从无为角度讲，朝令夕改，严刑峻法，无疑会使民心乖张，铤而走险，所以坚决反对严刑峻法。最后坚决反对逞强争霸。老子说："师之所处，荆棘生。故善者果而已，不以取强。"（30，120—121）在破坏社会生产力和民众自然生活的诸多因素中，战争可称得上是头号凶手。在批判的基础上，道家建立了以自然主义为理论基础，以崇尚真诚淳朴、反对狡诈虚伪为中心的伦理价值学说，并大大发展了反对道德功利主义和道德实用主义的置重道德纯洁性的思想，筑起了抵御世俗功名利禄侵蚀的心理屏障，从而为独善其身、过一种与自然天性相吻合的生活铺平了道路。

（二）道家民本的实践目标

《道德经》把社会治理效果分为四个等级：最好的治理模式是人民根本意识不到统治者的存在；其次是人民亲近和赞扬君王；复次一等的是人民害怕统治者；复次一等的是人民轻侮统治者。最好的统治应该"豫若冬涉川，犹若畏四邻，俨若客，涣若冰将释，敦若朴，混若浊，旷若谷"（15，58—60）。其大意就是：小心谨慎像冬天踏冰过河，警惕疑惧像提防着周围的攻击，庄重严肃像在做客，融和疏脱像冰柱消融，敦厚质朴像未经雕凿的素材，空豁旷达像深山幽谷，浑朴厚道像江河的浑浊，能保持这种"道"的本性，虽然不自求圆满，但表面破败，也不会穷竭。有"道"之人必须用言词对人民表示谦下，把自己的利益放在人民的利益之后，处于人民之上而人民不感到有负担，处于人民之前而人民不感到有灾害，民众乐于推戴他而不厌弃。这些观点都深刻论证了统治者与人民的精神情感互馈互动的报施关系，从而也触击到了政治伦理乃至整个社会的核心问题，即：人我己群关系的权利义务互动性和情感的双向对应性问题，在关注民情的基础上，为统治者的永祚万年谋划一个精微的蓝图。

要想达到理想的社会治理效果，就要做到如下几点：

第一，强调管理社会爱民治国要去掉私心，做有道之人。天地无所私爱，任凭万物自然生灭；"圣人"无所偏爱，听任百姓自然天地之间，"以无事取天下"（57，230），因为"我无为，人自化，我好静，人自正；我无事，人自富；我无欲，人自朴"（57，232）。"道"之所以受尊崇，"德"之所以被重视，就在于它们对万物不加干涉。同时"天之道，其犹张弓！高者抑之，下者举之，有余者损之，不足者与之"（77，298），现实社会却是财富急剧向权贵集中，呈现损不足以补有余的情况，完全违背道的运行原理。谁能损有余而补不足呢？有"道"之人。有"玄德"之人对民众"生而不有，为而不恃，长而不宰"（51，204）。薄税负、尚节俭、轻利、去智、重无为，只有能够按照天之道办事的人才有资格担当爱民治国的责任，无为而治的落脚点是以民为本，立君为民。

第二，保卫老百姓的生活安全，为他们的生活创造条件，既不自恃有功，又不主宰他们，放手让老百姓自然发展。为此，道家坚决反对违背自然的掠夺战争。在老子眼中，武器是不祥之物，逞强斗狠不合于"道"。正因为此，老子一再告诫统治者，"民不畏死，奈何以死惧之？"（74，289）"民不畏威，大威至。"（72，284）"是以圣人自知不自见，自爱不自贵。"（72，286）统治者如果"有为"违道，必自取灭亡。

第三，道家在让统治者妥协退让时，对民众也提出了要求，希望民众回到"无知无欲"的婴孩时代。因为"民之难治，以其多智。以智治国，国之贼；不以智治国，国之福"（65，264）。"圣人治，虚其心，实其腹，弱其志，强其骨，常使民无知无欲。"（3，15—16）不论从字面或其实际用心来看，这都是一种典型的愚民思想。现实生活中，智慧正在为统治者带来源源不断的财富和万人臣服的尊贵，他们还有意垄断教育，愚弄甚至麻痹民众的意志。由此可见，无为策略又完全符合统治阶级的长远利益，从这里我们清楚地看到道家民本伦理的双重性，他们对世道浇薄、人类文明成果常常被用作扼杀人民生命工具的局势了如指掌，所以对所谓的仁义道德大加讨伐，其出发点在于察民情、顺民心，希望通过自然之道的恢复改变民众的痛苦现状，但最终却没有找到切实有效的方法。道家的主张是一柄双刃剑，不论对统治者和被统治者都会有刺伤，但真正地落到实处又会给双方带来长远的利益，这种看似乌托邦式的设计，却提供了一个彻底解决矛盾的另类视角。

四　道家民本的伦理追求

由于天地万物都由道而生，自然并没有使一部分人高贵而让另一部分人卑贱，在自然面前人人平等。从人人平等的原则出发，道家把斗争矛头指向君主制，认为君主制和等级制违背自然，无君无臣、无上无下的生活才是最快乐的和合乎自然的。在道家的理想国里，不存在剥削制度，人民过着自足闲适的生活，逍遥于天地之间，风俗淳朴，平安无事，没有多少交往，也没有战争，这幅恬静的生活画面呈现出浓厚的原始民主色彩。基于此，首先要求统治者不要随意干扰老百姓的生活，"治大国若烹小鲜"。其次要像水滋养万物那样，做对老百姓有利的事情。及时、诚信、真心、尽力地为老百姓做事情，又不与老百姓争利，是会得到老百姓欢迎的。其次为老百姓做有利的事情，要先从力所能及容易做成的小事情开始，并循序渐进，持之以恒。"天下难事，必作于易；天下大事，必作于细。是以圣人终不为大，故能成其大，夫轻诺必寡信，多易必多难。是以圣人犹难之，故终无难。"（63，257）最后要担负起保护社会稳定保卫老百姓利益的责任，防患于未然，止祸于未乱。

尽管老子抱着善良的愿望所开的救世药方不能完全解决现实生活问题，其理想目标又仅仅停留于幻想的层面，但他设计的统治方略仍具有极大的启示意义，他对民主生活的向往和描绘，仍然显现出智慧的火花，在认识论上更具有重要意义，因为它消灭了森严的等级差别，否定了君主的至上权威，从而使民众在理论上拥有了和君主一样的权利，透露出对民的重视和关爱。主张把人我联系起来作一体化思考，正确并善于处理人我己群之间的关系，求得人际关系的和谐与完善。

总之，道家主张用对现实人生的超越精神来提升自己，将自我融入永恒不息的道德活动中，提升生命的质量和价值，同时以"贵以贱为本，高以下为基"的辩证思维为武器，以关心民瘼为动机，以洞悉现实苦难为材料，建立起恢宏美妙的民本伦理体系。其民本伦理有着两面性，一方面带有极大的虚妄性，要求统治者本身去欲忘智、顺遂自然的策略难以变为现实；另一方面，其对现实的批判又相当深刻，给统治者以当头棒喝，使他们不得不俯身向下关注民生疾苦。面对社会问题，历史上的政治家和思想家们大多从正面入手提出自己的解决方案，但德治仁政的理想仍遥遥无期。对战争的厌恶和恐惧，对现实的无奈和对未来的失望必然使部分思想家对正面手段产生怀疑，道家显然是这部分人的代表，这种另类视角和方案，使道家伦理思想具有更多的人民性和人道性。

参考文献：

1. 陈鼓应：《老子注释及评介》，中华书局1984年版。
2. 蔡元培：《中国伦理学史》，商务印书馆1988年版。
3. 樊浩：《中国伦理精神的历史建构》，江苏人民出版社1992年版。
4. 金耀基：《中国民本思想史》，台北商务印书馆1993年版。
5. 王泽应：《自然与道德：道家伦理道德精粹》，湖南大学出版社1999年版。
6. 游唤民：《论老子的民本思想》，《湖南师范大学学报》（社会科学版）1991年第1期。
7. 王泽应：《道家伦理精神实质》，《湖南社会科学》2001年第3期。
8. 夏勇：《中国民权哲学》，三联书店2004年版。
9. 冯天瑜：《人文论衡》，武汉出版社1997年版。

论老子"尊道贵德"思想的政治伦理轴向

乔利丽[*]

(东南大学 人文学院)

摘要 《老子》一书把"道"作为哲学、伦理学的最高范畴。道是万有的本原和内在法则，德是万有的本性和内在根据。因为准则性的东西生发于"内心"，可以遵守也可以不遵守，所以内圣外王对于思想家永远是个难题，但道家通过"尊道贵德"破解了这一难题，通过"道"——"德"的辩证关系，即道是德的体，德是道的用，在形而上学层面为政治伦理奠定了精神哲学基础。尊道贵德的君王应以"无为"的态度来处理世事，实行"不言"的教导。本文首先提出问题"《老子》是为谁设计的道德"，探究老子写作的政治旨趣，进而阐释"尊道"与"贵德"思想的文本根源，最后详细分析老子"尊道贵德"思想作为政治伦理轴向的理论意义与现实价值。

关键词 尊道；贵德；老子；伦理

老子第一次提出了"道"的概念并将其视为天地万物的总根源，为中华文明奠定了精神哲学基础。老子思想是以尊道贵德为其基本的价值视角和理论基点，对道推崇效法，对德爱惜置重，这就自然奠定了道德形而上学的基础。《老子》五千言，告别了宗教或神话传说以及比附臆测的感性直观，步入了理论思维的新天地。作为史官的老子，记录和

---

[*] 乔利丽，东南大学人文学院伦理学专业2008级博士。

观察过天象,从对天道及宇宙的思考开始,进而深入到人道、政道之上。

一 《老子》是为谁设计的道德?

老子是为谁设计的道德经?对于这一问题的回答,必须从思想发展和时代背景着眼。

老子说,"先天地"之前就存在一个混沌无限的物质实体,但未知其名,所以"字之曰道",并强名为"大",或者说,宇宙的全体就是"道"。道是是独立的、客观的、变化的、永恒的、循环往复的、无边无际的。它是宇宙天地万物之本体本源。老子并未停留于自然层面的思考,从宇宙返回人间,归结为政道,为政治伦理奠定了形而上学基础。

三代时期"德"的观念是"天命靡常,以德配天","德"的现实内容是"受民受疆土";西周"德"之觉悟的真谛是"得"与"如何得"的问题。"德者,得也。"德者,得道。"西周维新"的文化启蒙是将神本转向人本,即伦本、德本。具体表现为:对血缘关系及其义务的肯定;对生命的伦理觉悟;作为伦理的礼(社会秩序与伦理实体)与作为道德的礼(道德规范)得以萌芽。这里要补充说明的是,德的内涵随着时代的变迁而变化。由最初的"天德"即德与天的统一,转化为现实的"得",到了老子这里又发生了改变。所以才出现到底是"德经"在前还是"道经"在前的争论。这一颠倒背后的根据在哪里值得我们深思。个人认为,德经—道经的顺序更具有历史合理性。老子讲"大道废,有仁义",道德是对"自然"亏损的修复,道德产生于不道德的现实。西周后期社会没落,"礼崩乐坏"。春秋战国时期更是社会动荡,政局不稳,国土分崩离析,百姓流离失所。生活在其中的老子忧国忧民,由天道及人道,提出救世之策。此外,宋明理学经过周敦颐、张载由天道及人道的思考之后,到了朱熹、陆九渊那里又转变为由人道及天道。

通过对《老子》三个主要版本,即楚简、帛书和今本的研读和历史背景的了解,我认为它是为君为政的"道德经"。《老子》是为谁设计的道德？为芸芸众生，还是为侯王、圣人？已故张舜徽教授说："自汉以上学者悉知'道德'二字为主术，为君道，是以凡习帝王之术者，则谓之修道德，或谓之习道论。"甚至说："周秦诸子以帝王术为中心。""道论二字，可说是道家理论的简称，它的具体内容便是君人南面术"（《周秦道论发微》），这话深刻而精彩。将《老子》、老子术视为君人南面术，可以说是确凿无疑的，它与西汉学者们的共识相吻合。郭沫若说："老聃之言，老百姓哪里懂得半句，完全是对统治者的进言。"《老子》进言的对象上至天子，下至执政者。所以老子所道之道是治国、为君、为政之道。

李泽厚先生也认为："《老子》并未有意于讲宇宙论（这正是先秦《老子》与汉代《淮南子》的差别所在），如果把它看做似乎是对自然、宇宙规律的探讨，我以为便恰恰忽视了作为它的真正立足点和根源地的社会斗争和人事经验。"（《中国古代思想史论》）这与春秋战国的时代背景息息相关。所以从这个角度看《老子》乃是政治哲学、政家圣典。这部最早讲政治道德之书的轴向就是为王公圣贤提供政治伦理智慧。它的立意就在于为处在春秋战国乱世之中的王公提供治国方略，为老百姓提供安身立命之所。由此可知，《老子》道的主体是指政道、君道。

老子指出：尊道贵德的人应以"无为"的态度来处理世事，实行"不言"的教导。在老子看来，君民之间、统治者与百姓之间有一种连带互动并相反相成的关系，终生为人民的治政者，人民会衷心地拥戴他。"是以圣人后其身而身先，外其身而身存。不以其无私邪？故能成其私。"（傅奕本《老子》第七章）这些言论都充分说明《老子》中蕴含着丰富的政治道德智慧。老子面对现实世事已经摆脱了传统神话时期对天的信仰，而将"自然"、"道"及其派生出来的"德"放在至高无上的地位。

二 《老子》及"尊道"、"贵德"思想的文本探源

"道之尊，德之贵也，夫莫之爵而恒自然也。"（帛书甲本第二十一章）万物及万物之灵的人及其首领君王都要尊道贵德、遵行自然规律，

强调道的自然性与无为性。从道德哲学视角看，为君王实现个别性与普遍性的统一提供了直接的理论支撑。即不止于一种道德规则，而要提升到一种"道"的伦理总体性的高度。楚简此章，傅奕本上篇第五十一章将帛书本第二十一章和第二十二章合并，写道："道生之，德畜之，物形之势成之，是以万物莫不尊道而贵德，道之尊，德之贵，夫莫之嚼而常自然，故道生之，德畜之，长之，育之，亭之，毒之，盖之，覆之，生而不有，为而不恃，长而不宰，是谓玄德。"玄德就是天德。"玄"者，一指天，天玄地黄也；二指隐而不露，因此"玄德"即道隐而不宣的天德。希望侯王任自然，任凭万物生长变化而不发号施令。借天道以明君道或政道。德而不德，无偏无倚无私。

楚简《老子》释文（甲 21、22、23 简）："有状混成，先天地生。夺穆、独立、不9，可以为天下母。未知其名，字之曰道，吾强为之名曰大，大曰逝，逝曰远，远曰反。天大、地大、道大、王亦大。国中有四大安，王居其一安。人法地，地法天，天法道，道法自然。"

帛书甲本第九十七章："有物昆（混）成，先天地生。绣呵缪呵，独立□□，□可以为天地母，吾未知其名，字之曰道，吾强为之名曰大，□曰筮，筮曰远□，□□□，□□，天大，地大，王亦大。国中有四大，而王居一焉。人法地，□法□，□法□，□法□。"

傅奕本第二十五章："有物混成，先天地生，寂兮寞兮，独立而不改，周行而不殆，可以为天下母，吾不知其名，故强字之曰道，强为之名曰大，大曰逝，逝曰远，远曰返。道大、天大、地大、人也大，域中有四大，而王处其一尊，人法地，地法天，天法道，道法自然。"

老子的"国中有四大安"。除了天大、地大、道大之外，海内外最为流行的《老子》注释本（陈鼓应）是"人亦大"，"人居一焉"。而上文所述郭店楚简本是"王亦大"，凸显了老子的政治哲学色彩。由此，笔者首先要对《老子》的文本渊源作个简单梳理，比较中发现意义，并有助于深入诠释。

按照历史年代来整理，最早当属郭店楚简。《老子》依简长不同可分为三组，其间三章不见于传世本，有一章最为重要，据介绍大体是："太一生水，水反辅太一，是以成天；天反辅太一，是以成地。天地〔复相辅〕也，是以成神明；神明复相辅也，是以成阴阳；阴阳复相辅也,是以成四时;四时复相辅也,是以成寒热,寒热复相辅也,是以成湿燥;湿燥复相辅也,成岁而旋,故岁也,湿燥之所生也。……是故太一藏于水,行于时,周而或□□□,是万物母……"[1]

这段话是对《老子》(傅奕本第四十二章)"道生一,一生二,二生三,三生万物。万物负阴而抱阳,冲气以为和"的引申解说。太一生水,是道生一;水辅太一而成天,是一生二;天又辅太一而成地,是二生三。天地相辅,于是成神明、阴阳、四时、寒热、湿燥,所以太一是万物母。《太一生水》晚于传世本《老子》各章,可以理解为《老子》之后的一种发展。这也佐证了《老子》是一种道德形而上学的雏形,"尊道"、"贵德"是其最为核心的内容。

郭店竹简《老子》均不分《德经》、《道经》,混合编辑。甲组从相当于今本的第四十九章开始,由20章节组成。乙组从第五十九章开始,由8个章节组成。丙组从第十七章开始,由5个章节组成。唯第六十四章节之后半部经文在甲、丙两组中复出,三组共计32个章节,约当今本《老子》全书的2/5。郭店楚墓简书《老子》与马王堆汉墓帛书《老子》比较,早一个世纪,除章次不同和少数经文用字有所差异之外,大部分内容基本相同或相似。但简书分章点比帛书多一倍,对完善和校正帛书极有用。

帛书是1973年12月,从长沙马王堆汉墓出土,其中有两种《老子》写本,分别称为甲本和乙本。从字体和抄写的避讳推测,甲本字体介于篆隶之间,且能辨清的"邦"字有22个,在乙本都改为"国"字",这说明甲本是刘邦称帝以前所抄写;而乙本只避汉高祖刘邦讳,不避惠文帝讳,说明帛书《老子》乙本写于汉高祖时期,即至迟为公元前195年。因为根据秦始皇的避讳制度看,是避讳当世皇帝名讳,而不是到皇帝死了以后才避讳的,汉承秦制。此外,甲本优于乙本的地方有:第一,甲本的分章点为乙本所无;第二;甲本文字古朴,较少有后人文饰,更接近原貌。

此后,《老子》之注释成千上万。这里只作简要罗列:善本河上公本,严遵本、王弼本、傅奕本、范应元本。现今最为流行的是陈鼓应

---

[1] 崔仁义:《荆门楚墓出土的竹简〈老子〉初探》,《荆门社会科学》1997年第5期。

本。综上所列文本都从各个方面凸显了自身的价值和意义，为传承和发展道家思想作出了特殊贡献。面对这样一个有价值的文本，我们一定要追溯它的时代背景和写作旨趣。笔者认为，对于《老子》文本的创作灵感、运思过程的关注将会是有意义的研究。故针对这一问题将作如下诠释。

三 政治伦理的活性基元："尊道"、"贵德"

老子为什么说"道可道，非常道"？我们从当时的历史大背景中寻求答案。首先，春秋战国时血腥的你争我夺的现实，使用兵之道发生了巨变。过去是"以仁为本，以义胜之"，"以礼为固，以仁为胜"，《老子》时已是"兵以诈立"，"兵者诡道也"，"以奇用兵"。强凌弱，大吞小，春秋前是"不鼓不成列"，《老子》时已是"攻其不备，出其不意"，同样为政之道也已开始发生转变，周文武以至孔子的"崇道德，隆礼义，叙人伦，正夫妇，仁义之道满乎天下"早已不在。孔子之后，"田氏取齐，六卿分晋，道德大废，上下失序"，弃礼让而贵战争，一切为了争霸取强。这就是《老子》产生的来由，最后必然指向政治伦理。

帛书开篇就是"上德不德，是以有德，下德不失其德，是以无德"。简本无此章，今本是第三十八章。任继愈《老子今译》中解释为"'上德'不在表现为形式上的'德'，因此就有德；'下德'死守着形式上的'德'，因此就无德"。而陈鼓应先生解释为"上'德'的人不自恃有德，所以实是有'德'；下'德'的人自以为不离失德，所以没有德"（陈鼓应《老子注译与评介》）。郭店竹简《唐虞之道》对"上德"、"上德不德"也有论述。"上德，授贤之谓也"，即尧舜传贤不传子的"禅而不传"的禅让制，叫"上德"。但笔者认为"上德"不至于制度层面的禅让，更重要的是传者和被传者思想行为层面的"利天下而弗利"，即君王敦厚朴实，利天下而不敢自利。帛书和今本《老子》不提禅让，只提"德而不德"，"不德"者，利天下而不敢自利，也许更符合《老子》之原意。《老子》幻想回到比禅让制更为远古、更为原始的小国寡民、结绳记事的时代。

老子虚拟了一个人类的原初状态——"三代"，以此作为伦理理想，伴随一生的理想就是回到小国寡民的三代时期。这个原初状态，既是历史合理性的根据，也有现实合理性。如西方思想家"言必称希腊"，虚拟演绎"回到古希腊"的历史。这是一种对文化之根的肯对文明源头的怀念。由此注定了《老子》中有挥之不去的回到三代的理想国状态，即"小国寡民"、"无为而治"的政治伦理倾向。"小邦寡民，使十百人之器毋用，使民重死而远送，有车周无所乘之……民至老死不相往来。"（帛书甲本第四十六章）从帛书《老子》文义看，前面45章老子设计了理想的人民——愚朴，接着老子又设计了理想的统治者——谦下、后身。那么这一章老子设计了理想的国家——"小邦寡民"可谓是顺理成章。

然而现实却充满了矛盾。"道—德"悖论是其中最为核心的内容。一般可以理解为，"德"是"道"的外化和异化，已经是有为，故只能说"上德不德"，如果能做到有德于民而不利己，不巧取豪夺以收取高额回报就不错了。道是德的体，德是道的用。所以"道—德"的关系就是康德纯粹理性与实践理性的关系——德为道之纯粹理性之能力，亦是一种"精神"。道所显现于物的功能即是"德"。德是万物分有"道"而产生的一种内在规定性，它体现和表征"道"的功能。道生万物，德畜万物。

"道之尊，德之贵也，夫莫之爵而恒自然也。"（帛书甲本第二十一章）道之所以被尊崇，德之所以被贵重，并没有谁给它封爵与命令，而是永远遵循自然。古代政治与宗教必须有一个至上的神，殷周以来就是"天"、"帝"，到老子这里是"道"。"道生一，一生二……三生万物"之道，是万物成长之道。万物及万物之灵的人及其首领都不能不尊道贵德、遵行自然规律。"道生之而德畜之，物刑之而器成之。是以万物尊道而贵德。"（帛书甲本第二十一章）道生长万物，而德养育万物，自然形成了万物的形态，而各种器物成就了万物，因此万物都尊崇道而贵重德。《易·系辞上》："形而上者谓之道，形而下者谓之器。""备物致用，立成器以为天下利。"此"器"与老子的"器"是一致的，但是自然是主宰。此章意在强调道的自然性与无为性。但人的因素——"德"、"器"也不能否定。老子由天道及人道，使用了大量的比喻意象来反射对现实的不满和对理想状态的追求，言尽而意远。从宇宙、自然、人类社会和人生方面援引事实与现象，以叙事方式显现出自己的伦理世界观，从而沟通了现实政治伦理与道德哲学的联系。

老子的伦理世界观主要表现为无为而治、与民休息、不以兵强天下的和平政治伦理主张。老子"无为"的观念有哲学根据和现实基础。从哲学上讲，"道"永远顺任自然，不造不设，但万物都由"道"而生，实际却又是无所不为。侯王若能守住这个"道"，即伦理总体性，万物就会各顺其性，自生自长。"无为"的政治观念是"自然"的天道观念的社会表现，即由天道及人道。"无为而治"其基本含义就是因循自然，不恣意妄为，是"为无为"，让人民自我化育，自我发展。无为而治的手段就是以静观自处，守弱用柔。老子说："致虚极，守靖笃。……没身不殆。"（傅奕本《老子》第十六章）"天下莫柔弱于水……是谓天下王"君道无为的另一个重要方面就是去私立公。"道"本无私而大公，它对万物生之畜之，长之育之，亭之毒之，却生而不有，为而不恃，长而不宰，是一种最大的任公而弗私。君主应该以百姓之心为心，"不可得而亲，亦不可得而疏，不可得而利，亦不可得而害，不可得而贵，亦不可得而贱，故为天下贵"（傅奕本《老子》第五十六章）。

老子继承了历史上"敬德保民"的传统，提出了"圣人无常心，以百姓之心为心"的命题，主张按照人民的意志和愿望来治理国家、安定天下。老子说："圣人无常心，以百姓之心为心。善者，吾善之，不善者，吾亦善之；得善焉。信者，吾信之；不信者，吾亦信之；得信焉。圣人在天下，歙歙焉为天下浑其心。"（傅奕本《老子》第四十九章）老子主张善待百姓，尊重百姓的意愿和思想，千万不能以统治者自己的意见限制百姓的意见，认为政治就是尊重舆情民意。要做到与民休息还要减轻人民的负担。所以老子反对苛繁的刑罚和法律，认为"法令滋章，盗贼多有"（傅奕本《老子》第五十七章）。此外，与民休息还要抛弃仁义礼文的说教与约束。老子说："失道而后德，失德而后仁，失仁而后义，失义而后礼。失礼者忠信之薄而乱之首也。"（傅奕本《老子》第三十八章）老子认为，无形无迹的"道"显现于物或作用于物是"德"，"上德"是无心的流露，"下德"则有了居心。另外，老子也提出宽政务即革除政务苛繁之弊。"其政闵闵，其民偆偆；其政□□（察察），其民缺缺。"（傅奕本《老子》第五十八章）这都体现了老子尊德隆民、与民休息的基本思想。

老子讲"治大国若烹小鲜"（傅奕本《老子》第六十章），简本无此章。河上公说："烹小鱼，不去肠，不去鳞，不敢挠，恐其縻也。""治大国若烹小鱼"是说治理大国如同烹小鱼一样，翻动太多就会使鱼縻烂，进而导致美味不美。因此只有掌握火候并小心谨慎、顺其自然才有可能烹出色鲜味美的小鱼来。治理国家也是如此。只有不扰民或不折腾人民，才有可能从人民那里获得好处。老子这一章的内容的主要含义是治国忌折腾；前一章谈的是富足的人民没有比务农更为重要的，这里紧接说：治大国像煎烹小鱼，不可折腾，不要烦政扰民。自然经济，一是依赖风调雨顺，二是靠简政宁民、政治安定清明。后者往往比前者还显得重要。这一思想对后来乃至对现在国家治理都产生了积极而深远影响。"事大众而数挠之则少成功，藏大器而数徙之则多败伤。烹小鱼数挠之则贼其泽"，治国如烹鱼，一折腾，非乱不可。

四 结语

老子尊道贵德的思想，从道德哲学视角看，它奠定了政治伦理的轴向，找到了形而上学的根据。"尊道贵德"不单是诸侯君王在"治世"当中的一般行为准则，而是涉及道德主体纯化道德动机，端正道德意向，通过"无为而治"达到个别性与普遍性的统一。《老子》一书不仅从源头上廓清了"道"与"德"（两字随着时代情境不同而内涵迥异）的辩证关系及其现实悖论，道是德的体，德是道的用，"上德不德"；而且在叙事言喻之中道出"为政之德"，"为人之道"，视境高远，气魄宏大，令人"仰之弥高，钻之弥坚"。确系人类精神之瑰宝。如果对《老子》文本进行形上追问，我们会发现老子的贡献在于通过"道"—"德"的辩证转化，将"道"这一哲学形而上学问题第一次自然地转向道德形而上学。理想国的终极指向与历史阶级矛盾之间存在乐观的紧张，这就必然需要一个道德形而上学。道德产生于不道德的现实，"大道废,有仁义",但是不能简单理解为一种权术,在为君王提供治国方略之时,更提供了一种终极性的指向,伦理地解决了最高原因"道"与感性事物之间的关系,即德者,得道。道德的终极使命,是使道德成为多余,回到文化之根,即对自然无为的肯定。现实社会的种种纷争,皆源于个别性的狭隘,没有伦理总体性,缺乏一种终极性的统摄和指引。中国领导人近来"以德治国"和"不折腾"主张也试图在古人智慧中寻找救世之策和强国之路。我相信,老子"尊道贵德"的思想可以为我们增强伦理认同和国家意识提供理论支撑。

参考文献:

1. 陈鼓应:《老子注释及评介》,中华书局 1985 年版。
2. (魏)王弼注,楼宇烈校释:《老子道德经注校释》,中华书局 2008 年版。
3. [美]艾兰、[英]魏克彬:《郭店老子》,邢文编译,学苑出版社 2002 年版。
4. 尹振环:《帛书老子再疏义》,商务印书馆 2007 年版。
5. 三联书店编:《道家文化研究》第 1 至 20 辑。

试论老子哲学的身体向度及其当代意义

田兆耀[*]

(东南大学 人文学院)

摘要 身体和身体的部位是老子哲学的重要向度。老子哲学以门、玄牝、雌来喻说生生不息的自然之道,带有贵柔、崇下、尚静的女性特征。人因为有身而有大患,老子从完身出发,主张营魄抱一,涤除玄鉴,无撄人心,才能达到天人合一,与道污隆的境界。为保持心地纯白,人就必须见素抱朴,少私寡欲,绝学无忧,放弃耳目感官的享乐。当代的女性生态整体观对人类中心主义的清理,对工业文明异化现象的批判,对高科技、视觉文化乃至物欲膨胀的反思都可以从中获得理论资源。

关键词 众妙之门;无身;无撄人心;去智;不为目

"身体"是近30年来人文科学领域的一个热门话题。它在众多的学科领域不断蔓延,出现身体哲学、身体美学、身体政治学、身体社会学、身体叙事学等杂交融合的新概念。其实,身体文化、哲学领域关于身体的向度,可谓古已有之。苏联著名美学家斯托洛维奇曾幽默地说,对于影响世界的根本问题,不同的伟人根据身体的不同部位,有着不同的认识。耶稣会以手打心说影响世界的重要因素是人的心灵。马克思会用手摸着腹部说影响世界的关键问题是饥寒。弗洛伊德会指着腰带下面

---

[*] 田兆耀,江苏南京人,东南大学人文学院博士研究生,副教授,主要研究文艺理论。

的部位说影响世界的重要问题是"力比多"。这种概括多少有其偏颇,尽管如此,仍然不失其重心,从中我们可以看出身体、身体的部位在世界历史的不同时期、不同地域给予人类丰富的灵感。由此可以理解保尔·瓦雷里的名言:"一切人体未在其中起作用的哲学体系都是荒谬的,不适宜的。"① 老子中有很多身体及身体部位的词汇,比如门、身、心、智、目、耳、口、腹等。老子思考宇宙本原和人类社会的根本问题时的确受到了身体的触发。身体是老子哲学的一个重要向度。对此加以研究,能为认识古今社会的"互文性"状况,促进东西理论的对话寻找到新的学理依据。

一 万物之母,众妙之门

在老子看来,道是万物之母,宇宙的根本。"道生一,一生二,二生三,三生万物。万物负阴而抱阳,冲气以为和。"(第四十二章)② 道独一无二,在不息的运化中生成阴阳二气,阴阳二气交相融合形成新的和谐状态,生生不息出现世间万物。由此可以想到老子开篇所言,恒久之道,不可言说,天地万物在其中孕育涵养,无与有来源相同而名称相异,都可以称之为玄妙、深远。万物同出于道,名称却个个不同。"玄之又玄,众妙之门。"在老子看来道与具有生殖能力的母性最为接近,于是用母、门、玄牝来作比喻。"谷神不死,是谓玄牝。玄牝之门,是谓天地之根。绵绵呵!其若存!用之不堇。"(第六章)玄牝之门,如同众妙之门,都是具有生殖能力的女性生殖器,世间玄妙的因素都通过门产生出来。老子哲学首先从女性、从门得到启发,整部《道德经》贯穿着老子对伟大母性生生不息力量的讴歌。"知其雄,守其雌,为天下溪。"(第二十八章)所谓"天下溪",也就是类似女性具有繁衍能力

---

① 转引自[法]米歇尔·昂弗莱《享乐的艺术——论享乐唯物主义》,刘汉全译,三联书店2003年版,第103页。

② 梁海明:《道德经译注》,山西古籍出版社2000年版,第186页。以下只注明章号。取通行王弼注本,并参阅陈鼓应《老子今注今译》、辛战军《老子译注》等成果以及Authur Waley英文译本。

的生命之门，在某种程度上可以说溪是雌雄、阴阳二分的。宇宙的起源和初始状态，新生命的再生就是通过性别阴阳二等分的存在，大道常德的贯穿，循环往复的。

　　老子哲学从母性得到启发，明显带有女性化的色彩。（1）贵柔。与《周易》崇健、尚阳明显不同，老子哲学明显表现出尚柔的倾向。"人之生也柔弱，其死也坚强。草木之生也柔脆，其死也枯槁。故坚强者死之徒也，柔弱者生之徒也。"（第七十六章）"弱之胜强，柔之胜刚，天下莫不知，莫能行。"（第七十八章）"见小曰明，守柔曰强。"（第五十二章）"我有三宝，持而保之。一曰慈，二曰俭，三曰不敢为天下先"（第六十七章），这是对贵柔思想的最好注解。（2）崇下。"故贵以贱为本，高以下为基。"（第三十九章）"大邦者下流，天下之交也。"（第六十一章）（3）尚水。"上善若水。水善利万物而不争，处众人之所恶，故几于道"（第八章）、"天下莫柔弱于水"（第七十八章）。（4）守静。"归根曰静，静曰复命"（第十六章）、"清静为天下正"（第四十五章）、"牝常以静胜牡，以静为下"（第六十一章）。就老子看来，女性的合适地位自然是处于下方，男性处于上方。男性作为动的一方，女性则通过静而受之。处于下方是占据了"强者"的位置。贵柔、崇下、尚水、守静连为一体，互为表征，互相阐明，共同贯穿着大道的生殖精神。

　　老子这里的母性、道有一种包孕性，男性在《老子》里是一个相对遮蔽的形象和视角。德全的男子在老子那里是一个什么样的形象呢？"含德之厚，比于赤子"（第五十五章）。得道的至人，老子用婴儿的形象做比喻。男女交媾、牝牡之合从属于道，从属于自然。人是自然的化生物。"域中有四大，而人居其一焉。人法地，地法天，天法道，道法自然。"（第二十五章）自然既指自然界，也指自然法则与规律。怀孕生子的可能足以说明女性博大的包容性，阴阳"双性同体"的可能性。女性如水的品性，贵柔、崇下、尚水、守静的海涵精神，她的一切体验更为纯一，更契合天地，在老子哲学中，更能代表孕育万物的自然大道。女性与自然在老子的思维世界中处于相同的受尊崇的一极。"大曰逝，逝曰远，远曰反"（第二十五章），"反者道之动"（第四十章），"玄德深矣，远矣，与物反矣"（第六十五章），老子的道有两大基本规律：对立转化和返本复初。"既知其子，复守其母"（第五十二章），老子强调的是复初、归根和复命，两两对举、朴素辩证的思维方式蕴含在循环再生的自然哲学中。

二　大患若身，营魄抱一，涤除玄鉴，无撄人心

（1）大患若身。《老子》第十三章："何谓贵大患若身？吾所以有大患者，为吾有身，及吾无身，吾有何患？"在老子看来，人之所以有大患，是因为人有身体；如果人没有身体，还会有什么祸患呢？不过，"一个显著的事实是，人拥有身体并且本身就是身体"[①]。在肉体的层面人已经是身体，那么必须在精神文化层面做到"无身"。

（2）完身养心。"无身"首先要完身，一个完整的人是形和神的统一，心与物的统一。第十章说："载营魄抱一，能无离乎？"指的就是精神和形体统一，永不分离。"完身"之人是自然大道的一部分。人是自然的产儿，必须聆听自然的声音。母亲与孩子之间的一体性表明母亲的生命节奏与孩子的生命节奏有着一致性。比如：母亲哺乳和孩子吸吮的满足欲之间，母亲乳房再次胀满和孩子身上再次出现饥饿感之间有着一致的节奏。"母亲和孩子之间那种潜意识的生命心理上的一体性并未因机体分离而完全断裂，所以，它可以通过已知的进行表达的身体符号系统建立起来。"[②] 人的规律与宇宙的规律本质完全一致，也就是"天人合一"的现象。

（3）为达到形神合一、天人合一的境界，人必须在心上下功夫。古人认为心脏是思维的重要器官。"涤除玄鉴，能无疵乎？"做到时常洁净自己的心灵使之淳朴无邪，不带瑕疵杂念，才能悟道。老子多次用婴孩来比喻心地淳朴之人。第十章说："专气致柔，能如婴儿乎？""我独怕兮其未兆，沌沌兮如婴儿之未孩"（第二十章）。"为天下溪，常德

[①] ［英］布莱恩·特纳：《身体与社会》，马海良、赵国新译，春风文艺出版社2000年版，第1页。

[②] ［德］舍勒：《资本主义的未来》，罗悌伦等译，三联书店1997年版，第303—304页。

不离,复归于婴儿"(第二十八章)。"圣人皆孩之"(第四十九章)。"含德之厚,比于赤子"(第五十五章)。道德涵养浑厚的人,如同婴儿一样,内心质朴,精气充沛,和气纯厚。庄子在《人间世》、《大宗师》二篇中借颜回和孔子的对话,进一步提出"心斋"、"坐忘"①达此境地,才能通于大道。

(4) 无撄人心。老子反对人为,"道常无为而无不为"(第三十七章)。在社会政治层面老子认为统治者要无为而治,"无为而无不为,取天下常以无事;及其有事,不足以取天下"(第四十八章)。治理天下以不骚扰人民是根本。"上德无为而无以为;下德无为而有以为。上仁为之而无以为;上义为之而有以为。上礼为之而莫之应,则攘臂而扔之。"(第三十八章)故意去为仁义,并不能达到目的,忠信不足而出现礼,正是社会祸乱的开始。"大道废,有仁义;智慧出,有大伪;六亲不和,有孝慈;国家昏乱,有忠臣。"(第十八章)回归大道,必须放弃虚伪的伦理道德。忠孝仁义是扰乱人心、滋长欲念的人为教条。根据《庄子·在宥》,崔瞿曾问于老聃:"不治天下,安藏人心?"老子回答是:"女慎无撄人心。""天下脊脊大乱,罪在撄人心。"从统治者的角度来俯瞰主要是不扰乱人心。《庄子·大宗师》发展了这个观点,提出"撄宁说":"撄宁也者,撄而后成者也。"就是志于道的人,即使心灵受到干扰也要宁静自如。"圣人在天下,歙歙焉为天下浑其心"(第四十九章)。有道的人在位收敛自己的欲念,使天下人的心归于淳朴。"治人事天,莫若啬"(第五十九章)。治理百姓和养护身心,没有比爱惜精神、敛藏心志、虚静无为更为重要的了。爱惜精神才能及早地遵循大道,不断积德,产生无法估计的力量。清静无为天下自正。

三 见素抱朴,少私寡欲,绝学无忧,放弃感官的享乐

"绝圣弃智,民利百倍;绝仁弃义,民复孝慈;绝巧弃利,盗贼无有"(第十九章),从"三绝三弃"中可看到老子哲学对智巧的不屑。

---

① 陈鼓应:《庄子今注今译》,商务印书馆2007年版,第139、240页。以下只注明篇名。

道深远恍惚，"窈兮冥兮，其中有精"，不是通过耳目见闻直接感受到的。"视之不见，名曰夷；听之不闻，名曰希；搏之不得，名曰微。此三者不可致诘，故混为一。"（第十四章）道看不见，听不到，摸不着，世界的最高原理道主要用深远的思维去考察，而不是靠感官去直接把握、理性去认识。老子并不是一味反智、去智，他反对的是与本真之道背离的小智慧，倡导与问道相关的大智慧。老子崇尚大道，与古希腊哲学家苏格拉底爱智不同。在苏格拉底看来，悲剧艺术属于谄媚艺术之列，"没有说真理"。音乐艺术是"普通的大众艺术"。柏拉图为了做苏格拉底的学生首先焚烧了自己的诗稿，因为诗歌滋长人低劣的情欲。"赴死的苏格拉底，作为一个借知识和理由而免除死亡恐惧的人，其形象是科学大门上方的一个盾徽，向每个人提醒科学的使命在于：使人生显得可以理解并有充足理由。"[1] 他所推崇的是概念、判断、推理的科学逻辑。不过苏格拉底也给自己留下了一大命题："也许我所不理解的未必是不可理解的？也许还有一个逻辑学家禁止入内的智慧王国？"[2] 尽管苏格拉底倾向于认为这个王国是他所轻视的艺术，显然又不是艺术。舍勒曾说："科学家恰恰需要具有对不可见事物的精神器官：敬畏就属于这种精神器官之列。"[3] 牛顿把自己喻为"海滩上玩贝壳的孩子"，与此类似，先哲老子说："我愚人之心也哉，沌沌兮。""众人皆有以，而我独顽且鄙。"（第二十章）世人精明灵巧有本领，唯独我愚昧而笨拙。老子提倡的是与天道感应，一种若愚若拙、似玩似鄙的大智慧。

"绝学无忧"（第十九章），老子反对刻意求智，因为沉溺于玩弄知识导致形神不一。清醒的意识，主客的对立，不如外显朴素之行，内守淳朴之质。著名心理学家荣格也说：意识的来临便是一种降临于人的灾祸，它使人类远离了孩童时代的乐园。"问题已经迫使我们进入一个孤儿似的孤立情况中，遭受自然的遗弃，被赶入意识状态中。"[4] 天道疏

---

[1] ［德］尼采：《悲剧的诞生》，周国平译，广西师范大学出版社2002年版，第126页。
[2] 同上书，第123页。
[3] ［德］舍勒：《资本主义的未来》，罗悌伦等译，三联书店1997年版，第731页。
[4] ［瑞士］荣格：《现代灵魂的自我拯救》，黄奇铭译，中国工人出版社1997年版，第151页。

而不漏,个人的聪明才智弃置不用,可复归于清静无为之道。

弃智同样反对使用技巧。"人多利器,国家滋昏;人多伎巧,奇物滋起。"(第五十七章)民众持有的利己之器越多,那国家就会变得越混乱。人们具有的智慧技巧越多,异常之物就会越来越普遍。"大直若屈,大巧若拙,大辩若讷。"(第四十五章)在老子看来最灵巧的东西,好似最笨拙的;最卓越的辩才,好似不善言辞一样,无须投机取巧,无须装饰。"小国寡民,使有什伯之器而不用;使民重死而不远徙。虽有舟舆,无所乘之;虽有甲兵,无所陈之。"(第八十章)太古的部族群落中,假使有效能十倍百倍于人力的器械,也没有人去使用它。即使有舟船、车舆一类高效能的器械,也没有人去乘坐它。即使有坚固锐利的甲胄兵器,也没有人去排列布阵。《庄子·天地》中的一则寓言为此作了突出的注解。子贡劝为圃者采用橰来汲水灌溉,为圃者忿然作色而笑曰:"吾闻之吾师,有机械者必有机事,有机事者必有机心。机心存于胸中,则纯白不备。纯白不备,则神生不定;神生不定者,道之所不载也。"这位园丁非不能也,羞而不为也。投机取巧,不具备纯洁清白的质量,心存杂念,心地不纯,何以容道!陶渊明在构建理想社会桃花源时,也提出"怡然有余乐,于何劳智慧!"生活快乐有余,用不着伤心劳神。绞尽脑汁,挖空心思,并不能提高生活的幸福指数。

放弃感官的享乐。世人尤其是当时的统治者,为满足耳目口腹之欲而贪图享乐。"众人熙熙,如享太牢,如春登台"(第二十章)。老子以物极必反的道理告诫他们贪图声色美味,追求驰骋畋猎与寻求难得之货,只会使自己魂不守舍而行为乖戾、举动失常。"五色令人目盲;五音令人耳聋;五味令人口爽;驰骋畋猎,令人心发狂;难得之货,令人行妨"(第十二章)。《庄子·骈拇》也说:"骈于明者,乱五色,淫文章","多于聪者,乱五声,淫六律"。小聪明的人造成五色、五音混乱,文章、声律淫滥。"人之生,动之于死地,亦十有三。夫何故?以其生生之厚。"人本来可以活得长久些,却自己走向死亡之路,也占3/10。为什么会这样呢?因为养护得太过度了。"是以圣人去甚、去奢、去泰"(第二十九章)。《庄子·天地》发展了老子的批评力度:"且夫失性有五:一曰五色乱目,使目不明;二曰五声乱耳,使耳不聪;三曰五臭熏鼻,困惾中颡;四曰五味浊口,使口厉爽;五曰趣舍滑心,使性飞扬。此五者，皆生之害也。"追求声色耳目之乐等感官刺激致命的是会妨害心性的纯净，所以老子主张一种单纯简朴、淡泊宁静的生活。"是以圣人为腹不为目，故去彼取此"（第十二章），圣人反对为目、为外物所役使，主张为腹、以物养己，食饱而已，别无他欲。更何况，在老子看来，大道"视之不足见，听之不足闻（第三十五章）"，感官认识，耳目闻见的复杂多样的感觉经验不能反映宇宙的最高原理。

四 老子哲学身体向度的当代意义

老子哲学带有鲜明的女性化色彩。男性，还有人为，包含伪、知巧、什佰之器，在老子的思维境界中，处于相对隐蔽乃至轻视的另一极。在2500余年的人类历史长河中，在我国讲究仁、义、礼、智、信的儒家入世思想是占统治地位的意识形态，西方社会自亚里士多德以后到20世纪前，知识理性的光辉、以浮士德为代表的对外部世界的探索精神一直占据主流地位。人类一直把自己当成世界的中心，对大自然进行无休止的开发、利用，也就是所谓的人类中心主义。在生态危机尤烈了金融危机的今天，人们认识到自然处于被支配、被统治、被奴役的地位。从女性主义的视角来看，这两大类历史长河里的人类实践又带有浓厚的男性中心主义色彩。"如果说女人在自然化的过程中遭到了贬抑，并被拒绝参与文化活动，那么自然在被作为'女性'再现时，同样也一直受到轻视。"[1] 西方理论界出现女性生态主义，她们一个重要的观点就是自然和女性是生态灾难的重要承担者。如今人类征服自然、强奸自然有了高科技的支撑更是肆无忌惮、为所欲为。自然被作为科学实验的对象，"自然是生产的源泉，但同时也是科学潜在的配偶，后者可向其求欢，去征服'她'，必要时还强行与之交合"[2]。由是观之，老子哲学有穿透时空的魅力。以老子为首的道家哲学看重天道，后来庄子有所

---

[1] Kate Soper, "Naturalized Woman and Feminized Nature", in Laurence Coupe ed., Green Studies Reader: *From Romanticism to Ecocriticism*, 2000.11.

[2] Ibid.

发挥，荀子以儒法视角从社会层面来说庄子的哲学，"蔽于天而不知人"，重视自然无为，抹杀人的主观能动作用，后世很多学者以此来概括整个道家的缺陷。就其实质可能是各家所站的层次不同，所处的时代背景不同。道家的天道思想是救治人类中心主义思想的一剂良方。苏格拉底所谓的不合逻辑的智能也许正是老子的天道、自然。人类必须倾听自然的声音。"自然规律之所以自然，就在于我们每一个人都必须对它作直接的、根本性的倾听和理解，而无需依靠离奇繁琐的推理。"[①] 工业文明在当下的都市社会中充分暴露了自身反自然的一面。城市里没有季节感，吃的是反季节蔬菜，住的是恒温住宅，出行靠风雨无阻的柏油马路。由于高楼林立，人们犹如井底之蛙看不到广阔而布满星星的夜空，古老的月亮也失去了昔日的美丽。植物春天发芽，夏天茂盛，秋天衰败，冬天枯萎死去，这是一切生命的常态。人割断与自然的联系，缺乏宇宙节奏赋予生命的紧张便是走向虚无的开始。

老子主张完身养心，营魄抱一，弃智绝巧。全身的人首先是尊重天道的人。萧统《陶渊明集序》中说："含德之至，莫逾于道；亲己之切，无重于身。故道存而身安，道亡而身害。"道与身，天与人合一。只有形神合一，心地纯白的人才能"与道污隆"，人的灵魂才能进入整个宇宙之中。薇依指出："把身体的生命节奏同世界的节奏相结合，时时地感受到这种结合，感受物质的永恒的交流，正是通过这种交流人与世界融合。"[②] 舍勒也说："最深切地根植于地球和自然的幽深处的人产生所有自然现象的'原生的自然'中的人，同时，作为一种精神存在的人，在他的自我意识中，他达到了辉煌的理念世界最高点，这样的人正接近全人的理念"[③]，"全人"才能维系人与自然的脐带联系。中国两千余年的封建社会，采取儒家封建道德维系社会的发展，也曾有过辉煌，可是最终出现《庄子·庚桑楚》所预言的情形："千世之后，其必有人与人相食者也！"鲁迅笔下的"狂人"用

---

① [法]贝尔纳·斯蒂格勒：《技术与时间——爱比米修斯的过失》，裴程译，译林出版社 2000 年版，第 128 页。

② [法]薇依：《重负与神思》，顾嘉峰等译，刘小枫审校，中国人民大学出版社 2003 年版，第 14 页。

③ [德]舍勒：《资本主义的未来》，罗悌伦等译，三联书店 1997 年版，第 226 页。

"食人"二字概括了中国的封建历史。源于西方的工业文明、科技文明给整个世界带来了日新月异、翻天覆地的变化。与此同时,大规模地采用什佰之器,工业文明、应用科学对人心灵的戕害越来越为世人所关注。"人类实验和技术方面的进步,把人类孤立起来,使他与最切近的生存环境相隔离,割断他与生活的联系,切断他与万物之源联结的纽带,这无导师于是要大大限制他的眼界,甚至于窒息他的内心生活。"① 有机械必有机心,"人'思想',那么他必定是'机械地'思想;人'打算',那么他必定就是产生出在数量上与日俱增的机械,并把这些机械横放在他与具有原创性的自然之间,这种局面发展到了顶点的结果便是人不再统治和主宰着这些机械,反而是机械埋葬了人"②。科学技术使人心神分离,创造出物的人日益渺小、无关紧要,人不断失去自身的完整性,变成机械、科技、目标理性支配下的"单面人"。科技的成果正在摧毁劳动、家庭等传统的社会模式,科技的力量拥有毁灭整个人类的危险。科学技术对人类来说的确是一把双刃剑。老子倡导涤除玄鉴,绝圣弃智,对于生活在自大抑或焦虑中的现代人的确具有警醒作用。

老子反对感官享乐,从他描述的"驰骋畋猎"等内容来看,主要是针对当时的统治阶层。在自然面前人类也是统治者,近代以来这种统治借助高科技不断得以巩固。老子针对人的感官的见解仍有其普遍价值。当今世界的丰裕地区在科技的催生下,物质越来越丰富。宾馆、酒吧、发廊、商场、电影、电视、网络、时装秀、巨幅广告等,争奇斗艳、争夺眼球,为人们"极视听之娱"提供了新的场所或管道。视觉中心主义文化隐藏的是晚期资本主义的消费逻辑。社会伦理发生转化:"根据与要求身体为之服务的传统伦理相反的一种完全当代的伦理,命令个体为自己的身体服务。"③ 消费社会里人的物欲得到了充分的释放。反过来,连人的身体尤其是女性的身体也成了消费的热点。"在消费的全套装备中,有一种比其它一切都更美丽、更珍贵、更光彩夺目的物

---

① [德]舍勒:《资本主义的未来》,罗悌伦等译,三联书店1997年版,第234页。
② 同上书,第210—211页。
③ [法]博德里亚:《消费社会》,刘成富、全志刚译,南京大学出版社2001年版,第139页。

品——他比负载了全部内涵的汽车还要负载了更沉重的内涵。这便是身体。"① 炫目的繁华背后，是现代人焦虑浮躁的心态。感官刺激的恶性循环只会使人的神经更加麻木。而老子主张"见素抱朴，少私寡欲，绝学无忧"（第十九章）；即保持纯洁朴实的本性，减少私欲杂念。"我独泊兮其未兆"，"众人皆有余，而我独若遗"（第二十章）。世俗众人追逐求索，多有所余，而我廓然无为无欲，若有所遗。老子主张的单纯简朴、淡泊宁静的生活，在当代社会得到众多伟人的回响。爱因斯坦曾由衷地说："简单纯朴的生活，无论在身体上还是在精神上，对每个人都是有益的。""当我孤独地生活在乡间时，我注意到单调的清静的生活怎样激起了创造性的心理活动。"②

从某种程度上说，当代社会是儒家实用主义文化在近代以后与西方理性主义文化碰撞后在新的高科技条件下出现的新生儿，传统农业文明迅速让位于工业文明，社会经济、科技发展的成就及其优势可以唱一首赞美诗来颂扬。不言而喻，其弊端也是兼而有之。老子哲学从生命之门、女性、无身、去智、寡欲等独特的身体视角提供别样的参照体系。美国总统里根1987年国情咨文曾引用："Ruling a large kingdom is indeed like cooking small fish. (The less handle them the better.)"纪念中国共产党十一届三中全会召开30周年大会上胡锦涛在发言中提道："不动摇、不懈怠、不折腾。""治大国，若烹小鲜"（第六十章），这是来自女性守静的自然之道，来自母性生养的伟大智慧。如今建构和谐社会必须祛除人类中心主义、男性霸权、急功近利的思想，科技的主宰、物欲的膨胀带来的危害，多方位地解读、吸收在野派老子的智慧。

参考文献：
1. ［法］米歇尔·昂弗莱：《享乐的艺术——论享乐唯物主义》，刘汉全译，三联书店2003年版。
2. 梁海明：《道德经译注》，山西古籍出版社2000年版。

---

① ［法］博德里亚：《消费社会》，刘成富、全志刚译，南京大学出版社2001年版，第139页。
② ［美］爱因斯坦：《爱因斯坦文集》（第3卷），许良英等译，商务印书馆1979年版，第119页。

3. ［英］布莱恩·特纳：《身体与社会》，马海良、赵国新译，春风文艺出版社 2000 年版。

4. ［德］舍勒：《资本主义的未来》，罗悌伦等译，三联书店 1997 年版。

5. 陈鼓应：《庄子今注今译》，商务印书馆 2007 年版。

6. ［德］尼采：《悲剧的诞生》，周国平译，广西师范大学出版社 2002 年版。

7. ［瑞士］荣格：《现代灵魂的自我拯救》，黄奇铭译，中国工人出版社 1997 年版。

8. Kate Soper, "Naturalized Woman and Feminized Nature", in Laurence Coupe ed., Green Studies Reader: *From Romanticism to Ecocriticism*, 2000.11.

9. ［法］贝尔纳·斯蒂格勒：《技术与时间——爱比米修斯的过失》，裴程译，译林出版社 2000 年版。

10. ［法］薇依：《重负与神思》，顾嘉峰等译，刘小枫审校，中国人民大学出版社 2003 年版。

11. ［法］博德里亚：《消费社会》，刘成富、全志刚译，南京大学出版社 2001 年版。

12. ［美］爱因斯坦：《爱因斯坦文集》（第 3 卷），许良英等译，商务印书馆 1979 年版。

名家论经——《老子》解读

经典异论

《道德经》的母性特质及其人道分析

张爱红*

(东南大学 艺术学院)

摘要 尽管老子赋予了宇宙之天道未知的神秘性,但老子实是以感性、包容的母性之人道来比附、阐释天道的。重人道是《道德经》的特质,"求德"并达到母性之人道才是大道,这是老子的最终理想和目的。

关键词 《道德经》;母性意识;人道

"道"是老子思想的理论基石,是贯穿在《道德经》[①]中的核心范畴。老子思想中"道"的内涵有两层含义,其一意指抽象、未知的形而上的实存;其二意指可知、可把握的规则、规律。对于规律之"道",老子将其分为天道与人道,并以达到人道为最终目的。在《道德经》一书中,老子善用隐喻的母性之人道来阐释宇宙之天道,将阴柔的母性意识凝练于理性的宇宙的本体论、创生论之中。但老子的目的并不在于阐释玄之又玄的宇宙天道,而是将母性之人道灌注于现实,从而达到民风淳朴、自然融通的理想"大道",这是对人性的终极关怀。可见,老子的理想大道并非是代表理性与规则的宇宙天道,而是充满人间意味的现实人道。

---

* 张爱红,女,山东临沂人,东南大学艺术学院博士研究生,主要研究艺术学。
① 本文所指《道德经》为通行本,河上公注。

一 《道德经》中的母性喻词及其与道的关联

《道德经》之"道"既有宏观统一的终极之"道",又有狭义的、可细化的"道"。前者是作为形而上实存的抽象的"道",后者主要指规律、规则之"道"。老子对规律之道作了明确区分。第七十七章言:"天之道,其犹张弓乎?高者抑之,下者举之;有余者损之,不足者补之。天之道,损有余而补不足。人之道则不然,损不足以奉有余。孰能有余以奉天下?唯有道者。"在老子看来,"天之道"体现的是宇宙万物不偏不倚、自然而然的中和的运行法则。"天之道"正如拉弦射箭一般,弦位高了,就将它压低一点;弦位低了,就将它抬高一点。如果劲力过大,就将它减少;如果劲力过小,就补足力气。而"人之道"则不同,它是靠剥夺不足来供奉有余的。为此,老子颇生感慨:世间又有谁能将自己多余的来奉献给不足之人呢?只有道德高深的圣人吧。

何为圣人?《道德经》中言,"是以圣人为腹不为目,故去彼取此"(第十二章)。"是以圣人抱一为天下式。不自见,故明;不自是,故彰;不自伐,故有;不自矜,故长。"(第二十二章)"是以圣人去甚,去奢,去泰。"(第二十九章)由此可见,在老子看来,圣人即"有道者",是无私、自然、不奢侈的完美之人。慨叹之余,老子把希望寄托于圣人,并在全书中以"圣人之道"作为人道的最高目标。天地万物得以绵长久远,就在于天道的无限包容;那么若使人类长存,生生不息,人道就得效法天道,此即"圣人之道"。正所谓"天地所以能长且久者,以其不自生,故能长生。是以圣人后其身而身先;外其身而身存。非以其无私邪?故能成其私"(第七章)。圣人只有效法天道之包容、牺牲和大公无私的品格,才能如天地万物一样繁荣勃兴。这种包容、无私、隐忍的特质就是老子书中所隐含的母性品格。

所以,《道德经》一书中曾多次出现"母"字。如在第一章中就提到"道,可道,非常道。名,可名,非常名。无,名天地之始;有,名万物之母"。又如第二十五章曰:"有物混成,先天地生,寂兮寥兮,独立而不改,周行而不殆,可以为天下母。吾不知其名,字之曰道,强为之名曰大。"在此，老子以母性隐喻宇宙之"道"，直接将"道"与"母"相连，将"道"比作万物之母，从而生产万物，绵远不息。但是，老子道论的母性隐喻并不仅限于"体道"，[①] 呈现道的本体论意义，更在于如何"守道"。所以，在第五十九章中，老子又说："治人事天，莫若啬。夫惟啬，是谓早服；早服谓之重积德；重积德则无不克；无不克则莫知其极；莫知其极，可以有国；有国之母，可以长久。"老子认为，治国理民和对待自然界的变化，最好的办法就是以"啬"为本，重视节俭，爱惜民财而不放逸奢泰，才称得上是早合大道。这种重"俭"的大道即老子本句中"母"字之所指，在此，老子将母性人道设为终极之大道。

此外，《道德经》中尚有表示母性的其他喻词，如"雌"、"谷神"、"玄牝"、"帝"等。第二十八章言："知其雄，守其雌，为天下溪。"第六章言："谷神不死，是谓玄牝，玄牝之门，是谓天地根。绵绵若存，用之不勤。""谷神"一词中"谷"字是种象征，犹如女人的子宫，表示中空、容纳、包含之意，其表层含义乃溪谷之神。史华兹（Benjamin Schwartz）认为，山谷的特征完全是由中空的空间，以及对流入河川溪涧的被动受容性所决定的，而这些特征又是与雌性的性别角色和生殖功能相联系的。[②] 另外，"玄牝"一词据郭沫若考证泛指雌性动物的生殖器。郭沫若依照甲骨文的象形分析，指出"牝"字的主干"匕"字指的是女子生殖器。[③] 在第六章中，老子以"谷神"来喻指由道质和道性所构成的大道。因道的状态类似虚无，所以称其为谷，因其蕴藏妙用并因应无穷，所以称之为谷神。而"玄牝"是微妙化生之意，指"道"化生万物而不见其所以生，以一个幽远深妙的、看不见的、生产天地万物的女性生殖器作为"道"的象征。此外，第四章中提到"道冲，而用之或不盈，渊兮似万物之宗。挫其锐，解其纷，和其光，

---

① 《道德经》第一章，河上公取名为"体道"，意即天地间大道的本源以及它所蕴含的无穷奥妙，我们必须用心去体察和认识。参见郭长生《老子百话释秘》，中国工人出版社1992年版，第26页。

② Benjamin I. Schwartz, *The World of Thought in Ancient China*, Harvard University Press, 1985, p. 200.

③ 郭沫若：《甲骨文字研究释祖妣》，上海大东书局1931年版，第10页。

同其尘。湛兮似或存，吾不知谁之子，象帝之先"。"帝"字，据甲骨文、金文中释义为象花蒂之形，为女性生殖器。《礼记·郊特性》中云："因其生育之功谓之帝。"所以，冯友兰说"老子把'道'比为女性的生殖器，天地万物都从其中出来"①，充分说明了老子道论的雌性特质。

值得注意的是，与母性喻词相连的"婴儿"一词，老子对其有特殊的偏好，并一度称赞婴儿的天真无邪。他曾五次提到"婴儿"及"赤子"，如："载营魄抱一，能无离乎？专气致柔，能如婴儿乎？"（第十章）"沌沌兮，若婴儿之未孩。"（第二十章）"知其雄，守其雌，为天下溪。为天下溪，常德不离，复归于婴儿。"（第二十八章）"为天下浑其心，圣人皆孩之。"（第四十九章）"含'德'之厚，比于赤子。"（第五十五章）在此，老子称要将道"复归于婴儿"是指要达到淳朴自然、天真无邪而又生机勃勃的婴儿境界，这正是大道之所归，是大道的最终理想。

在《道德经》全书中，而与母性喻词相对的"雄"、"父"、"牡"等表示雄性的词出现的很少。如"雄"和"父"仅各出现过一次，且一般是作为与"雌"、"母"相对的范畴出现的。第二十八章中"知其雄，守其雌，为天下溪"。第四十二章中"人之所教，我亦教之。强梁者不得其死，吾将以为教父"。而同样表示男性特质的"牡"字，在全书中也仅仅出现了两次。如第六十一章："天下之交也，牝恒以静胜牡。"以及第五十五章："未知牝牡之合而朘作，精之至也；终日号而不嗄，和之至也。"由此，也可看出《道德经》中的"贵柔守雌"倾向。

二 《道德经》母性特质的具体呈现：
　　体道→求德→得道

《道德经》一书的母性特质不仅体现在宇宙自然创生之"道"的

---

① 冯友兰：《中国哲学史新编》（第一册），人民出版社1962年版，第249页。

层面，还体现在人间现实之"德"的层面。道与德相连，"德"合于"道"方为老子理想中所谓的"大道"。

（一）体道

从宇宙创生论的角度看，形而上的终极之"道"常被老子赋予万物之母的角色。王弼在注《道德经》时所谓"本在一无为，母在无名"；"载之以道，统之以母"、"以无为用，得其母"（《老子注》第三十八章）已明确将"母"与"无"、"道"等本体概念视为同一。细究起来，这在《道德经》一书中主要体现为"生"字的反复出现。如在第四十二章中，关于万物起源的论述："道生一，一生二，二生三，三生万物。万物负阴而抱阳，冲气以为和。"所谓一，是指天地万物形成之前的一种混沌未分的状态。由一生二，即产生天地或阴阳。天地阴阳交合而生三，然后产生万物。这样，道便成为万物所由生的本体或本原，世界上万事万物都是由道产生的，万物统一于道。那么"道"是怎样的情形呢？老子对所谓道作了具体描述：道本身空虚无形，用之不尽；它十分渊深，如万物之根本那样深暗，可又是实在的，即"视之不见名曰夷，扣之不闻名曰希，博之不得名曰微"（第十四章）。又可形容为："道之为物，惟恍惟惚。惚兮恍兮，其中有象；恍兮惚兮，其中有物。窈兮冥兮，其中有精，其精甚真，其中有信。"（第二十一章）同时，"道"又不知是由谁产生的，但又先验的存在于宇宙之初，即"有物混成，先天地生。寂兮寥兮，独立而不改，周行而不殆，可以为天地母"（第二十五章）。既然天地万物都从"母体道"中产生而来，其特征又是无形无象无体的，亦无名无状，所以老子索性将宇宙终极之"道"的特征直接归纳为"无"，即不具有任何具体物质属性和形象的东西。所以这一命题在第四十章中老子表述为"天下万物生于有，有生于无"。

道是宇宙万物的创生之母、生命女神，并不意味着凡是创生出来的生命就不会衰亡。所以，老子强调要"贵生"、"养生"，重视生命规律并遵循它，即可获得身心健康，颐养天年。即老子所言："吾闻善摄生者，陆行不遇兕虎，入军不避甲兵。兕无所投其角，虎无所措其爪，兵无所容其刃。夫何故？以其无死地也。"（第五十章）所以，在此"生"

又被延伸为生命规律,从而强调了"道"作为客观规律是不以人的意志为转移的。既然道是不可更改的宇宙最高的律令,那么就存在着有道与无道、得道与失道的情况。老子说:"天下有道,却走马以粪;天下无道,戎马生于郊。"(第四十六章)有道则生,无道则死。"得道者多助,失道者寡助。"(《孟子·公孙丑下》)得道则成,失道则毁。这是宇宙之道恒定不变的运行法则。

(二)求德

成中英在《世纪之交的抉择——论中西哲学的会通与融合》一作中说,"虽然,关于母亲的玄德,《道德经》说得不多,但很明白,他想通过'象征指涉'的程序和感应的统一,把我们所了解的母亲意象应用到道上面"。老子并非仅停留在"体道"的宇宙创生论层面,更执着于道如何在人世间延展、体现并发挥作用,即"求德"。如何求德?这就在于人道如何体认天道并为己所用,正如老子后学者所言:"德者,道之舍,物得以生生。……德者,得也。"(《管子·心术上》)"德"的本体是"道",是"道"在人世间的体现和映射,所以求德还在于得道、守道。于是,老子在第五十九章中提出了"守道"的重要性:"是谓根深蒂固,长生久视之道。"老子的"守道"是指守"人之道"、"天之道",总称之就是守所有宇宙万物的规律、法则之"道"。而"守道"的目的在于建构"人之道",即"人"是老子关注的重中之重。所以在第二十五章中老子强调:"故道大、天大、地大、人亦大。域中有四大,而王居其一焉。人法地,地法天,天法道,道法自然。"由此,从这个层面上说,"德"与道是相通的,德就是人道。

但是,德必须以道作为准则,服从道之规律,即第二十一章所言:"孔德之容,惟道是从。"所以,依据德是否遵循道的规律,德又有"上德"与"下德"之分。"上德不德,是以有德;下德不失德,是以无德。上德无为,而无以为;下德无为,而有以为。"(第三十八章)具备"上德"的人不表现为外在的有德,因其符合道的精神实际上有德;具备"下德"的人表现为外在的不离失"道",与道的精神相悖,因此实际上无德。此外,如若不遵循道之律令,则就会失"德",就会大乱。即:"故失道而后德,失德而后仁,失仁而后义，失义而后礼。夫礼者者，忠信之薄，而乱之首。"（第三十八章）所以，为使天下万物和谐共荣，老子提倡"遵道贵德"，认为"是以万物莫不尊道而贵德。道之尊，德之贵，夫莫之命而常自然。故道生之，德畜之，长之育之，成之熟之，养之覆之"（第五十一章）。即老子提倡在遵循道之规律的前提下"养德"。为什么"养德"？因为"道"将万物生产出来之后，要用"德"的行为来养育它，使之发育长大，使它成熟，随时都要把"道"当作我们的行为准则，用"德"的行为去做我们应该做的所有事情。"养之覆之"就是运用到生活的所有方面。在此，老子用"育"、"熟"、"养"等词来暗喻蓄德、养德的方式如同母亲抚育婴儿一样是一个循序渐进的长期过程。

（三）得道

老子反复论述了"德"的重要性，并提倡贵德、养德，因为德即人道，是天道在人世间的延展、应用，所以实际上天道和人道是一体的。程伊川说："道未始有天人之别，本来一体。天道与人道，只是一道。"（《二程遗书》）所以，老子最终追求的大道是天人合一之道，即天道与人道（德）的合一，这或许也是《道德经》为什么又名《道德真经》的原因之一吧。那么老子理想中的大道是什么样子的呢？在第三十四章中，老子描述道："大道汜兮，其可左右。万物恃之以生而不辞，功成而不有。衣养万物而不为主。常无欲，可名于小；万物归焉而不为主，可名为大。以其终不自为大，故能成其大。"所以，大道应是广为盛大，有着泛滥洋溢的精气，左右上下无所不及。万物依赖它生长而生生不息，成就了伟业而不占有名誉。它滋润万物而不自以为主，可以称它为"小"，万物归附而不自以为主宰，又可以称它为"大"。正因为"道"不自以为伟大，所以才能成就并完成"道"的伟大。在这里，老子将大道之特征以母性宽容之品格做比喻，来形容大道滋养万物而不计较得失的涵养。

既然大道如此博大、深厚，那么如何达到大道之境界呢？老子又以具体物象"水"来比附抽象的母性品格，以水的特性来象征母性的品格，从而阐释如何得道。在第八章中，老子言："上善若水。水善利万物而不争，处众人之所恶，故几于道。居善地，心善渊，与善仁，言善信，正善治，事善能，动善时。"水的不争与善性的谦下品格，恰恰可以用来形容道。所以，《道德经》中多处描写了水的特性，将水拟人化，以水性喻母性。如第六十六章描述水的"不争"与包容："江海所以能为百谷王者，以善下之，故能为百谷王。……以其不争，故天下莫能与之争。"进而，老子将水之不争的特征应用到如何得道上，如第六十八章："是谓不争之德，是谓用人之力，是谓配天，古之极。"又如第七十三章："天之道不争而善胜。"第八十一章："天之道，利而不害；圣人之道，为而不争。"在八卦学说中，坎卦即代表"水"。坎卦一个阳爻在中，两个阴爻分居上下，表示水的外柔而中实的特性。正如第七十八章所言："天下柔弱，莫过于水，而攻坚强者莫之能胜，以其无以易之。弱之胜强，柔之胜刚，天下莫不知，莫能行。"将水的柔弱应用到得道上的，如第四十章："弱者，道之用。"说明大道正是通过水的谦下不争、柔弱无为而发挥其作用的。第四十三章："天下之至柔，驰骋天下之至坚。"第三十六章："将使柔之，必固强之。"进而，由水之"不争"、"柔"的特性引发，老子崇尚"静"的品格，清静无为也是达到大道的方法之一。如第四十五章："躁胜寒，静胜热，清静为天下正。"第二十六章："重为轻根，静为躁君。"第十六章："致虚极，守静笃，万物并作，吾以观复。夫物芸芸各复归其根。归根曰静，是谓复命；复命曰常，知常曰明……道乃久，没身不殆。"第六十一章："牝常以静胜牡。以静为下。故大国以下小国，则取小国；小国以下大国，则取大国。"在此，老子将静的特征与"牝"相连，直接体现出《道德经》崇尚母性品质的特征。综上所言，以不争而争、以柔弱胜刚强、以清静无为而有所作为的三种母性品格正是达于大道、得道的方法和途径。

三 《道德经》母性特质的原因探析

对于一个问题的研究，仅仅停留在特征或现象的描述上是远远不够的，我们还应深入内里探究形成这种现象或特征的原因。《道德经》一书所呈现的母性特质,其原因主要表现在以下几个维度。

(一) 现实因素:礼崩乐坏的时代格局

尽管对于传世本《道德经》的作者尚有很大争议,但对于该书成书的年代是确定的。学术界普遍认为,《道德经》大致形成于春秋晚期,战国早期开始广泛传播和流行,其思想是春秋晚期社会急剧变化的产物。"社稷无常奉,群臣无常位"(《左传》昭公三十二年),战争频仍,民不聊生。春秋晚期礼崩乐坏的时代格局正是老子对以犹如母性之安宁的生活缅怀。

因此,对这种不合天道自然之理的社会现实境况,老子表现出了愤懑和批判的态度。如在第七十五章中老子表现出对统治者的不满和对百姓的深切同情:"民之饥,以其上食税之多,是以饥。民之难治,以其上有为,是以难治。民之轻死,以其上求生之厚,是以轻死。"又说,统治者越是以严峻的刑法统治天下,越是天下大乱:"法令滋彰,盗贼多有。"(第七十五章)所以,老子反对以兵器和战争的方式来治理天下:"以道佐人主者,不以兵强于天下"(第三十章),"夫兵者,不祥之器,物或恶之,故有道者不处"(第三十一章)。并进而阐述战争对人们带来的灾难,"师之所处,荆棘生焉;大军之后,必有凶年"(第三十章)。因此,面对这种战争不断的社会境况,老子认为是人的占有欲太强,即"祸莫大于不知足,咎莫大于欲得"(第四十六章),所以必须从根本上改善人性。为此,老子又以宽容、隐忍、慈爱、祥和的母性品格和"玄德"来作为人性的典范,正如在第六十七章中所言:"夫我有三宝,持而有之:一曰慈,二曰俭,三曰不敢为天下先,故能成器长。……夫慈,以战则胜,以守则固。天将救之,以慈卫之。"因此,回到上古母性氏族社会的安静、淳朴的状态是老子设计的理想社会:"小国寡民,使有什伯之器而不用,使民重死而不远徙。虽有舟舆,无所乘之;虽有甲兵,无所陈之,使人复结绳而用之。甘其食,美其服,安其居,乐其俗。邻国相望,鸡犬之声相闻,民至老死,不相往来。"(第八十章)

(二) 历史因素:母性崇拜的文化渊源

母性崇拜主要包括女阴崇拜和女始祖崇拜,在谈到中西文化的比较时,有人曾以母性崇拜文化范型来概括中国文化守中致和的内在精神。①的确,从中国文化的历史渊源来看,母性崇拜已成为一种特殊的文化因子渗透在中国文化的深层结构之中,其中最显明的呈现在早期艺术品之中。如20世纪90年代在中国陕西扶风县出土的一尊七厘米女性裸体雕像夸张和强调了女性臀部和胸部等部位,足以看出原始社会对女阴的崇拜。卫聚贤就指出:"在新石器时代的彩陶上多有三角形,如'△'的花纹,即是崇拜女子生殖器的象征。"②

母性崇拜的文化渊源还体现在中国古代文化中出现的西王母的系列传说。西王母的形象演变成影响道教最深、最直接的因素。如《山海经》中西王母是"豹尾虎齿"的威猛形象;杜光庭《墉城集仙录》又撰述西王母乃秉天地之真气而生,母养万众;《汉武帝内传》中将西王母赋予了人间形象,被描述为一位雍容华贵的妇人;《太平广记》中对西王母的崇拜更加鲜明,称西王母:"上行太极,下造十方"、"女子之登仙者得道者,咸所隶焉"。可见,西王母的形象演变经历了一个由上而下的世俗化过程,在中国文化中逐渐成为善良、祥和、慈爱、宽厚的母性典范,成为道教尊崇的女神,老子亦尤为尊崇。天师道经书《道法会元》卷二中记载:"先天元后乃老子之母玄妙玉女","玄妙玉女"指的就是西王母。牟钟鉴说:"老子哲学脱胎于母系氏族的宗教崇拜,特别是女性生殖崇拜。所谓的'道',最初建立在对女性生殖力的认知上,然后将这种女性生殖作用扩而充之,用来观察整个宇宙的创生过程,于是形成了'道'的概念。"③

(三) 文化逻辑因素:敬畏生命

《道德经》的母性特质最终体现的是尊重生命、敬畏生命的情怀。"道生一,一生二,二生三,三生万物。"(第四十二章)——在老子的思想中,"道"能产生万物,所以道是生命本源。"吾闻善摄生者,陆行不遇兕虎,入军不避甲兵。"(第五十章)——"道"是万物生长的

---

① 仪平策:《母性崇拜与父性崇拜——中西方异质文化范型溯源》,《学术月刊》1996年第10期。
② 卫聚贤:《古史研究》(第3集),商务印书馆1937年版,第169页。
③ 牟钟鉴:《道教通论——兼论道家学说》,齐鲁书社1993年版,第152页。

规律，是生命运行的法则。"知其雄，守其雌，为天下溪；为天下溪，常德不离，复归于婴儿。"（第二十八章）——大道的理想在于回到生命的原初，回到"无极"与"朴"的境界。"反者道之动，弱者道之用。"（第四十章）"反"可作"返"，万物与道有着向心力："道"创生万物，万物按自身的运行规律活动，但又不远离"道"，万物以"道"为最高追求并不断超越自身，向"道"回归。这种返本归依是一种生命的再生，万物正是不断从出发点离开并又不断向出发点复归，而具有了生生不息的生命力量。而"婴儿"是生命永恒的象征，是生命的初始和理想状态，"复归于婴儿"是超越生命的途径。唯有"常德不离"，才能"复归于婴儿"。为此，老子以"德"作为实现天道通向大道复归的中介。那么，如何求"德"，达到"玄德"？那就得"去欲"而"无身"。如上文所言，老子认为欲望是所有祸害的根源，故言"五色令人目盲，五音令人耳聋，五味令人口爽，驰骋畋猎令人心发狂，难得之货令人行妨"（第十二章）。"吾所以有大患者，为吾有身。及吾无身，吾有何患？"（第十三章）所以，"去欲"达到"无身"的状态才是"复归于婴儿"、"复归于无极"、"复归于朴"的境界。

绚烂之极归于平淡。对于生命的境界，老子是以体验的方式去直觉的，这也许就应是生命本然的状态。正如第二十一章所形容的："道之为物，惟恍惟惚。惚兮恍兮，其中有象；恍兮惚兮，其中有物。窈兮冥兮，其中有精；其精甚真，其中有信。"老子痴迷于这种生命的直观体验，他将"个我从现实世界的拘泥中超拔出来，将人的精神与生命不断向上推展、延伸，而与宇宙精神相契合，并从宇宙的规模上，来把握人的存在，来提升人的存在。……是对人的内在生命的一种真实感的抒发"[①]。

四 《道德经》母性特质的现实价值

《道德经》的母性特质，归根结底体现的是老子对人生论的重视。

[①] 陈鼓应：《老子注译及评介》，中华书局1984年版，第48页。

徐复观说："老学的动机和目的，并不在于宇宙论的建立，而依然是由人生的要求逐步向上推求，推求到作为宇宙根源的处所，以作为人生安顿之地。因此，道家的宇宙论，可以说是他的人生哲学的副产物。它不仅要在鱼龙混杂根源的地方来发现人的根源，而且要在宇宙根源的地方来决定人生和自己根源的恶劣度，以取得人生的安全立足点。"[①] 因此，《道德经》的母性特质在今天具有重要的现实价值。一方面它体现出对女性品格和女性尊严的重视，在学术传统上可谓女性主义的源头。另一方面，《道德经》所谈的母性在更深层次上喻指宽容、博爱的圣人品格，所以这是对大写的"人"的期望，这对于建构和谐社会下的人本思想也具有重要的启示意义。

参考文献：

1. Benjamin I. Schwartz, *The World of Thought in Ancient China*, Cambridge：Harvard University Press, 1985.
2. 郭沫若：《甲骨文字研究释祖妣》，上海大东书局1931年版。
3. 冯友兰：《中国哲学史新编》（第一册），人民出版社1962年版。
4. 仪平策：《母性崇拜与父性崇拜——中西方异质文化范型溯源》，《学术月刊》1996年第10期。
5. 卫聚贤：《古史研究》（第3集），商务印书馆1937年版。
6. 牟钟鉴：《道教通论——兼论道家学说》，齐鲁书社1993年版。
7. 陈鼓应：《老子注译及评介》，中华书局1984年版。
8. 徐复观：《中国人性论史》，华东师范大学出版社2005年版。

---

① 徐复观：《中国人性论史》，华东师范大学出版社2005年版，第198页。

"治世"之在与"在世"之治：
共同体生活的哲学路径考察
——从《道德经》追问政治哲学的基底

王 强[*]

（东南大学 人文学院）

摘要 作为一种具有自我"意识"的在世物种——人（类）的共同生活，面临着诸如上天与万物、圣人与百姓关系相类的"统治与被统治"关系。"治世之道的在世而治"的政治理想，并不仅仅意味着统治与被统治的关系，而是"道之是（治）"与"道之在（治）"之间话语权的争夺。因而，对"治世之道"的追问，首先，在于对"道"的认识，批判"非此即彼"的认知逻辑视角。其次，在世的共同生活被营造的价值"对立"关系所支配，自我保存意志掩藏在价值标签之下，而只有"抹平"差异，才能在一种共同而自然的生活方式中葆有"道"。最后，对于一种现实的国家治理，老子不认为应由"哲学王"来完成，而是应该遵循现世君王诸侯的自然现状，那么，"在世之治"的现世智慧就是"无为而治"。因而，从根本上说，老子的"无为而治"是"在世之治"而非"治世之在"，这一观点进一步追问了政治哲学的逻辑基底。

关键词 治世；在世；共同生活；政治哲学

---

[*] 王强，男，东南大学伦理学博士生，主要从事伦理学基础理论研究。

共同体生活的哲学路径考察，即为哲学契入共同体生活的可能方式及其话语权力的形成。这一哲思在古代中国大致可以分为二：其一是由儒家思想为代表的对人民"共同生活"的前提的追思与切问，存"道"的依据在于人性的认识、身心的修炼以及家庭社会结构等基本因素；但是，我们不禁反思"从单纯的民生前提可以得出正确的结论吗？"[1] 其二是由道家学说为代表的对共同体生活的"在世"属性的认识和揭示；它强调一种"抹平"差异下的无为而治。由此，二者形成了本文中所说的"治世之在"与"在世之治"的根本区别与不同考察路径；同时，二者的共同点在于对于"共同体生活"的可能发问都表现为一种"政治面相"。

于是，共同体生活的哲学还原也最终显现为"政治世界"，而作为一种具有"自我意识"的在世物种——人（类）的共同生活，就必然面临着诸如上天与万物、圣人与百姓关系相类的"统治与被统治"关系。[2] 但是，这仅仅是问题的表面，共同生活并不仅仅意味着统治与被统治的关系；而且，这种被营造的虚假"对立"关系，将自我掩藏在价值标签之下，但不能被还原为一种"价值"关系，而是一种"在与不在"的存在话语权的争夺。

在此，笔者试图以《道德经》为文本资源，在哲学现象学的知识学、方法论的指导下，揭示出截然不同于大家所熟悉的儒家——"治世"而"在世"——政治哲学逻辑的另一种可能：道学中的"在世"之"治"。于是，这一"在世之治"何以可能？它何以能够确立一种共同的"生活方式"？而后，"在世之治"是否何以能够超越"治世之在"，进一步深化政治哲学的逻辑基底？这些问题都是我们将要面对和尽力回答的，因而，本文是对底蕴丰富的《道德经》一种扩展性解读；所以，即便存在对《道德经》文本的过度解读，也并不能就此完全否认这一路径的可能性存在。因而，言至于此，我们也就不难发现文中的"内在困难"，在于文本的扩展度与思维的认知限度之间的张力，或者

---

[1] 邱立波编译：《黑格尔与普世秩序》导言，华夏出版社 2009 年版，第 9 页。
[2] 这本身就是一种共存共在的关系，因而，在亚里士多德对伦理学与政治学的区分中，就认定伦理学是政治学的一部分；同时，伦理学形而上学对被称赞的"事物自身"的"本善"显明，才使得政治学能够在真实的生活场域中追问共同体之善。

说，何种程度上实现了二者的结合与统一决定了本文的生与死。

一 治世之"道":追问视角的批判

在对现世世界的忧思和对理想世界的追问过程中，作为忧思者、追问者的存在不同于一般的世俗存在者，或者简单地说，追问者是在对现世"颠倒"的世界中立足发问，以图解救苍生黎民。那么，首先就有两个问题需要面对：其一是我们认定我们已经处于一个被败坏的、有恶的世界中了，负责的态度是我们就应当立足于此世，从此世的坏世界① 出发，因为我们不能将自己的肉身留在现实世界中，而留出一双无辜的眼睛在世界之外的帷幕上，进行所谓的科学研究与认知；其二是在一个被败坏的世界中，我们如何能从一个"反思性"的自我前提出发，追问政治世界中共同存在的真理？因为，在一个坏世界中的"反思"必然将真理推出这个世界之外，因而，对于在一个"颠倒"现世的世界图景中的发问与追思，其结论的"治世"必然是一个虚假的世界，其治世之"道"必然是一个贻害苍生的病方，而其所追求治世之"在"，必然是治世之"不在"，治世之不在而"乱世"存焉。

这就是老子《道德经》所要面对的世事以及反思哲学观念所探索的真理之路，但是，在老子看来，更为不幸的是，败坏的世界中更坏的事情来自对"道"反思认知的观念及其功能性存在的误判。这些虚假的观念论造成了对"道"的遮蔽，而要实现"治世之道的在世而治"的政治理想，就必须首先清理真理的"前厅"。

(一) "无道"的批判，"道之真空论"的伪命题揭示

钱穆先生在《道家的政治思想》中认为："儒墨两家，似乎都于人道之上又别认有天道。而庄周之于道，则更扩大而言之，认为宇宙一切

---

① 赵汀阳的《坏世界研究》就是这种认识的典型代表，但我们也并不是要依据西方政治哲学范式压榨出中国式的合理解释；而是二者在对共同生活的政治世界"追问"上确实面临着相同的问题以及理论运思上的起点交叉。

物皆有道，人生界则仅是一切物中之一界，故人生界同亦有道，而必综合此人生界之道，与夫其他宇宙一切物之道，乃始见庄周思想中之所谓之天道焉。"于是，两相比照，"庄周之所谓天道，虽若较儒墨两家为降低，实亦较儒墨两家为扩大也。……深求之，实是庄周把儒墨两家所悬人生标准推广扩大，而使其遍及于宇宙之一切物"①。并以此求证，庄周的人类生活中仍是有"道"可循的，而不是可超脱一切的自由。在此，实际上钱老先生是要把"道"贯通人生与宇宙世界，推演"道"存在的外延，这一点是毫无疑义的；但同时，这种"推演"又过于单纯、简单，而没有考虑到"人世界"与"宇宙世界"之间"道"的认识与存在上的区别、不同。当然，这种不同并不是"道"的不同，而是在"道"的世界中有自我"意识"的物种——人——对"道"的理解与认识，与无人的自然宇宙世界是截然不同的。

在人的世界中，"道"的存在变成了"人"的主观性面前的显现，因而"道"的存在变成了对"道"的理解与认识，以及凭借人的主观能动性所能把握到的"道"的状态。因此，一定意义上，人世间的"道"是弥散在宇宙间的大化流行的"道"的一种特殊形态，或者干脆就是"道"的人世间环节显现。因此，《道德经》②开篇就是对"道"的本真状态的论述，然而，一旦接触"道"就出现了分歧与异化，对（道）真理的追求就成了"意见"间的争论。

这表现在对道之"有无"的截然二分，从而造成了在"治世"之思中的误识与误读。在老子看来，最典型的也是在当世影响最深的就是对现世"无道"的界定，以及由此而出的"道"之"真空论"的伪命题。而且，现实社会中不同人群"体道"悟性是不同的，所以有"上士闻道，勤而行之；中士闻道，若存若亡；下士闻道，大笑之"。不仅如此，老子更进一步，认为这不正是"道"之虚无的外在形态吗？"明道若昧，进道若退，夷道若类，上德若谷，大白若辱，广德若不足，建德若偷，质真若渝，大方无隅，大器晚成，大音希声，大象无形，道隐无名。"对于道的真在而言，"不笑，不足以为道"（第四十一章）。

---

① 钱穆：《庄老通辨》，三联书店2005年版，第107页。
② 《道德经》文本所引皆以王弼注通用本为准，无特殊情况，引用只注明章次。

由此，道在"有无"之间就超越了人的世界"有无"逻辑上的可知性，而综览有无于一身，统一于"道"。所以，"道生一，一生二，二生三，三生万物。万物负阴而抱阳，冲气以为和"（第四十二章）。因而，由"无道"乱世而出发的理想治道，只能在二元逻辑中相互求证；但是无论是"有道"还是"无道"的出发点，二者都在"有无"的绝对分离中丧失了对"道"本身的追问。

（二）无道的现世，连带出"有道"的现实（有），而道失

从"无道"的现世逻辑设定出发，老子又是如何揭示出其逻辑结果必然是"道之失"的呢？《道德经》第四章中说道："道冲而用之或不盈。"其中，"冲训虚，意指'道'体是虚状的，虚状的'道'体却能发挥无穷的作用来"。这也就是说，如果我们非得用一种形态来描述"道"的话，那就是"无"，所以并不是说"道"即"无"，而是说形体上来看"道"是"虚"、"不盈"，"无"是道的外在化形态。因为"'道'是无形无色而不可见的，所以用'无'来形容它的特性"[①]。因而，以"无"命名"道"也是对道的"异化"，"道"并不是"无"，即道"无无"。这是在认识论下对"道"的把握，这其中不难看出，认识论中包含着对"道"的基本判定和把握，其基本句式是"A 是 B"或"A 不是 B"。

在此，我们注意强调的是"语言的对称性"，"A 是 B"的言说，同时也意味着"B 是 A"；同理，"A 不是 B"等同于"B 不是 A"或"A 是非 B"。这样，经过语言的还原，事物的存在最后受制于认识论的"逻辑律"；现世的"无道"意味着不在"现世"之道，必将在"彼世"或"另一世"而在（类同于"A 是非 B"）。因而，道之本真之在也是在认识逻辑中推演出来的，是在强势的逻辑威逼之下而显现的；而这样的"道"是主观性任意下的产物，是理性逻辑的自我设定的产物，而不是道本身，所以，结论是"道必失"。

当然，老子在《道德经》中只是将这种状况揭示出来，以期求得人们对"道"的理解认识不要肤浅懵懂，不能囿于二元认识论逻辑下

[①] 陈鼓应：《老庄新论》，上海古籍出版社1992年版，第87页。

而不自知。因而,《道德经》通篇都在揭示"道"之相辅相成、相生相克的存在特征。在第一章道出"道"之堂奥之后,紧接着就以天下人所熟知的道理来解释:"天下皆知美之为美,斯恶已。皆知善之为善,斯不善已。故有无相生,难易相成,长短相较,高下相倾,音声相和,前后相随。"(第二章)意思是说,"天下人都知道美之所以为美,丑的观念也就产生了;都知道善之所以为善,不善的观念也就产生了。有和无互相生成,难和易互相完成,长和短互相形成,高和下互相包含,音和声互相和调,前和后互相随顺,这是永远如此的"①。这样,我们就不能简单地认为,"道"存之于善、美、高、长,而在恶、丑、下、短中"道"就是必然不在的。这种认识是片面、不足的,而"有无"二者是同出于"道"的,所以有"此二者同出而异名,同谓之玄。玄之又玄,众妙之门"(第一章)。

因而,面对国家社稷的治理同样也是如此,不能说世道的堕落纷争之中就是一个"无道"的世界,而以此为契机宣扬"仁义"、"智慧"、"孝慈"、"忠臣",就是"欺"与"瞒"。因为它并不是追问"道"的思想,而是一种附着在"道"之上的意见,政治权术上的"工具"。

(三)诸侯君王"治世"之谎言

在现实政治生活中的诸侯君王无不是以"治世"箴言来标榜自己的国家统治、社会治理,但是,现世混乱、窘迫的生活状况依旧存在。因而,秉持一种非真之道的政治治理,无疑是一种"欺骗"和"谎言",因为其"治世之道"中并没有葆有"道",所以,现世的诸侯君王所行的就是在"虚假之道"的幌子之下的"假道学"。

这种政治谎言的最大危害就是对"道"的无视,"道"之不存,从而使得一种共同体的生活方式遭到践踏、毁坏。老子从现实生活中诸侯君王的自称上说起,"人之所恶,唯孤、寡不穀,而王公以为称。故物或损之而益,或益之而损。人之所教,我亦教之。强梁者不得其死,吾将以为教父"(第四十二章)。意思是说:"人所厌恶的就是'孤''寡''不穀',但是王公却用来称呼自己。所以,一切事物,减损它有

---

① 陈鼓应:《老子注译及评介》,中华书局1984年版,第68页。

时反而得到增加,增加它有时反而受到减损。别人教导我的,我也用来教导人。强暴的人不得好死,我把它当作施教的张本。"① 相照之下,世界就是一种"万物负阴而抱阳,冲气以为和"的状态,世界万物都是在"阴阳"的相和相谐下产生的。

但是,现实的统治中,诸侯君王不但不以此(违反道)为戒,反而以此为治世之"道"加以宣扬,此等"谎言"即社会混乱、大道败坏的源始。诸侯君王自认为对天下的统治是"独一无二的",自我的存在也是"单独"的,这就在根本上违反了事物阴阳二极相生相谐的自然规律,是"反"道的存在。在此,老子指出,诸侯君王之所以称"孤""寡""不穀",意在提醒自己"所以贵者要以贱者为根本,高者要以下者为基石",否则"侯王无以贵高将恐蹶"。因此,诸侯君王的"体道"之境,在于"体道的'下''贱'之特征",也就是说"为政者要能'处下'、'居后'、'谦卑'"②。

由此可见,诸侯君王口中的"治世"之道非此"贱下"之道,而且即便是以此道为道,也是一种政治口号、旗帜;老子在此所讲的"治道"实指"生存之道",也即是说要"诸侯君王"要能保持住这种平和、自然的生存状态,道自存焉。

二 "在世"之道:"被抹平"的哲学反思

在上文的论述中,可以总结出"道"的追问归根结底在于"道"的保存。这就涉及对一种共同体的"生活方式"的保存和认同,是政治国家首要的"伦理责任",同时也是维护国家统治"合理性"基础的保障。因此,一个丧失了对共同生活方式关照的国家统治,也当然地丧失了自身存在的道义基础。所以,如何在共同的生活经验中感受与传递一种共同"生活方式"和"伦常习俗",就成为政治哲学所要集中思考和关照的问题。

---

① 陈鼓应:《老子注译及评介》,中华书局1984年版,第235页。
② 同上书,第222页。

（一）治的"主动"与"被动"，反对"脱离于世"的治道

生活方式是自我保存的"共相"形式，如何实现这一"整个个体"的现实可能，是古今中外政治哲学思想所面对的共同课题。《道德经》中对实现这一可能的"治世之道"有着独特的认识，"有为"与"无为"，或"有"或"无"都是"为政之道"的一个方面，而道是一整全形态的存在。"道"的外在发显存在着"差异"，这是"道"发展运行的根本动力，同时也造成了截然对立的治世理念。

道法自然，治世之道的"自然"体现，在于"世"而不在于"治"，治之外显是治不在世，治世之在而在，无须外在显露。是故，老子说："国之利器不可以示人。"（第三十六章）但是，现世世界中的"治世之道"都在强调"治"而无视"世"，在"治"中求"治世之道"犹如在"用"中求"治道"的真理，是本末倒置、缘木求鱼啊！因而，在《道德经》中老子对"治世"的哲学思考是要切中"道"之"（在）世，而非"道"之"治（用）"；同时，这也向我们暗示了政治哲学中最为重要的问题就是对"道"的保存，无"道"的政治治理、社会生活就是最大的欺骗。

因而，如何"颠倒"这一倒置的治世理念，颠倒"颠倒的"哲学思维，使"道"之真身重返于世，在世而治，不能脱离于"颠倒"、"无道"的现实世界。那么，就只能采取"消极"的方式，"自我"退却，把不同的个体从"自我世界"中解救出来，回复到"无差异"的自然状态；在这一自然世界中，自我保存的意志就摆脱了"外在性"与"对象性"的存在，而回复其"原本"的冲动形态。这就是"抹平"差异下的自然存在，治世之道的"在世之治"，自然而然的生活方式的实现。

（二）自我保存及其价值间的"颠倒"，自然而合理

《道德经》中"治世"之箴言是一种"见素抱朴"式的揭示与还原，是一种"抹平"差异的哲学运思，是"明知不可为"而"不为"的治世之"道"。治世之道的真理在于"道"本身的保存，一个"失道"、"无道"的世界必将强化"礼义仁爱"，而一个活生生的"道"

的临在、亲在,就体现为一种共同体中"生活方式"的自然存在。在其中,个体性的优劣差异被抹平,因而每个人的存在不是凭靠在个体的自我反思基础之上,而是一种自我浸润在在世具体生活中的存在。

自我保存的"合理性"的价值到底何在?是在于"仁义道德"、"忠君爱民"还是"自然而然"的本原存在?这是共同体生活中颇具争议的基础问题,相对于前者的"价值设定",后者认为共同而自然的生存基础才是更为根本的。在《道德经》第三章中,老子就说道:"不尚贤,使民不争;不贵难得之货,使民不为盗;不见可欲,使民心不乱。是以圣人之治,虚其心,实其腹,弱其志,强其骨。常使民无知无欲。使夫智者不敢为也。为无为,则无不治。"其中第一句就是说,一旦在共同体生活中设定了"贤能"的美德,就会出现争夺功名的现象。而且,这些仁义道德的出现,正是"道"之不在的后果,所以是"大道废,有仁义;智慧出,有大伪;六亲不和,有孝慈;国家昏乱,有忠臣"(第十八章)。即是说:"大道废弃,才提倡仁义,智巧出现,才产生伪作,家庭纠纷,才显出孝慈,国家混乱,才见出忠臣。"[1]

因而,在道义价值与道之自然的存在之间,我们往往"颠倒"了二者的关系;并且将"真善美"界定为"存在",而将"假恶丑"界定为"不存在",而在现实中可能截然相反。所以,造成了"悖论性"的伦理现实,有德者而无福,有福者而无德;以及道德的实现恰好是在无德的现实社会[2]中。其根本原因就在于,我们倒置了"(自然)存在"与"价值"之间的关系,对于共同体的生活尤其如此。

(三) 自我保存对象间的"抹平",自然而存在

一个值得反思之处在于:"在世之治"是作为"治世之道"的前提还是结果而存在的?这在一定程度上可能带来逻辑循环的论证危险。当然,我们在这里探讨的是先秦中国的"老子"思想,当然不会遵守黑格

---

[1] 陈鼓应:《老子注译及评介》,中华书局1984年版,第134页。
[2] 阿多诺曾经说过:"作为理论学科的道德,其产生恰恰是在这样的时刻——我因此又回到伦理的概念那里,这个时刻就是当伦理、习俗在一个民族生活内部发生作用并且已经习以为常,然而却又不再发生直接作用的时候。"(参见[德]阿多诺《道德哲学的问题》,谢地坤、王彤译,谢地坤校,人民出版社2007年版,第18页)

尔、康德德国理性主义的逻辑思辨。在《道德经》中，我们审视、观察的结论认为，要想解决这一具有根本性的"二难问题"，就要从问题的源头"抹杀"反思的自我意识的分裂、差异以及自我设定等因素，"抹平"由于自我保持意志的"不自然"冲动而造成的"奴役"或"统治"的人为政制。这样，一种全新的共同体生活的哲学范式就呼之欲出；它不是通过一种系统的哲学方法论的操作，但是为了一种自然之道的生活方式的实现，认知思维上的"消极"改造则是必需的。

这种认知思维上的差异，实际上就是一种自我存在的"对象性"设定；但是，一旦有了这种角色化的设定，人们之间的关系就不平等、不自然了；于是，"王公"、"侯王"、"人民""圣人"等差异化的角色就"异化"了自然存在的特征。但是，也正是在这种差异之下的国家治理中，"主政者"才要像圣人那样主动"抹平"自我身份差异，只有解除这种思想认识上的"包袱"，才能"解蔽"治道之假象，恢复共同生活的内在生机。所以，有"圣人无常心，以百姓心为心。善者吾善之；不善者吾亦善之，德善。信者吾信；不信者，吾亦信之，德信。圣人在天下怵怵，为天下浑其心，百姓皆注其耳目，圣人皆孩之"（第四十九章）。

同时，这种"差异"的影响不仅仅在统治者阶层，对于"人民百姓"同样也是存在的。"大上，下知有之，其次亲而誉之，其次畏之，其次侮之。……悠兮其贵言，功成事遂，百姓皆谓我自然。"（第十七章）意思就在于，政治的举措成就，要让百姓感到仿佛出于自然和自愿；最高的统治之道，是使老百姓不觉察其存在。庄子对这方面有着更为深刻的认识，并且更为彻底[①]。在此，庄子更为注意的是，不要让统治者的存在成为人民百姓心理、意志上的压力和负担，而要让他们的心智仍然保持完全的自由与开放，而没有"被统治"的束缚。

治世之"道"的丢失，我们生活在一个"无道"的世界中，是"励精图治"还是回归"自然"，是"明知不可为而为之"还是"明知

[①] 在此，我们暂且将其无政府的争论搁置，而凸显其"大自由"的智慧。如庄子以寓言来说："南海之帝为儵，北海之帝为忽，中央之帝为浑沌。儵与忽时相与遇于浑沌之地，浑沌待之甚善。儵与忽谋报浑沌之德，曰：'人皆有七窍以视听食息，此独无有，尝试凿之。'日凿一窍，七日而浑沌死。"（《庄子·应帝王》）

不可为而不为"。这看似截然不同的两种理念，实际上暗含着同一的可能，治而无显（作用），不为而为，治世之箴言更是哲学之境界。然而，对于一种现实的国家治理，老子不认为应由"哲学王"来完成，还是应该遵循世界上君王诸侯的自然现状，那么，"在世之治"的现世智慧就是"无为而治"。

三 "无为而治"的真谛

老子在《道德经》中向我们呈现了"治世"之道不同层面的存在特征和要求，"圣人"、"君王诸侯"以及"老百姓"之间形成了一种生态性的共存而生的在世局面。"圣人之治"是一种"体道"最适当的方式；但是"诸侯之治"才是现实的，而且这种"在世"的治道应体现为"无为而治"，与民休息，不扰民；因而人民也在这种"合自然"的生活方式中安居乐业，大道之畅行。因而，有"孔德之容，惟道是从"（第二十一章）。

（一）"圣人之治"的理想状态

"圣人之治"的"理想性"主要体现在两个方面：其一是"以道而生"或"为道而生"的"圣人"，因而圣人的存在是对应于"天道"而生，"天地不仁，以万物为刍狗；圣人不仁，以百姓为刍狗"（第五章）。意思是说，"天地无偏爱，任凭万物自然生长"；而相对应"'圣人'无所偏爱，任凭百姓自己发展"[1]。这种"通道"之人，是把"天道"引入人世间的保障。"是以圣人处无为之事，行不言之教；万物作焉而不辞，生而不有，为而不恃，功成而弗居。"（第二章）这就是"圣人"的不同寻常之处，这些"有道的人以'无为'的态度来处理世事，实行'不言'的教导，生养万物而不据为己有；作育万物而不自恃己能；功业成就而不自我夸耀"[2]。

---

[1] 陈鼓应：《老子注译及评介》，中华书局1984年版，第82页。
[2] 同上书，第68页。

其二是圣人"之治"在于对"道"的自主自觉。而且，这种"治理之道"的理想状态仍不乏"榜样"作用和意义。现实世界中诸侯君王的"明王"之治，仍是对此的"模仿"。由于圣人对"道"的态度和行为，决定了圣人之治能够达到，"我无为而民自化，我好静而民自正，我无事而民自富，我无欲而民自朴"（第五十七章）。"圣人处上而民不重，处前而民不害。是以天下乐推而不厌，以其不争，故天下莫能与之争。"（第六十六章）这里，"圣人之治"理想状态的关键在"与民"的关系上，我（圣人）"无为"、"好静"、"无事"、"无欲"，人民就能自我教化，走上正常的生活轨道，并且生活富足、自然质朴。因而，作为"为政者"的关键是，虽然作为人民的上位领导，但不能让人民"受苦""负累"，这样人民也就乐于拥戴而不是厌弃你。这些都是典型的"为政"范例。

但是，同时我们也应看到，圣人之治的彰显仍然只是"道"之应用形态，是在现实的争乱纷扰状态下的"理想状态"。因而，一方面正是具有了"对应性"，圣人之治才是"现世之治"的"榜样"和"典范"；另一方面是理想形态的"具体化"，才使得对"圣人之治"的探讨才是真实的、有价值的。

（二）"诸侯君王之治"的现实状态

"圣人之治"是"治世""体道"的典范，但是这毕竟只是极少一部分人的所能做到的，因而用来治理整个社会是行不通的。因为，这从整个社会中对待"道"的态度上可以看出来，"上士闻道，勤而行之；中士闻道，若存若亡；下士闻道，大笑之"（第四十一章）。还有如"吾言甚易知，甚易行。天下莫能知，莫能行"（第七十章）。因而，"道"在现实世界中的存在，必然是"间接的"，是有"中介"的现实。更何况，在现实中圣人与众人在思想认识上又多有疏离，"众人熙熙，如享太牢，如春登台。我独泊兮其未兆，如婴儿之未孩；乘乘兮，若无所归。众人皆有余，而我独若遗。我愚人之心也哉！沌沌兮，俗人昭昭，我独若昏。俗人察察，我独闷闷。淡兮其若海，漂兮若无止。众人皆有以，而我独顽似鄙。我独（欲）异于人，而贵食母"（第二十章）。那么，就只能寄希望于现世的"诸侯君王"，希望他们能够是

"合道"的统治者，理想的君王。

即便是在庄子的论述中，我们也能看到一个理想君主的余地，如果君主能够"游心于淡，合气于漠，顺物自然，而无容私焉，而天下治"（《庄子·应帝王》），意思是说："一个理想之君，须能存心淡漠，顺物之自然，而不容私。庄周之所谓私，即指君人者私人之意见和主张。"由此可见，一个理想的诸侯君王之治的现实状态就是不能把"私人之意见和主张"夹杂在治世之道中，于是即有"无为而治"；但是，这是不是就意味着"有君即等于无君，有政府亦将等如无政府"[①]呢？

无论我们是从阶级理论出发，还是依据历史主义的批判，我们都不能否定一个现实的诸侯君王的"在世之治"在老子的认识中还是必要的。即便是在逻辑上后退一步，否弃君主王权及其政府的主张是否也有过多的干预而非"自然"的悖论在里面呢？因而，笔者认为在《道德经》中老子屡次谈到对理想政治的期许，是想在现世界有一"明主"，而要有"明主"必须先要让（君）主"明"。所以有，"道常无名，朴虽小，天下莫能臣也。侯王若能守之，万物将自宾"（第三十二章）。以至于，"道常无为而无不为。侯王若能守之，万物将自化。化而欲作，吾将镇之以无名之朴。无名之朴，夫亦将无欲。不欲以静，天下将自定"（第三十七章）。因而，不是不需要君王，而是君王之治不顺天合道，反而会带来灾祸；相反，如果君王能够"与天合道，与天合德"，就是"至善"之功。"生而不有，为而不恃，长而不宰，是谓玄（元）德。"（第十章）因为，在这种"诸侯君王"的"治世之功"中保存了"道"，使得"道"在世间得以顺畅运行而不失，因而，诸侯君王的"无为"即不超越"道"本身的作为才是"有道之治"，才是"道"的在世之治。

（三）"无为而治"的现世体现

老子认为，现世的"无为而治"首先在于两种治国理念的区分，这就是："古之善为道者，非以明民，将以愚之。民之难治，以其智多。故以智治国，国之贼；不以智治国，国之福。知此两者亦稽式。常

[①] 钱穆：《庄老通辨》，三联书店2005年版，第111—112页。

知稽式，是谓玄德。玄德深矣，远矣，与物反矣，然后乃至大顺。"（第六十五章）这里区分了"用智巧去治理国家"和"不用智巧去治理国家"两种方式，前者只会使国家多出盗贼，而后者才是国家的福祉所在。于是，老子又以诸多的比喻进一步说明了这一点，比如大海、善于作战者、用兵者以及"慈、俭、不敢为天下先"的美德等。老子也不忘顺便教导现世统治者对待不为人所知、所重的"圣人"要尊重，正所谓"知我者希，则我者贵。是以圣人被褐怀玉"（第七十章）。

接下来，老子重点谈到了作为"诸侯君王"与"人民百姓"之间的关系应如何看待。在此，老子首先推翻了"统治者"与"被统治者"之间"固定的"、"惯常的"认识观点，指出两者之间的关系之所以紧张，正是由于在上位者、执政者的"担当"不够，没能守住自己"处下、在后"的本位，而或与民争利，或以刑罚威吓人民，造成人民的怨恨。

但是，最终无论是什么阶级什么身份，都只是自然界的一分子，最终都是为了自我的保存，这种保存不再是在政治世界、权势社会中，而是肉体生活的自然世界，所以"小国寡民"成为最好的生活状态。只不过，这是共同体生活的"另一种"方式与境界吧。

参考文献：

1. 邱立波编译：《黑格尔与普世秩序》，华夏出版社2009年版。
2. 钱穆：《庄老通辨》，三联书店2005年版。
3. 陈鼓应：《老庄新论》，上海古籍出版社1992年版。
4. 陈鼓应：《老子注译及评介》，中华书局1984年版。
5. ［德］阿多诺：《道德哲学的问题》，谢地坤、王彤译，谢地坤校，人民出版社2007年版。

《老子》"反"语言形式下的道德实践论

王萍萍*

(东南大学 人文学院)

摘要 "反"语言形式是《老子》的语言哲学特色之一，它在首章便提出"道可道，非常道；名可名，非常名"这种关于宇宙之本体"道"的不可言说性的观点，并且基于"反者，道之动"的哲学思维，以"正言若反"的语言形式消解了经验世界中的二元和对立，并在此语言形式下构建了一个以"行不言之教，处无为之事"为道德实践准则的非名言之域，在"道"之"自然"流行中实现万物的和谐一体。

关键词 《老子》；正言若反；道德实践

从第四十一章"道常无名"来看，想通过经验世界中的"名"和"言"认识超越经验世界的"道"，似乎是无迹可循的，但是《老子》并没有放弃言说的可能性，而是基于"反者，道之动"（第四十章①）的哲学思维，消解了经验世界中固有的名言系统，以"正言若反"（第七十八章）的语言模式创造性地撞击了语言的边界。语言的形式无疑是其思想的一个重要映射，从《老子》的"反"语言形式可以透视出，它认为如果我们忽略语言的限制性，而一味扩展我们对"名"的世界

---

* 王萍萍，女，江苏泰州市人，东南大学2007级伦理学硕士研究生，主要研究方向为中国伦理。

① 本文所引老子文本源自楼宇烈《王弼集校释》（中华书局1980年版），文中只注章节。

的认识和对"美言,辨言,多言"的追求,我们很可能发现不了"那不可谈论"的"道"的思想境界,只能束缚在名言之域中,将这种以人自身如何在世界中获得便利为归依的语言方式作为道德实践的皈依,导致道德失范和社会的不和谐。《老子》利用"正言若反"的语言形式意在构建一个非名言之域,以"行不言之教,处无为之事"为道德实践准则,使语言仅仅作为一种功能性的工具起到辅助万物互相认识、互相依存,因循"自然"的法则自我发展,从而起到和谐关系的作用,也就是说,解除经验世界语言的排他性和主观性主导人类的思想和行为,以及与万物关系的束缚,实现在"自然"的指导下万物创造性和动态的和谐这一目标。

一 "反"语言形式的哲学基础

关于《老子》"若反"的"正言",关键便在于"反"的含义是什么,所显示的又是何种形态的语言哲学思路。关于《老子》之"反"的哲学含义,我们可以从"反者,道之动"(第四十章)的哲学思维加以分析。

许慎在《说文解字》中说:"反者,覆也。从又。厂反形。"[①]"反"的本义原是"攀引",后引申为"覆",这一义后来成为"反"的常用义,其本义反而被遮掩了,因此许慎将"覆"当成了"反"的本义。在《老子》中,"反"不是作为一般词义,而是作为一个哲学范畴,《老子》中"反"字共出现四次:

通行本:"大曰逝,逝曰远,远曰反"(第二十五章);"反者,道之动,弱者,道之用"(第四十章);"玄德深矣,远矣,与物反矣"(第六十五章);"正言若反"(第七十八章)。

帛书本:甲本,"大曰筮(逝),筮(逝)曰【远,远曰返】";"【反也者,】道之动也;弱也者,道之用也";"玄德深矣,远矣,与物

---

① (汉)许慎撰,(清)段玉裁注:《说文解字注》,上海古籍出版社1981年版,第48页。

【反】矣";"（正言）若反"。

乙本："大曰筮（逝），筮（逝）曰远，远曰反（返）";"反也者，道之动也；【弱也】者，道之用也";"玄德深矣，远矣，【与】物反矣";"正言若反"。

竹简本："大曰羡，羡曰传，传曰反。""反者道之动，弱者道之用"。

许慎《说文》中指出："返，还也。从辵，从反，反亦声。"① 何琳仪《返邦刀币考》："典籍多以'反'为'返'。《公羊传》隐公元年'公将平国而返之桓'，注'反还之'。"② 戴家祥《金文大字典》下亦云："反返声同字通。"可见古代"反"、"返"二字常可通用。通过三个版本的对比，我们也可以发现"反"在《老子》那里和"返"的意思是相同的。学术界普遍从"反"的相反和"返"的返回之义认为《老子》中"反"包含相反对立转化规律和返本复归规律。如陈鼓应云："反，通常有两种讲法：一、相反；对立面。二、返……在老子哲学中，讲到事物的对立面及其相反相成的作用，亦讲到循环往复的规律性。"③ 再如车载认为："老子说'反'含有两层意思：一指相反的'反'说，含有对立否定的意思；二指反复的'反'说，含有返本复初的意思。"④ 笔者认为，以往学术界注重的仅仅是"反"之对象的运动结果之义，而忽视了"反"之对象运动的内在动力之义。后者之义我们可以从"反"的本意"攀引"中发掘出来。高鸿缙《中国字例五篇》云："反当为扳之初字。扳，援引也，挽也。后反通用为覆意，后人乃又加手旁为意符作扳。"扳即挽手、援手牵制之意。挽住敌手各部为扳，顺势牵引敌人各部。所谓"攀引"，是指顺着某种东西向上运动。由"扳"和"攀引"的意思我们可以知道，"反"强调的是因循事物内部自身的特点而转变和运动获得均衡，也就是说，万事万物相反相成，循环运动的动力不是来自某种外力的强行驱使，而是由自身内在能量的转变产生的，这便是"反"的第三个含义，即"反"之动力来自万物的自化。

---

① （汉）许慎撰，（清）段玉裁注：《说文解字注》，上海古籍出版社1981年版，第120页。
② 何琳仪：《返邦刀币考》，《中国钱币》1986年第3期。
③ 陈鼓应：《老子今注今译》，商务印书馆2007年版，第28页。
④ 车载：《论老子》，上海人民出版社1959年版，第114页。

(一)"相反"和"道"之"有""无"二重性

我们发现,《老子》之"道"和"有"、"无"是紧密联系的。所谓"无名天地之始。有名万物之母。故常无欲,以观其妙。常有欲,以观其徼。此两者同出而异名,同谓之玄,玄之又玄,众妙之门"(第一章)。《老子》哲学以"道"为核心,而"有"、"无"则是"道"的核心问题,从本质上来说,"道"是"无"、"有"的统一。"无"是指天地形成之初的无形状态,"有"为实有,是万物之母,万物同出于它,"有"与"无"同出而异名。然而,"道"为什么用"有"、"无"来指称呢?王弼的注疏云:"欲言无耶!而物由以成;欲言有耶!而不见其形。"王弼认为,由于"道"的"不见其形",所以用"无"来表现它;而"道"又能生养天地万物,具有"物由以成"的特性,用"有"来描述它。[①] 由此可知,"无"的首要含义是指"无形"、"无象"、"无状"、"无声"等,通过"无"表现了"道"的不可感知性和无限性,从此含义上来说道是"无";"有"的含义则主要是指"有物"、"有象"等,只不过这种"物"、"象"不同于具体之物,是对"道"的另一种表达,体现了"道"创生万物以及蕴含万物的功能,从这个角度来看,"道"是"有"。提出"无",是防止把"道"理解为有形的"有";提出"有",是避免把无形看成空虚之"无"。两者统一于"道",而又相互生成、处于同等的地位。然而,我们既不能把"道"解释为不含任何物质颗粒的绝对的精神实体,即绝对的"无",也不能把"道"解释为某种具体的"有","道"之展现的"有无相生"二重性决定了"道"的不确定性和相对性,因此,以精确和肯定为特点的名言系统是无法表达"道"之本质的。

《老子》"反"的语言形式正是基于"道"的有无这种表面上相反相对的性质。统一于"道"的这两者如果随着"道"落实到具体世界中则为"有无相生"(第二章)。《老子》曾举一著名的例子说明"有"和"无"的关系:"三十辐共一毂,当其无,有车之用。埏埴以为器,当其无,有器之用。凿户牖以为室,当其无,有室之用。故有之以为

---

① (魏)王弼著,楼宇烈校释:《王弼集校释》,中华书局2009年版,第3页。

利,无之以为用。"(第十一章)《老子》在这里指出,器物因其虚空部分("无")而发挥作用,虚空部分又依赖于实体部分("有")而存在,两者相互依存,相互为用。"有无相生"正是《老子》辩证思想的具体体现,"有"因"无"而生,"无"因"有"而存,两者是对立统一、相反相成的关系。所谓"相反",也就是说,《老子》认为一切现象都是在相反对立的状态下形成的,任何事物都有它的对立面,而且相反对立的状态是经常互相转化的,正如"祸兮福之所倚,福兮祸之所伏"(第五十八章)。一切事物都在对立的情状下反复交变着,这种反复交变的转化过程是无止境的;所谓"相成"是指统一于万物中的相反双方又是相互依存、相互渗透,以至于相互转化的关系。《老子》说:"天下皆知美之为美,斯恶已。皆知善之为善,斯不善已。有无相生,难易相成,长短相形,高下相盈,音声相和,前后相随。"(第二章)《老子》指出,美与丑、善与恶等一系列相对的概念,都是由于有了相反的方面才得以存在,如果失去了对立一方,另一方也就失去了存在的前提。

(二)"往返"与"各复归于其根"

《老子》重视事物相反对立的关系和事物向对立面转化的作用,但《老子》哲学的归结点,却是返本复初的思想。《老子》第二十五章在揭示"道"的循环运动规律时说:"大曰逝,逝曰远,远曰反。"王弼云:"行也,既大矣,于是周流不息;既逝矣,于是无远弗届;既远矣,于是复返其根。"①在简本中,"逝"为"羕",这个字与"衍"音义俱进,"衍"字古训"溢",训"大",有"延伸"、"超过"一类的意思。②由此可见,"羕"同样有道之运动变化的意思。此处"反"即"返",万物从"道"而出,并不断向远离"道"的方向运动发展,但这种运动发展最终必然会回到原点,这一逝一返,就是一个循环,《老子》称其为一个"周行"。《老子》将这一运动方式称为"复":"致虚极,守静笃。万物并作,吾以观复。夫物芸芸,各复归其根。归根曰静,静曰复命。复命

---

① (魏)王弼著,楼宇烈校释:《王弼集校释》,中华书局2009年版,第96页。
② 李零:《郭店楚简校读记》,北京大学出版社2002年版,第13页。

曰常,知常曰明。不知常,妄作凶。"(第十六章)《老子》指出,纷纷芸芸的万物,最终都会返回到自己的根源之处,而万物的根源之处便是一种虚静的状态,也就是"道"的状态。因此,一切存在的本性,可以说就是虚静的状态,返回到虚静的本性,就是"复命"。万物循环往复,回归原点,其实就是返回"道"。"朴"是"道"或"道"之状态,因而"复归于道"即是"复归于朴"。《老子》第二十八章云:"知其白,守其辱,为天下谷。为天下谷,常德乃足,复归于朴",这句话的意思是深知明亮,却安于暗昧,作为天下的川谷。作为天下的川谷,常德才可以充足,而回复到真朴。这里的"复归于朴"既可以理解为"复归于道",也可以理解为"复归于道之状态",也就是回复到一种自然本真的状态,即是"返朴"。这种宇宙的演变并不是在可逆和重复意义上的"循环往复",而恰是一个总是回返自身却又常新的不服按螺旋上升过程。万物回到本原处后获得新的生命力,然后投入到新一轮循环,这种终而复始的循环运动生生不已,永不止息,万物正是在这样一个"复命"的运动中不断向前发展的。

(三)"自化"与"辅万物之自然"

从词源上说,"道"这个词由两个成分构成:辵(脚)和首(头)。"脚"有经过,越过和导向的意思,"头"则暗含引领的意思。因此,"道"基本义与"导"相近,有引导之义。最早出现"道"的《尚书》在《禹贡》中云:"济河惟兖州,九河既道","江、河朝宗于海,九江孔殷、沱、潜既道","华阳黑水惟梁州。岷、嶓既艺,沱,潜既道"[1]。这里讲的是禹治理疏通黄河下游的九条河的情形,"道"在此由"导"引申为疏通之义。可见,"道"原初带有过程性,导向性,即"道"的世界并非是静止、停滞不前的,而是其内部具有无穷创造力不断流动,不断开拓新的渠道。基于这个含义,安乐哲和郝大维将"道"翻译成"way-making",一个不断构筑新的前行之路的行动。[2]

---

[1] 《尚书·禹贡》。

[2] [美]郝大维、安乐哲:《道不远人——比较哲学视域中的〈老子〉》,何金俐译,学苑出版社2004年版,第66页。

因此，作为万物本源和基础的"道"不可以限定为一个在时间上先于万物的绝对实体，也不可以限定为在空间上隐藏之万物背后的现成的东西。一旦"道"成了那个"道"，这种概念式地命名事实上背叛了它的流动性和过程性，"道"就被约束和限定住了。

在"道"运动变化的过程中，我们需要知道的是"反"之动的动力何在？《老子》的答案便是："辅万物之自然"（第六十四章），即因循万物本性成全万物自然发展的运动状态。①"辅"，是针对主体而言，"辅"的行为对象是"万物之自然"。万物转化回返运动的动力在于自身内在的自然能量，而不是投注在某种独立于其之外的事物，世界是自化、自正、自富、自宾的，生来就有具备内在自为的机能。由于这种力量的存在，主体只能实施"辅"的行为规则，在词语学的意义上，"辅"的本义是车旁横木。"辅"所以益辐，使之能重载，其意思就是辅助。所以，"在辅助行为的语境中，行为追求的价值中心不是行为主体，而是行为客体，是行为主体对行为客体的辅助，润滑行为客体自己价值实践的历程，使行为客体顺利实现自己的价值，这些是行为主体的责任所在，是行为主体价值实现的唯一维系"②。所以，客体在这里始终是第一位的，居于主要的位置，"辅"的行为体现的是对外在客观他物的尊重，而不是把自己的主观意志强加于他物，这一角色的定位是应该注意的。另外，《老子》的"辅"并不是强调客体一方的行动，仍然是建立在主客体之间的关系，这种关系不是对立的，而是和谐自然的，主体的"无为之为"帮助客体通过自身内在力量资源自然运动发展，最后回返到"道"之状态——"复归于朴"。所以，笔者认为这里的"辅"具有一种关系性，即客体是被主体辅助的自然之"反"，但是这种辅助是不自觉的，无意识的，主体主观上并没有将自我和他物对立起来。

---

① 许建良先生认为"辅"是依据万物本性而实行的一种行为，即因循而为，因循是其行为的主要特点。参见许建良《先秦道家的道德世界》，中国社会科学出版社2006年版，第56页。

② 许建良：《"辅"——因循哲学的始发轮》，《云南大学学报》（社会科学版）2007年第3期。

二 "反"语言形式的道德实践思想

从"反者，道之动"的"反"语言哲学基础，我们知道"道"的运动是凭借自我内在机能以相反相成的方式运动，最后"复归于朴"之状态。《老子》正是在"道"的"反"之动基础上，创造了独树一帜的表达方式来撞击语言的边界，那就是"正言若反"。在构建其道德实践思想系统中，它采取了以否定性的词语表达方式来取代概念性的语言，以其超越的思维和语言消解名言世界中的正反矛盾，在"反言"中寻到"正言若反"的积极意义。

（一）"不言"，"无为"否定的语言形式

众所周知，"道"、"德"和"自然"是《老子》的三大核心概念，但是考察《老子》五千言，它们都不是出现频率最高的词汇，出现次数最多的是"不"字，共241次。在表达道德实践思想时，《老子》采用了"不言"和"无为"的"反"语言形式表达方式："是以圣人处无为之事，行不言之教，万物作焉而不辞，生而不有，为而不恃。"（第二章）许抗生先生认为，老子的思维方法用老子的话来说就是"正言若反"的方法，即是一种逆向式思维方法，或称之为否定式思维方法，是一种通过否定来达到肯定的辩证方法。[①] 然而，我们从"正言若反"这个命题来考察，就可以明显地发现，"反言"是要被消解的对象，也就是说，"正言若反"的意义在于："正言"不一定用"正言"的形式表现，它可以用一种可能是，好像是"反言"的姿态出现。那些不华美的，不动听的言辞，可能才是真实的展现。因此，《老子》道德实践思想并不是一种否定思维的道德思想，因为"正言若反"的这个命题，其重点在于"正言"的形式可以用"若反"的姿态出现，"正言"才是《老子》所要表达的内容。基于这种思想，我们可以发现《老子》在其道德实践思想中，所要阐述的、重视的是仍然是"正"的

---

① 许抗生：《老子的逆向式思维与道论》，《中国哲学史》1998年第4期。

"言"与"为",其与"反"的"不言"和"无为"在《老子》所构建的非名言之域中对立和矛盾消解了。《老子》以为,"道常无为而无不为"(第三十七章),然而,它所追求的并不是"不言"、"无为"或者"言"、"无不为",因为在它的超越思维中,在主体的认知中,并没有二分和相对的概念,这个时候的认知主体,已经超越了名言之域的二分性。因此,对于"道"的实践,主体已经不是用感性的能力与理性的作用来指导,而是以主体自然的当下的直观去体会,不需要任何固有的概念化的道德规范和准则。最后,主体在"不言"的指导下自然达成主体"善言"和客体"自化"的效果,在"无为"的指导下自然达成主客体"无不为"的景象。

因此,我们可以看出"不言"和"无为"的"反"言所呈现出的意义在于:在当下的、超越的、直观的认识情况下,"正言"可以显现出一种看似与"正言"相反的形式。我们一般以为的"正言",总是以肯定的命题形式呈现,但是《老子》却呈现出另外一种"正言"的形式,也就是以"若反"的姿态出现,而这种"若反"的语言,并不是消极地呈现"正言"的意义,它可以通过引发主体的道德认知的改变,泯除语言上正反相对的二分性所造成的限制,从而积极地产生行为上的变化,最后是达到"人法地,地法天,天法道,道法自然",而其实是"人法自然",人即自然的道德境界。

(二)"辅万物之自然"的道德实践内涵

1. "不言之教"的道德教化

很显然,把流于语言形式化的礼仪作为道德教化的准则《老子》是坚决反对的,它认为要达到最高的"仁",可能暂时必须出之以"不仁"。关于"不仁",看似《老子》是反对仁义道德的,但正是这种"正言若反"的表达方式给了儒家那种伪饰之仁义狠狠的一击。《老子》认为"道"是公平的,无所偏爱,无所嫌弃,王弼注:"天地任自然,无所无造,万物自相治理,故不仁也。仁者,必造立施化,有恩有为。"[1] 圣人也要效仿天地"不仁"的实践准则,与天地合其德,任凭

---

[1] (魏)王弼著,楼宇烈校释:《王弼集校释》,中华书局1980年版,第50页。

百姓的发展，但是，这种"不仁"，并不是不作为，而是通过"不仁"的行为达到百姓"自然"的结果。《老子》第三十二章说："道常无名、朴。虽小，天下莫能臣也。侯王若能守之，万物将自宾。天地相合，以降甘露，民莫之令而自均。"在《老子》看来，天地、侯王如果都合于道，行"无为"，那么万物就会自然。人的自然本性要得以呈现，既离不开天地万物的"自然"，也离不开人自身（特别是侯王）的"无为"。这样，他们自然本性的显现，主要的问题就在于那引领、管理万物的统治者——"侯王"能不能做到"无为"，这是值得注意的。所以《老子》中多有"我无为而民自化，我好静而民自正，我无事而民自富。我无欲而民自朴"（第五十七章）之类的话语，《老子》是用"道"的"无为"之理，来告诉处于具有话语权的统治者对这个社会的和谐秩序的形成有着至关重要的作用，社会秩序的和谐不是靠用美言粉饰仁义道德，也不是靠争辩之言来为行使仁义的行为找各种理由来强制百姓附和，更不是靠堆积起来的命令和规则来作为人们实践仁义的标准。《老子》认为这样只会导致民心失去其真实的情感，机械性地行使仁义，甚至会为了仁义的美名不择手段。

　　对于"不仁"的具体实施，作为在上的统治者，需要做的是"行不言之教"（第二章），"不言之教，无为之益，天下希及之，言，乃政教号令，非言语之义"[①]，可见，"不言"不是徒然无功于教化之正道，指不发号施令，不用政令，不用形式化的条规督教，而是潜移默化地引导，努力赏识每人的特性，意欲用号令强制人们去施行仁义，只是偏爱那些以仁义之名的人，必然会忽视"大道"之中的真仁义。在"大道"之中，人自然仁义，那是真仁义。至于学习，训练得来的仁义，那就有模拟的成分，同自然而有的真仁义比较起来它就差一点次一级了。

　　2."冲气以为和"的道德修养

　　《老子》将"人"分为世俗之人和体道之人，体道之人具有本真的自我而世俗之人却因为名言的控制而使自我的本性在世俗之流中被遮蔽。《老子》认为，生在一个被名言世界包围的个体，很容易被美言，辩言和多言异化，从而失去真实的自我，因此，每个个体在经营自己的

---

① 蒋锡昌：《老子校诂》，台北东升出版事业公司1980年版，第345页。

人生需要"修之于身",亦即"修道于身",达到"真德"的境界,个体生命伴随着"德"的扩充和完备而由身走向家,乡,国,天下。《老子》说:"善建者不拔,善抱者不脱"(第五十四章),王弼注:"固其根而后营其末,故不拔也;不贪于多,齐其所能,故不脱也"[1],一旦将"道"的品质内化于身,就能达到"不拔"、"不脱"的效果,所谓"不拔"就是不为外力引而拔之的意思,"不脱"是不为外力解脱的意思,两者都有稳固的味道。[2]那么,何谓具有"道的品质"的生命呢?"总体来说,生命的精神呈现为"真"的精神、"和"的精神、"静"的精神。那么,如何通过道德修养达到这三种精神呢?首先,"真"的品质的修养需要"复归于婴儿"(第二十八章)的精神状态,这是一种自然生命状态,《老子》认为婴儿那种浑然不露,尚未受到外界影响,而仍混混沌沌不懂得嬉笑是自我最本真、最自然的状态,得道者应该保持婴儿般的纯真,没有任何人为的雕琢和伪饰,"言善信",直接地诚实表达内心的自然情感;另外,它更加赞赏婴儿无知无欲的精神状态,生命保持其原初的质朴与本真,而不要为外界的名利、色货等各种欲望所戕。因此,《老子》以为,如果人们摆脱了名言世界对人们真实自我的异化,不再为外在的名言所描绘的欲望世界所累,人的生命才能返回到无邪与纯真,纯然自主的状态,这就是生命常道的本真状态。

其次,"和"的品质需要"守中"的精神状态,"守中"即持守中虚,保持住生命自然发展的状态。当受外在名言指使的心知不能指使不合理的欲望占于自然欲望之上的时候,各种欲望能依其自然本性使自身得到应有的本然发展,呈现一派"和"的景象。"和"的词源是烹饪意义上的。"和"就是将两个或更多的成分调配在一起,使彼此更鲜美却不失各自原味的技艺。因此,"和"就被认为既保持个别成分的"整一",又促进它同更大整体的"融合"。"欲望之和"便是宇宙的"万物之和"在人伦德性意义上的具体运用,是个人修身必须达到的目标。"和"所强调的不是对立面之间的差异,而是凸显对立面之间的相生相应。《道德经》第四十二章说:"万物负阴而抱阳,冲气以为和",阴阳

---

[1] (魏)王弼著,楼宇烈校释:《王弼集校释》,中华书局1980年版,第144页。
[2] 许建良:《先秦道家的道德世界》,中国社会科学出版社2006年版,第62页。

两气相互交冲而成均调和谐的状态。当形而上的"和"下降到人生准则的欲望"和"时，即成为一种对多层次的欲望进行调和的要求。人的欲望是多重的，包括对权利的欲望、对物质的欲望和对生命的欲望等。《老子》认为不同层次的欲望在人的心理机制中有其存在的位置，这就是"常"，我们只要保持内心的虚静状态，认知这一"常"，操守"中"的价值方针，因循各种欲望的本性自然地满足它们，这才能达到内心和谐的修身目标，人的各层次欲望也才能在这个充满过程的川流不息的世界中得以不断满足。

最后，"静"的品质需要"致虚极，守静笃"（第十六章），的精神状态，这是"道"的极致状态，是个体的生命的"根"。"归根曰静，是谓复命"（第十六章），"静"的生命是一种从"真"过渡到"和"进入超越的生命状态，"静"和"朴"都是"道"的表现形态，是自我生命回归其本体的一种精神状态。所谓"复命"，就是对生命本体的回归，回到那种无知无欲，自然纯真的婴儿状态，超越生命并不是对自然生命的简单回归，并不是无语言状态下的原始状态，而是一种超越的回归，是经历过道的一番持修后的超越的回归，重新回到那真实无妄的自我。[①]

三 结论

语言在本质上是人类的，而人类在本质上就是语言的生物。正是这种原因，人类具有高于其他生物的能力，而恰恰也正是语言符号的存在，限制了人类的发展甚至异化了人的本性。这也就引起了从古至今、从国内到国外的学者对语言的意义的思索，先秦的《老子》对于语言问题的思索则是"反"名言的，"反"的含义在《老子》看来是一种超越语言的二元性的境界。基于这样的思索，《老子》使用"正言若反"的语言形式来描述"道"的性质，否定词的大量使用说明"道"是无法用确定性的指涉性语言描述，我们只能从反面来体悟它"不是

[①] 朱人求：《老子哲学的生命精神》，《南昌大学学报》（人文社科版）2001年第2期。

什么"。这样的表达方式都是为了和经验世界中人类用概念性名言来异化万物的自然关系作出鲜明的对比。在名言世界中，人类为自己创造的语言而沾沾自喜，并利用虚饰的美言，争辩不朽的辩言和繁冗的多言无形地控制着人类的行动，束缚人类为了名言所描绘的欲望世界而机器式地存在着。这些失道之言导致的失道之行是《老子》所强烈反对的。

《老子》在"反者，道之动"的哲学基础上，利用"道"之相反，循环往复和自化的规律采用"若反"的"正言"给我们展示了万物和谐的景象。语言的存在是不可否认的，但是《老子》主张的是"正言若反"，这种语言不仅是对名言的批判，更是人类符号文明的逆转，一种能够将世界回归自然的寻在方式，实现人之为人，物之为物，人与其他万物融为一体。

总而言之，《老子》"反"语言形式下的道德实践之理论要旨，在于通过对语言之正反矛盾消解，批判与超越达到人性的自然回归，实现世界万物在"大道"之流中的和谐畅行。

参考文献：

1. （汉）许慎撰，（清）段玉裁注：《说文解字注》，上海古籍出版社1981年版。
2. （魏）王弼著，楼宇烈校释：《王弼集校释》，中华书局1980年版。
3. ［美］郝大维、安乐哲著：《道不远人——比较哲学视域中的〈老子〉》，何金俐译，学苑出版社2004年版。
4. 李零：《郭店楚简校读记》，北京大学出版社2002年版。
5. 陈鼓应：《老子今注今译》，商务印书馆2007年版。
6. 许建良：《先秦道家的道德世界》，中国社会科学出版社2006年版。
7. 许抗生：《老子的逆向式思维与道论》，《中国哲学史》1998年第4期。